古代歷史文化研究輯刊

二四編

王明蓀 主編

第 18 冊

中國五嶽嶽廟建築制度研究（上）

楊博 著

國家圖書館出版品預行編目資料

中國五嶽嶽廟建築制度研究(上)／楊博 著 -- 初版 -- 新北市：

花木蘭文化事業有限公司，2020〔民 109〕

目 6+206 面；19×26 公分

（古代歷史文化研究輯刊 二四編；第 18 冊）

ISBN 978-986-518-268-7（精裝）

1. 寺廟 2. 建築史 3. 建築物構造 4. 中國

618   109011145

ISBN-978-986-518-268-7

古代歷史文化研究輯刊

二四編 第十八冊   ISBN：978-986-518-268-7

中國五嶽嶽廟建築制度研究（上）

作　　者 楊博

主　　編 王明蓀

總 編 輯 杜潔祥

副總編輯 楊嘉樂

編　　輯 許郁翎、張雅淋　美術編輯　陳逸婷

出　　版 花木蘭文化事業有限公司

發 行 人 高小娟

聯絡地址 235 新北市中和區中安街七二號十三樓

　　　　 電話：02-2923-1455 ／傳真：02-2923-1452

網　　址 http://www.huamulan.tw 信箱 hml810518@gmail.com

印　　刷 普羅文化出版廣告事業

初　　版 2020 年 9 月

全書字數 246305 字

定　　價 二四編 21 冊（精裝）台幣 62,000 元

中國五嶽嶽廟建築制度研究（上）

楊博　著

作者簡介

　　楊博，2006 年考入清華大學建築學院建築歷史與理論研究所，師從國內著名建築史學家王貴祥教授攻讀碩士學位。2008 年提前攻博，繼續跟隨導師王貴祥先生在本院建築歷史與理論研究所攻讀博士學位，專攻中國古典建築法式制度研究，也參與建築設計、中國古代城市史研究、研究所會議組織服務等工作。2011 年底，順利畢業，獲得博士學位。現就職於北京清華同衡規劃設計研究院有限公司王貴祥教授工作室，協助王貴祥先生完成文物保護與修繕、傳統城市規劃更新、歷史建築研究和設計等相關工作。

　　在攻讀博士學位和工作期間，參加國家自然科學基金項目 2 項，發表論文 4 篇，參與研究及工程項目 40 餘項（均為主要設計人），參與清華大學建築學院《中國古建築測繪十年》一書編寫工作（已出版），負責下冊嵩山建築部分的編輯整理任務。

提　　要

　　嶽鎮海瀆祠廟是中國古代禮制建築中重要的中祀等級建築群。在禮制建築的研究中，中國五嶽嶽廟建築制度是以往建築史研究中相對而言被忽視的一環。本文主要從基址規模研究和建築規制兩方面，對中國五嶽岳廟的營建制度進行研究。

　　在梳理五嶽嶽廟的相關歷史文獻和現狀遺存材料的基礎上，本書首先明確研究對象，即「五嶽六廟」。五嶽即東嶽泰山、南嶽衡山、西嶽華山、北嶽恒山和中嶽嵩山。因北嶽恒山在明末清初時期發生改祀，廟祀由河北曲陽遷至山西渾源，但曲陽北嶽廟仍存，又於山西渾源恒山上另建新廟。因此，五嶽現存六處嶽廟，即山東泰安岱廟、湖南衡山南嶽廟、陝西華陰西嶽廟、河北曲陽北嶽廟、山西渾源北嶽廟，以及河南登封中嶽廟。

　　然後，本書探討五嶽嶽廟的歷史沿革和選址環境。結合官方文獻和地方志、五嶽相關山志的歷史記載，著重對五嶽嶽廟的史實作考證和梳理，探究嶽廟建築的發展脈絡和選址規律。研究表明，秦漢已有五岳祠廟之設，北魏各嶽多見遷廟、另建新廟之記載，延至隋唐始封王號，宋金元三代達到發展高峰，累加帝號，規制隆崇，最後發展至明清兩代規模形制大備。嶽廟的選址與其所在山嶽和城市息息相關。岳廟多設於山下，視望祭效果而選擇廟址；嶽廟與城市關係分為城內嶽廟和城外嶽廟兩類，嶽廟以其巨大規模佔據地方城市內外的大片土地，吸引民眾於廟中祭拜，成為城市的禮儀、商業、宗教乃至精神的中心，足見嶽廟對城市的影響力。通過本文的研究，可以分析此類城市的特點，充實城市類型學的研究。

　　最後，本書重點探究五嶽嶽廟的建築制度，研究主要關注兩個方面：各座嶽廟建築群基址規模和嶽廟內部建築布局形制。研究揭示，五嶽嶽廟的基址規模在宋金時期達到頂峰，岱廟、南嶽廟、中嶽廟等多達八百多間的規模成為當時極為重要的官方祠廟。之後戰亂時毀時修，於明代中期達到穩定，其佔地規模堪比同期的藩王府第。同時，由於唐宋帝王封號所加，五嶽嶽廟的建築形制多擬帝居，以崇嶽神。本書先縱向考證歷代嶽廟建築形制的變遷，之後著重分析明清兩代遺存嶽廟的建築規制，通過歷史文獻與現狀相結合的研究方法，對歷次重修後的五嶽嶽廟進行形象上的復原和比較研究，以期明確五嶽嶽廟這一中祀等級的禮制建築群的建築制度。

說　明

　　本人博士論文為清華大學建築學院王貴祥教授主持的國家自然科學基金資助項目「明代建城運動與古代城市等級、規制及城市主要建築類型、規模與布局研究」之子課題，項目批准號：50778093

　　本人在臺灣花木蘭文化事業有限公司所出版書籍，並未申請其他項目和資助，特此說明。

目

次

第1章　緒　論

　　本書以坐鎮於中國東、南、西、北、中這五個方位的五嶽嶽廟這一特殊
的建築群作為研究對象。（圖 1.1）五嶽祭祀自上古時期已有之，秦漢時期始
有五嶽祠廟設置，延綿數千年，嶽廟作為官方祭祀五嶽嶽神的祠廟，不僅得
到帝王的青睞隆崇，更受到芸芸眾生對其中所供奉的嶽神狂熱信仰。因此，
五嶽嶽廟成為發展上千年且無中斷的重要禮制建築群。

圖 1.1　大明一統圖中的五嶽分布示意圖

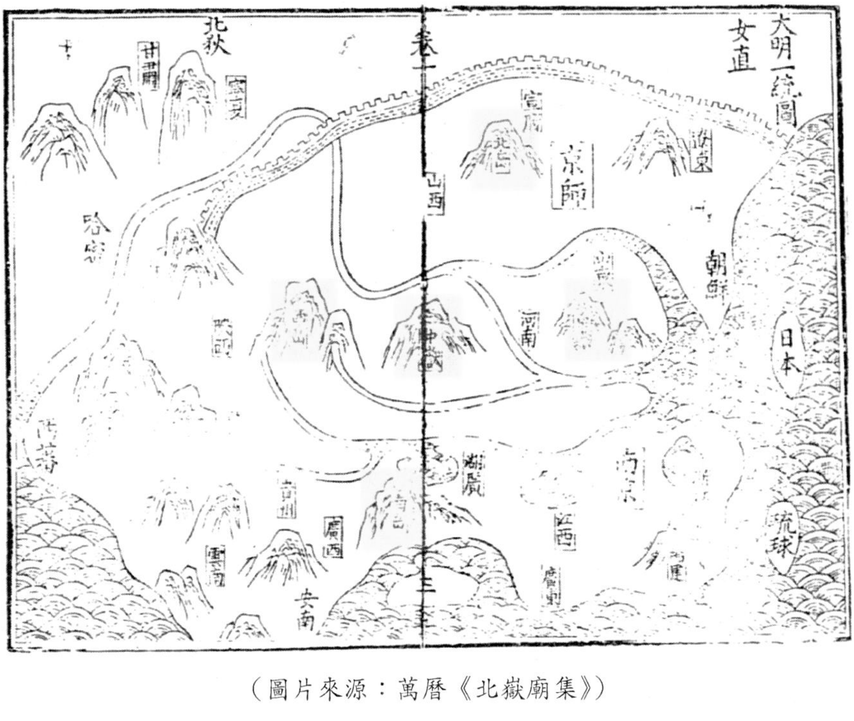

（圖片來源：萬曆《北嶽廟集》）

　　本書的研究不但要梳理五嶽嶽廟建築的規制形象，也是對中國古代禮制建築制度的重要補充，同時對於中國古代禮制建築的營造史的總體認識來說，五嶽嶽廟的建造也是非常重要的一環。

1.1　選題

　　清華大學建築學院建築歷史與理論研究所於 2007 年、2008 年分別對中嶽嵩山和西嶽華山進行了大規模的古建築測繪，筆者有幸參與到這兩次古建築測繪工作中，測繪的同時，五嶽文化的影響更是深深地扎根於心底。

　　從其在禮制意義和重要性來講，五嶽嶽廟是禮制中祀等級中重要的祭祀山神的一類祠廟。從古至今，留有豐富的建築遺存和浩如煙海的歷史文獻，但在以往的研究中，五嶽嶽廟卻很少被關注，可謂特殊。

　　結合王貴祥教授主持國家自然科學基金的課題研究，五嶽嶽廟作為五嶽之中最重要的人文景觀和風景名勝資源，對其建築群的基址規模與建築形制進行比較、歸納和分析，對五嶽文化遺產的保護和利用有很大的研究價值和指導意義。同時也可以通過研究試圖發現五嶽嶽廟作為中國古代重要國家祭祀場所，在禮儀祭祀體制中等級、建築規模與形制以及嶽廟的營建對當地城市的影響。

　　嶽廟的建制，是《禮記・祭統》中「凡治人之道，莫急於禮。禮有五經，莫重於祭」〔註1〕理論在禮制中的應用，是《禮記・王制》中「天子祭天下名山大川，五嶽視三公，四瀆視諸侯」〔註2〕制度的延續。把五嶽四瀆等同於王公、諸侯進行祭祀，這應該是古代社會把自然崇拜納入自身社會體系中的重要舉措。縱觀中國歷史上，歷朝歷代對嶽廟的祭祀和封禪活動，可以看出其實質是皇權在祭祀體制上的反映。

　　本書將從圖像資料和文獻記載兩方面入手，充分利用地方志及其他山嶽圖說著述中所記錄的五嶽嶽廟在歷代的平面空間形態，同時結合文獻、歷史檔案中有關嶽廟的記載，分析整理出五嶽嶽廟在各個時期的位置、佔地面積和建築布局形式，試圖找到五嶽嶽廟的基址規模特徵，核心院落的規模尺度

〔註1〕鄭玄注，《禮記・祭統》，上海：中華書局，中華民國刻本。

〔註2〕鄭玄注，《禮記》，卷三，《王制》，上海：中華書局，中華民國刻本中記載：「天子祭天下名山大川，五嶽視三公，四瀆視諸侯。諸侯祭名山大川之在其地者。」

及空間布局的一些規律，分析比較其用地規模與建築布局的關係。

同時，本書將研究的空間範圍限定在五嶽嶽廟，而研究的層次深入到嶽廟建築群的核心空間尺度分析，研究的內容側重嶽廟的用地規模與建築規制上，對五嶽嶽廟的規模尺寸進行提煉分析，試圖找出在建築群布局中使用的面積模數，從而比較理性的比較研究中國五嶽嶽廟建築群的建置布局和用地規模。

目前國內尚未發現針對五嶽嶽廟基本形態橫向比較進行的系統研究，本書將以五嶽嶽廟為突破口，從而對嶽廟建築群的基址規模和布局形制進行分析和總結。

1.2　研究對象與時間範圍

1.2.1　研究對象

本課題主要是針對五嶽嶽廟建築的基本規模與形制進行探索和研究。課題研究的對象是嶽廟建築群的基址規模與建築形制。

本課題同時也是國家自然科學基金資助項目《合院建築尺度與古代宅田制度關係以及對元大都及明清北京城街坊空間影響研究》〔註3〕的後續研究，本書試圖從五嶽嶽廟基本形態出發，探索中國嶽廟建築群的基址規模和形制的一般規律。

祭祀活動在我國古代社會生活中是非常重要的崇拜儀式和祈禱行為，中國古人熱衷於在各種祭祀儀式中與天地山川等自然神靈交會，以期達到祈禱人心中的各種訴求。祭祀按照祭祀對象的異同，從而導致祭祀行為的等級不同。在對自然神和宗廟等的各種祭祀崇拜中，等級通常分為三種：大祀、中祀和小祀。〔註4〕對五嶽這樣的山神地祇的祭祀活動多由帝王分遣重臣主持，稱為「中祀」〔註5〕。

〔註3〕國家自然科學基金資助項目「合院建築尺度與古代宅田制度關係以及對元大都及明清北京城市街坊空間影響研究」的子課題，項目編號50378046。

〔註4〕張廷玉等，《明史》，卷四十九，《志第二十五·禮一·吉利一》，北京：中華書局，1974年。

〔註5〕張廷玉等，《明史》，卷四十九，《志第二十五·禮一·吉利一》，北京：中華書局，1974年：太歲、星辰、風雲雷雨、嶽鎮、海瀆、山川、歷代帝王、先師、旗纛、司中、司命、司民、司祿、壽星為中祀。

　　祭祀建築群是我國傳統建築群中與祭祀崇拜活動相對應的空間場所，其中「中祀」等級中祭祀山川之神的場所為五嶽、五鎮、四瀆、四海廟。本課題所研究的對象——中國五嶽嶽廟即以五嶽山神作為祭祀主題。五嶽是一個統一概念，即雄踞於中華大地五方的五座大山：東嶽泰山、西嶽華山、南嶽衡山、北嶽恒山和中嶽嵩山。雖然現存於河北省曲陽縣的北嶽廟由於歷史原因不在現今山西省渾源縣的北嶽恒山腳下，但五嶽嶽廟建築群由於在封建社會禮制祭祀活動中以及歷代帝王對五嶽的封禪活動扮演的重要角色，使其都保存得較為完整。（表 1.1）

表 1.1　中國五嶽嶽廟與所在城市、山嶽的對應關係

方位	山　嶽	城　市	嶽　廟	備　註
東	東嶽泰山	山東泰安州	岱　廟	
南	南嶽衡山	湖南衡山縣	南嶽廟	隋代始於衡山祭祀南嶽
西	西嶽華山	陝西華陰縣	西嶽廟	
北	古北嶽恒山大茂山	河北曲陽縣	曲陽北嶽廟	明末清初，北嶽晉冀之爭，清初北嶽改祀於山西渾源
	北嶽恒山	山西渾源州	渾源北嶽廟	
中	中嶽嵩山	河南登封縣	中嶽廟	

　　本書以五嶽嶽廟為主要研究對象，由建築學的角度出發，以五嶽祭祀文化為基礎，對五嶽嶽廟建築群的選址、歷史變遷、建築群基址規模、核心院落尺度分析以及單體建築的形制特點進行討論與論證。本書還將對五嶽嶽廟建築群進行橫向比較，以及每座嶽廟基於各朝各代的增建和翻修記載進行縱向比較，最後對五嶽嶽廟體現出的總體建築特徵進行總結，試圖得到中國五嶽嶽廟建築群的基址規模和基本形制的一般規律。

　　嶽廟建築作為國家祭祀場所，具有較高的建築規模與形制，體現了中國古代禮制社會嚴格的等級制度，禮制思想貫穿在建築群營造的平面和空間中，值得我們去思考和發現。

1.2.2　研究時間範圍

　　五嶽祠廟建築，先秦之前即有相應的奉祀場所，歷經秦漢、魏晉南北朝、唐、宋及至元、明、清，留存至今，五嶽嶽廟的廟址和建築規模形制均在動

態變化中。本書的研究時段限定在整個嶽廟的發展脈絡，著眼於嶽廟的形制濫
觴、發展、定制、完備以及增損的各個時期，試圖研究清楚各座嶽廟以及五
嶽嶽廟整體的變遷特徵，因此本書研究的時間範圍跨度較大。在這一漫漫歷史
演變中，嶽廟所在山嶽和城市也相應地經歷了一個變化過程，本文將重點研究
上述嶽廟發展的重要時期，通過梳理歷史文獻和地方志書，可知秦漢、北魏、
隋唐、宋金、元、明、清等七個時期為本文的重點研究時段，筆者將投入精力
重點分析這些時段嶽廟的發展沿革特徵，摸清嶽廟各個時期的建築規制。

1.3　研究視角與研究方法的思考

1.3.1　研究視角

1.3.1.1　建築史與山嶽崇拜的研究

　　建築在符號學上的意義之一，是其可以作為身份等級的標誌。在中國古
代，建築群與其所有者的等級對應關係有著獨特的方式與特徵。五嶽嶽廟在
長達千年的中國古代禮制祭祀體系中，一直是國家統治結構中政治勢力的重
要一環。其供奉嶽神的祠廟，是其中耗資最巨，且差異性的影響因素也最大
的一種。嶽廟建築從佔地規模到建築形制甚至到具體的裝飾細節，一般都有
著與其等級規制相關的禮制性特徵。因此五嶽嶽廟的研究與其國家政治地位
和禮制制度的研究極其相關。

1.3.1.2　中國古代禮儀制度與祭祀建築等級制度的系統觀點

　　本書研究將視角放在禮制的制度對嶽廟建築群的佔地規模、形態、規制
以及與其他類型的建築群進行比較，試圖分析：首先集中精力解決禮制制度
與建築群等級相關的基本問題，然後進一步探討嶽廟規制形成原因，最後找
出五嶽嶽廟建築群的基本佔地規模和建築布局空間模式及規制。

1.3.2　研究方法

1.3.2.1　史料的辨別與利用

　　由於建築遺存的缺乏，本文的研究需要依靠大量的史料記載。五嶽嶽廟
建築的單體和整體研究，除去官方的史料外，很大程度上需要依靠具體的地
方志文獻。而地方志文獻本身比較零散，另外記載的重點、詳略和可信度都
有很大的不同，沒有統一的規範，因此本研究收集到的資料很大一部分是相

當零散且規範不一、甚至可信度比較差的史料。事實上，對於某一個具體案例研究以外的很多類似的其他專題的研究來說，地方志史料都存在這樣的問題。如何整合這些零散的資料，是本書的需要面對的一個重要問題，同時也是在建築史研究史料運用方法上的一種嘗試。

　　本文在處理大量具體資料時，通過多個信息的比較列表，得到有意義的推論。亦即將零散且顯得隨意的資料作為一種可以提取信息的資料庫使用。另外，將地方志中可信度較差的文字資料互相比對，並參照嶽廟所在城市的歷史和現代地圖進一步理解、校核方志史料的內容也是本書採用的方法之一。

1.3.2.2　通過歷史地圖、重修碑刻和現代技術研究建築群的規模和布局

　　採用的具體方法是，首先通過地方志等資料考察五嶽嶽廟的建築布局，大致確定嶽廟方位和周邊環境，然後對照明、清和民國間的歷史地圖，找出嶽廟所在城市的地理環境、街道、一些重要建築的沿襲關係（包括水系、高地崗阜、街道地名沿襲，衙署、寺院等建築的沿用等），根據嶽廟選址和布局的特點（比如交通的便利性，嶽廟正門的位置和廟南的軸線等），推斷歷史上五嶽嶽廟的大致範圍。然後根據現代城市的路網和地理環境，找出其在現代城市中的範圍，並在現代地形圖上確定並測量嶽廟的佔地範圍。Google earth〔註6〕等現代空間地理技術，為本書的研究提供了極大的便利，使得很多測量與調查可以通過網絡方便的展開。

　　採用上述的方法，與地圖的特點有關。根據筆者所掌握的資料，歷史方志的地圖相對來說繪製的比較簡單，且由於與現代地圖時間跨度較大，雖然其標出嶽廟的範圍，但往往不能直接對應到現代地圖中；清末至民國出現了實測地圖，繪製比較詳細，但其中一些地圖的比例往往與真實的狀況不符，因此也不能從中直接得出測量數據，但其街道路網在多數城市的現代地圖中可以找到對應的位置，可以作為明代地圖到現代地圖定位的過渡。

1.4　文獻綜述

　　本文所使用的文獻，主要包括清末以前的歷史文獻與民國以來的近現代

〔註 6〕http://earth.google.com/

學者的研究成果，其中與本書直接相關的五嶽嶽廟的近現代研究主要包括五
嶽制度的相關祭祀史研究、五嶽嶽廟建築的相關研究、中國古代禮制建築制
度的相關研究以及中國古代建築群基址規模和建築形制的相關研究。本節將
對上述研究進行簡略的總結。

1.4.1　1949 年以前的史料文獻

　　針對本書的研究對象，1949 年前的文獻主要包括以下幾種，一為官方史
料，最重要的如《實錄》、《會典》等，此外還有專門針對禮制祭禮頒布的一
些制度匯總如《大唐開元禮》、《大金集禮》等史籍，《二十五史》中分別編纂
的《禮志》也是五嶽嶽廟祭祀制度的重要參考資料。官方史料作為國家認可
的歷史記載，有一定的可靠性，對於制度史研究，是最重要的參考資料；二
為明清以來的私人著述，如明清筆記等，筆記的作者範圍很廣。此外王圻《續
文獻通考》是研究五嶽制度史的重要史料；三為明清以來的地方志，嶽廟祭
祀和嶽廟營建活動都是五嶽嶽廟所在地方城市中的重大事件，因此在地方志
史料中，往往留下記載，五嶽嶽廟的相關記載，經常會在方志的祠祀和建置
等章節中出現；除了一般的地方志，五嶽作為中國重要的鎮山，歷來為各代
學者所重視，關於五嶽的山志等志書層出不窮，甚至還有專門關於五嶽嶽廟
的廟志出現，如明萬曆《北嶽廟集》〔註7〕和清康熙《嵩嶽廟史》〔註8〕便是
很好的研究對象。另外，方志中的各個時期的城池歷史地圖也為五嶽嶽廟與
地方城市具體案例的研究提供了最重要的資料。

1.4.2　五嶽嶽廟相關研究的現狀綜述

　　對五嶽嶽廟建築群的基址規模和基本形態的研究，目前國內的研究成果
主要集中在對五嶽中各嶽廟的形態、格局和單體建築上，而對通過五嶽嶽廟
的橫向比較得出嶽廟建築群的基址規模和基本形態缺乏系統的研究。而且國
內對嶽廟的形態和格局的研究，往往只是從事歷史學和考古學上的研究，缺
乏從建築學的角度通過平面尺度和核心建築空間的分析，從而達到對五嶽嶽
廟建築群的基址規模和基本形態進行研究。但是，對嶽廟形態和格局的研究，
或者對一些嶽廟遺址的研究，或者從歷史文獻或地方志等資料中從史學的角
度來對嶽廟進行分析，都已經有了不少研究成果，並探索了多種研究的方法

〔註7〕何出光，《萬曆北嶽廟集》，明萬曆十八年刻本。
〔註8〕景日昣，《康熙嵩嶽廟史》，清康熙三十五年刻本。

和途徑。這些成功的經驗為本課題研究提供了很好的借鑒。

1.4.2.1 五嶽的相關研究

　　專著性質的研究主要是褚贛生先生的《五嶽獨尊：山的文化考證》一書〔註9〕，該書圍繞五嶽山嶽文化、歷史沿革以及五嶽的象徵意義等各方面進行了專題論述。美國學者巫鴻先生，曾就五嶽問題寫有《五嶽的衝突——歷史與政治的紀念碑》〔註10〕一文，以泰山、嵩山為主要對象，對諸嶽地位的升降及不同組合模式進行探討。顧頡剛先生對「四嶽」到「五嶽」的轉換等問題有所研究，其論述可詳見《山嶽與象徵》〔註11〕一書。

　　劉東衛先生的《五嶽人文景觀研究》〔註12〕，該文對從文化的角度入手，結合實例分析，嘗試提出自己的觀點來探索五嶽人文景觀。首先回顧五嶽人文景觀的歷史演進，並論述傳統文化因素對其產生和發展中所存在的至關重要的影響。進一步討論傳統文化在五嶽人文景觀中的主要表現，即五嶽人文景觀思想和觀念的理論形態研究，同時把握其內在的文化模式和意義，在此基礎上去解析五嶽人文景觀的構成規律和景觀特色，對五嶽人文景觀做了較為系統、確切和深入地把握。文中概括介紹了嶽廟祭祀區的規制和文化意義，較為詳細地介紹了岱廟和中嶽廟的布局和建築形制，為本課題的研究提供了很好的輔助資料。

　　高曉靜先生的《古北嶽恒山祭祀文化淺析》〔註13〕，一文中概述了河北曲陽的古北嶽恒山祭祀文化。起源於遠古先民對山川的自然崇拜，虞舜時期有了最早的祭祀五嶽活動，漢代對北嶽的祭祀成為定制常禮，開始建祠祭祀。唐、宋兩朝則形成了北嶽祭祀文化的兩個高峰，明代皇家祭祀活動之頻繁為歷代之最，而由於清初北嶽的改祀，曲陽北嶽廟的祭祀活動從此漸趨衰落。該文對本課題關於北嶽廟提供了大量資料，值得研究和借鑒。王暢先生的《晉

〔註9〕 褚贛生，《五嶽獨尊：山的文化考證》，長春：長春出版社，2008 年。

〔註10〕〔美〕巫鴻，《五嶽的衝突——歷史與政治的紀念碑》// 鄭岩，王睿（編），《禮儀中的美術——巫鴻中國古代美術史文編‧下冊》，北京：三聯書店，2010年，頁 616～641。

〔註11〕 顧頡剛，《四嶽與五嶽》// 游琪、劉錫誠，《山嶽與象徵》，北京：商務印書館，2004 年，頁 12～23。

〔註12〕 劉東衛，《五嶽人文景觀研究》（碩士學位論文），北京：北京建築工程學院建築系，1988 年。

〔註13〕 高曉靜，《古北嶽恒山祭祀文化淺析》，《文物春秋》，2006 年第 1 期，頁 3～23。

冀恒山之爭與中國山嶽文化》〔註 14〕，該文描述了以五嶽為代表的中國山嶽
文化，具有象徵中華民族東、西、南、北、中大一統的深厚意蘊。北嶽恒山
之代表性主峰，古為河北省曲陽縣大茂山，後經變易，至明代定為山西省渾
源縣玄武山。清代以前嶽祭皆在河北省曲陽縣北嶽廟，是為「遙祭」。從恒山
代表性主峰在冀、晉間的變易中，可以看出山嶽文化的一些本質特徵。

　　以上諸位學者的深入研究，為本書研究嶽廟建築提供了重要的背景認
識。

1.4.2.2　五嶽嶽廟的相關研究

　　關於五嶽嶽廟整體研究的論文，主要有宋寅先生的《五嶽祭祀建築研究》
〔註 15〕一文。文中以曲陽北嶽廟為主要研究對象，通過研究分析曲陽北嶽廟
的建築制度，以此來完善五嶽嶽廟的體系化研究，是關於五嶽嶽廟建築研究
的第一篇專門性學術論文，值得關注和學習。曹春平先生的《中國古代禮制
建築研究》〔註 16〕是一篇博士論文，文中重點研究中國古代禮制建築，嶽鎮
海瀆祠廟作為其中一章進行研究，而嶽廟的研究則是通過其中一個小節來完
成。本文篇幅雖短，但作者史料搜集充分，概述了五嶽嶽廟的歷史沿革和建
築規制，是一篇較好的研究論著。

　　單座嶽廟的研究比較多的集中在岱廟、西嶽廟和曲陽北嶽廟中。其中以
劉慧先生的《泰山岱廟考》〔註 17〕和侯衛東先生的《西嶽廟建築研究》〔註 18〕
中的研究成果為佳。周今立先生等人所作《泰山岱廟古建築》〔註 19〕一文中
概述了泰山岱廟古建築的歷史沿革、總體布局和建築形制，並對其建築成就
進行了簡要分析。其文章中的大量引用資料和對建築群的研究方法可以借
鑒。劉宇生先生的《西嶽廟建築文化初探》〔註 20〕該文雖然是從歷史學的角
度，對西嶽廟的建築形式進行了研究，但是論述的角度涉及了西嶽廟總體布

〔註 14〕王暢，晉冀恒山之爭與中國山嶽文化 // 游琪，劉錫誠，《山嶽與象徵》，北京：
　　　　商務印書館，2004 年，頁 262～279。

〔註 15〕宋寅，《五嶽祭祀建築研究》（碩士學位論文），天津：天津大學建築學院，1994
　　　　年。

〔註 16〕曹春平，《中國古代禮制建築研究》（博士學位論文），南京：東南大學，1995 年。

〔註 17〕劉慧，《泰山岱廟考》，濟南：齊魯書社，2000 年。

〔註 18〕侯衛東，《西嶽廟建築研究》（碩士學位論文），西安：西安建築科技大學建築
　　　　學院，1984 年。

〔註 19〕周今立等，《泰山岱廟古建築》，山東建築工程學院學報，2005 年。

〔註 20〕劉宇生，《西嶽廟建築文化初探》，《文博》，2006 年第 1 期，頁 23～34。

局、建築文化以及建築環境，而且對西嶽廟的歷史沿革也有比較詳盡的論述。因此，該文對本研究提供了很好的輔助資料，有一定的借鑒意義。

呂興娟女士的《北嶽廟建立飛石殿的年代及原因初考》〔註21〕一文對曲陽北嶽廟內的飛石殿遺址做了實地調查，並結合史籍和歷代碑文的記載，對飛石殿的建築時間、建立的因由進行了考證。作者認為它是明嘉靖初期的建築，是受「靈石東飛」傳說的影響而建的，並成為把飛石與北嶽聯繫在一起的物證，為清代的改祀北嶽於渾源奠定了思想基礎。該文的研究方法是圖像資料和文字資料相印證，並加以實地調研，無論是研究方法還是研究的成果，對北嶽廟嶽廟形制的研究都是很有價值的。

1.4.2.3 中國古代禮制建築制度的相關研究

一些對祠廟的專門研究也是本書展開進一步研究的基礎。具體的研究有郭黛姮先生的《中國古代建築史（第三卷：宋遼金西夏建築）》〔註22〕中對宋金時期的登封中嶽廟和衡山南嶽廟的歷史沿革和建築形制做了詳盡的研究，並對宋代南嶽廟進行了復原推測，對本書貢獻很大。潘谷西先生的《中國古代建築史（第四卷：元明建築）》〔註23〕中對明代岱廟、西嶽廟和北嶽廟等案例的進行的專門研究，並對與嶽廟同一等級的鎮廟、瀆廟進行了深入研究。

李震先生的《濟瀆廟建築研究》〔註24〕一文，以河南濟源的濟瀆廟為研究對象，著重研究中國嶽鎮海瀆祭祀中瀆廟的祭水文化，重點分析了濟瀆廟的選址與環境、歷史沿革、總體布局以及單體建築等內容，同時對濟瀆廟重要的建築遺址進行了復原研究。這篇論文的架構立意以及文獻梳理工作都對本文有著極大貢獻，值得進行研究和學習。

1.4.2.4 中國古代建築群基址規模和建築形制的相關研究

本書從建築群等級制度的視角研究五嶽嶽廟建築。關於建築群等級制度的相關研究，主要有傅熹年先生對中國古代建築群規模的研究，以及王貴祥

〔註21〕呂興娟，《北嶽廟建立飛石殿的年代及原因初考》，《文物春秋》，2005 年 5 月，頁 35～40。

〔註22〕郭黛姮，《中國古代建築史（第三卷）·宋、西夏、遼、金建築，第四章：祠廟》，北京：中國建築工業出版社，2003 年，頁 154。

〔註23〕潘谷西，《中國古代建築史（第四卷：元明建築）》，北京：中國建築工業出版社，2001 年。

〔註24〕李震，《濟瀆廟建築研究》（碩士學位論文），《西安建築科技大學》，2001 年 3月。

教授「合院建築尺度與古代宅田制度關係以及對元大都及明清北京城市街坊空間影響研究」項目中已經完成的研究。

傅熹年先生在眾多傳統建築群案例的基礎上，對中國古代建築群的規模與布局規律採用「方格網」法的分析，並對中國古代建築群的規劃設計手法進行了探討。傅熹年先生還對岱廟、南嶽廟和中嶽廟建築群布局的數字規律進行了研究，其發現對本文研究嶽廟建築群的基址規模和建築布局有很大幫助。〔註25〕

王貴祥教授從「宅田制度」的視角，對中國古代各種類型建築群的基址規模和等級制度進行了廣泛的研究。在《「五畝之宅」與「十家之坊」及古代園宅、里坊制度探析》一文中，王貴祥教授討論了中國古代建築群的共性，對基於宅田制度的中國傳統居住理想進行了文獻上的細緻梳理，認為這種組織觀念從基本的單個住宅到城市里坊空間的布局都貫徹始終。〔註26〕《關於中國古代宮殿建築群基址規模問題的探討》一文則對文獻和考古資料中所體現的中國古代宮殿建築群基址規模進行了系統的研究，在規模逐漸變小的同時，亦體現出一定的規制性特徵。〔註27〕此外，王貴祥教授指導的碩博論文，圍繞中國古代建築群的基址規模，例如在元大都規劃、唐長安里坊、明代南京佛寺及乾隆圖中反應出的清代北京城各類型建築群基址規模等專題上都取得了很大的進展。〔註28〕

〔註25〕傅熹年，《中國古代城市規劃建築群布局及建築設計方法研究》，北京：中國建築工業出版社，2001年。

〔註26〕王貴祥，《「五畝之宅」與「十家之坊」及古代園宅、里坊制度探析》//賈珺，《建築史（第21輯）》，北京：清華大學出版社，2005年，頁144～156。

〔註27〕王貴祥，《關於中國古代宮殿建築群基址規模問題的探討》，《故宮博物院院刊》，2005年第5期，頁46～85。

〔註28〕姜東成，《元大都城市形態與建築群基址規模研究》（博士學位論文），北京：清華大學建築學院，2007年；歐陽恬之，《隋唐兩京里坊「割宅」制度及宅基地分配方法研究》（碩士學位論文），北京：清華大學建築學院，2005年；李菁，《《乾隆京城全圖》之合院建築與城市肌理研究》（碩士學位論文），北京：清華大學建築學院，2006年；王正武，《《乾隆京城全圖》中王府的規模與布局研究》（碩士學位論文），北京：清華大學建築學院，2006年；項琳斐，《《乾隆京城全圖》中寺觀廟宇的用地規模與建築布局研究》（碩士學位論文），北京：清華大學建築學院，2006年；胡介中，《清代北京城內衙署建築之規模與空間布局探索》（碩士學位論文），北京：清華大學建築學院，2007年；史韶華，《明代南京佛寺基址規模與建築布局研究》（碩士學位論文），北京：清華大學建築學院，2007年。

1.5　研究架構

　　根據以上分析，本書將按照以下結構展開對中國五嶽嶽廟建築制度的研究。（圖 1.2）

圖 1.2　研究架構示意圖

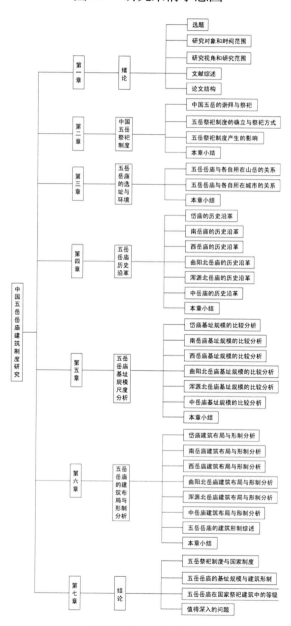

（圖片來源：自繪）

　　第二章首先對作為嶽廟建造背景的五嶽祭祀制度的變化進行概述。首先考察五嶽崇拜的起源、中國五嶽的歷史變遷以及五嶽祀典的歷史沿革，從而確立具體的研究對象；其次五嶽祭祀制度的確立與祭祀方式、五嶽祭祀的場所以及嶽廟管理方式的變遷均對嶽廟的發展有很大的影響，作為建築制度背景的一部分，本章對其五嶽祭祀制度進行了概述。

　　第三章主要分析五嶽嶽廟選址與環境的問題。本章著重考慮嶽廟與各自山嶽之間的關係以及嶽廟與所在城市之間的關係。第四章詳細梳理歷史文獻，試圖明確五嶽嶽廟的歷史沿革，確定各座嶽廟究竟始於何時，何時遷建，何時規模最盛，何時廟制完備；並試圖找到同時修廟的記錄，分析當時五嶽嶽廟之間的關係。

　　第五章和第六章為本文研究的重點。五嶽嶽廟的建築制度研究，主要關注嶽廟的總體基址規模和建築布局規制。第五章著重對五嶽嶽廟的基址規模進行比較分析。首先對五嶽嶽廟基址規模的變遷進行梳理，明確各個時期嶽廟基址規模的一般特點，然後在此基礎上，按照上述分期，參照五嶽嶽廟的史料文獻，分別討論各個時段嶽廟的建築佔地規模和總體建築間數的變遷。第六章則是對五嶽嶽廟的建築布局形制進行歸納總結。本書的這一部分中，建築制度的變遷與「王」制建築等級之間的關聯，將始終是研究所圍繞的主線，無論是分期的特徵還是具體的案例，這條主線將貫穿始終。本章先對各個時期的嶽廟建築制度進行耙梳和整理，試圖找出每一時期各個嶽廟的布局規制，然後著重對嶽廟空間布局中不同位置的建築單體進行系統分析，找出每種類型建築單體的布局特徵和形制特點。

　　等級制度的視野一直是本文討論五嶽嶽廟建築制度的出發點和意義所在。本書第五章和第六章將嶽廟建築制度置於禮制建築群和「王」制建築群的等級制度中，從整體規模和建築細節兩方面，初步探討五嶽嶽廟建築群等級制度的整體狀況。

　　本書的最後一章將對全文的研究進行總結，並提出一些仍待努力的發展方向。

第2章 中國五嶽的祭祀制度

2.1 中國五嶽的崇拜與祭祀

中國五嶽祭祀，由來已久，探其淵源，可能始於古人的山川神化觀念及相應的崇拜活動。在諸多山嶽之中以五嶽祭祀最為重要。最初的嶽祀情況尚未詳知。〔註1〕「年祀綿邈，莫知其經始之由。」〔註2〕漢宣帝神爵元年，「詔太常制五嶽常祀」，〔註3〕自此五嶽祭祀正式稱為官方祭祀常禮，歷代因襲。（圖2.1）

五嶽祭祀自上古延綿至今，其在政治上、宗教上以及文化傳統中的影響力都對中華文明持續影響了上千年，在其山上、山下營建的祭祀壇廟便是本文的研究對象。考察中國五嶽嶽廟的建築，必先瞭解五嶽的祭祀制度與其他禮制祭祀制度的特殊之處，而自古以來五嶽祠祀相關制度的歷時性變遷也影響著歷代五嶽嶽廟建築制度的變化。

本節嘗試在前人研究的基礎上，總結中國五嶽祭祀制度的歷史沿革、祭祀方式以及祭祀制度所產生的種種影響，作為後文進一步研究中國五嶽嶽廟建築制度的基礎。

〔註1〕張立方，《五嶽祭祀與曲陽北嶽廟》，《文物春秋》，1993年第4期，頁58～62。
〔註2〕景日昣，《嵩嶽廟史》，卷之三 //《嵩嶽文獻叢刊（第四冊）》，鄭州：中州古籍出版社，2003年，頁17。
〔註3〕景日昣，《嵩嶽廟史》，卷之六 //《嵩嶽文獻叢刊（第四冊）》，鄭州：中州古籍出版社，2003年，頁45。

圖 2.1　中國五嶽、六嶽廟現狀分布圖

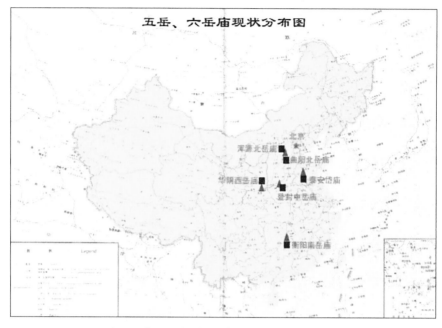

（圖片來源：譚其驤《中國歷史地圖集》）

2.1.1　中國五嶽崇拜的起源

　　三代之時，山嶽崇拜盛行，五嶽四瀆皆有常禮。此時，五嶽的設置常有變動。（圖 2.2）司馬遷《史記》中《封禪書》一節中有載：

　　　　昔三代之君，皆在河洛之間。故嵩高為中嶽，而四嶽各如其方，四瀆咸在山東，至秦稱帝都咸陽，則五嶽四瀆皆並在東方。自五帝以至秦，軼興軼衰，名山大川或在諸侯，或在天子，其禮損益世殊不可勝記。及秦併天下，令祠官所常奉天地名山大川，鬼神可得而序也。於是自殽以東名山五，大川祠二。曰太室、（太室嵩高也）恒山、泰山、會稽、湘山。〔註4〕

　　清乾隆《恒山志》中談及三代之時五嶽變遷時有如下記載：

　　　　東巡狩，稱至於岱宗，餘三方皆不舉山，……，霍、華、嵩嘗遞為中嶽，岍與華嘗遞為西嶽，衡與灊霍山又嘗遞為南嶽。其不變者，獨東岱與北恒耳。〔註5〕

〔註4〕司馬遷，《史記》，卷二十八，《封禪書·第六》，北京：中華書局，1959 年。
〔註5〕桂敬順纂修，《乾隆恒山志》，清乾隆二十八年刻本。

圖 2.2　中國五嶽秦代位置分布圖

（圖片來源：譚其驤《中國歷史地圖集》）

同時，東漢應劭所著《風俗通》中記載：「五嶽東方泰山詩云：泰山巖巖，魯邦所瞻。尊曰岱宗，岱者長也。萬物之始，陰陽交代。雲觸石而出，膚寸而合，不崇朝而徧雨天下，其唯泰山乎，故為五嶽之長。」〔註6〕

以上文獻說明，在早期的山川祭祀體系中，五嶽的地位要高於四瀆；同時，在五嶽之中亦有高下之分，泰山位列五嶽之長，且一直都未改祀他處，在其饗祀盛矣。

著名學者顧頡剛先生在《四嶽與五嶽》一文中明確提出「嶽」的祭祀先有「四嶽」之說，之後才有「五嶽」之說。「四嶽者，姜姓之族之原居地，及齊人、戎人東遷而徙其名於中；是為兩周時事，為民族史及地理志上之問題。五嶽者，大一統後因四嶽之名而擴充之，且平均分配之，視為帝王巡狩所至之地；是為漢武、宣時事，為政治史及宗教史之問題。」〔註7〕

學者巫鴻先生在《五嶽的衝突——歷史與政治的紀念碑》一文中認為，

〔註6〕秦蕙田撰，方觀承訂，《五禮通考》，卷四十七，《吉禮四十七・四望山川》，江蘇：江蘇書局，清光緒六年刻本。

〔註7〕顧頡剛，《四嶽與五嶽》//游琪、劉錫誠，《山嶽與象徵》，北京：商務印書館，2004 年，頁 23。

特定的「嶽」為是特定意識形態的派生物，體現了一種政治、宗教或歷史傳統上的獨特意義。而五嶽崇拜的起源之說有四種：四嶽說、五嶽說、九嶽說以及十二嶽之說。〔註8〕本文著重研究「四嶽說」和「五嶽說」。

《史記·封禪書第六》中引《尚書》曰：「舜在璇璣玉衡，以齊七政。遂類於上帝，禋於六宗，望山川，遍群神。輯五瑞，擇吉月日，見四嶽諸牧，還瑞。」〔註9〕此為「四嶽說」出處，四嶽在此處並不是山嶽，而是四方的部落首領。

明初，禮官在重新制訂五嶽祭祀制度的時候，也注意到「四嶽說」：

> 洪武二年，以嶽鎮海瀆山川之神，享祀之所未有壇壝，非隆敬神祇之道，命禮官考古制以聞。禮官奏嶽鎮海瀆之祀，虞舜以四仲月巡狩而祭四嶽，東嶽泰山，四嶽之宗也，故文曰岱宗；南嶽曰衡山，西嶽曰華山，北嶽曰恒山，而未言五嶽王制。曰：天子祭天下名山大川，五嶽四瀆始有五嶽之稱，蓋以中嶽嵩山並列。

> 又周官小宗伯兆，四望於四郊；鄭玄謂四望為四嶽、四瀆，四瀆者，江河淮濟也；四鎮者，東曰沂山，西曰吳山，南曰會稽，北曰醫無閭；詩又曰：巡狩而祀四嶽河海，則又有四海之祭，蓋天子方望之祀，無所不通，而嶽鎮海瀆在諸侯封內，諸侯亦各以其方祀之。〔註10〕

這裡說明了「四嶽說」與古時四望的關係，此時中嶽尚未進入五嶽巡狩體系。

「五嶽說」的出處同樣在《史記·封禪書》中：「歲二月，東巡狩，至於岱宗。岱宗，泰山也。柴，望秩於山川。遂覲東后。東后者，諸侯也。合時月正日，同律度量衡，修五禮，五玉三帛二生一死贄。五月，巡狩至南嶽。南嶽，衡山也。八月，巡狩至西嶽。西嶽，華山也。十一月，巡狩至北嶽。北嶽，恒山也。皆如岱宗之禮。中嶽，嵩高也。五載一巡狩。」〔註11〕

說明天子在一年的巡狩中，春夏秋冬四季分別致祭東嶽、南嶽、西嶽、

〔註8〕〔美〕巫鴻，《五嶽的衝突——歷史與政治的紀念碑》//鄭岩、王睿（編），《禮儀中的美術——巫鴻中國古代美術史文編·下冊》，北京：三聯書店，2010年，頁616～641。

〔註9〕司馬遷，《史記》，卷二十八，《封禪書·第六》，北京：中華書局，1959年。

〔註10〕孫承澤，《春明夢餘錄》，北京：北京古籍出版社，1992年。

〔註11〕司馬遷，《史記》，卷二十八，《封禪書·第六》，北京：中華書局，1959年。

北嶽。中嶽並無詳細說明何時祭祀，說明尚未進入四嶽體系。

延至漢代，武帝元狩元年，「濟北王上書，獻泰山及其旁邑，天子以它縣償之。常山王有罪遷，天子封其弟真定以續先王祀，而以常山為郡，然後五嶽皆在天子之邦。自封太山後十三歲而周遍於五嶽四瀆矣。」〔註12〕

馬端臨在《文獻通考》中對五嶽祭祀制度進行了考證：

> 案古者天子祭四望五嶽四瀆其大者也，然王畿不過千里，千里之外則皆諸侯之國，所謂嶽瀆豈必在畿內，而後祭之如舜都蒲阪而一歲巡五嶽，俱有望秩之禮是也。始皇雖並六國，而禮典廢墜，所祠祭山川，皆因其遊觀所至處，與封禪求仙則及之，而其領之祠官，以歲時致祭，且雜以淫祀者，大率多秦中山川也。至漢則名山大川之在諸侯國者，不領於天子之祠官必矣，齊、淮南、常山之國廢，及濟北王獻地，而後舉五嶽之祭，俱非古義也。〔註13〕

巫鴻先生認為，「五嶽說」的出現反映了漢武帝時期的三個重要現象：一是「中央」觀念的強化；二是地理中心的東移；三是孔儒經典日益受到重視。〔註14〕

明人吳寬在《重修北嶽廟碑銘》中詳細論證了「四嶽說」和「五嶽說」的來龍去脈：

> 《舜典》所載有四嶽，然於東嶽特著岱宗，餘無所指。至《周禮》始有五嶽，《爾雅》指泰、華、霍、恒、崧而言。議者謂周都豐鎬，《詩》之崧高，不得為中嶽；堯都冀州，《禹貢》之太嶽，當為中嶽。又謂秦以岍為西嶽，漢武徙衡山之神於霍山，而衡、霍俱為南嶽，獨泰與恒無所議。
>
> 而近世復疑恒祭非其地者，予竊論之：四嶽之名，起於舜。舜以一歲而巡四嶽，使乘輿必至其山，勢能遍歷之乎？雖所謂兵衛少而徵求寡，無亦不勝驅馳之勞乎？蓋古之記事者，言其大約而已。

〔註12〕 班固，《漢書·郊祀志》//秦蕙田撰，方觀承訂，《五禮通考》，卷四十七，《吉禮四十七·四望山川》，江蘇：江蘇書局，清光緒六年刻本。

〔註13〕 馬端臨，《文獻通考》//紀昀、永瑢等纂，《景印文淵閣四庫全書》，第六三二冊，《史部》，三九〇，《政書類》，臺北：臺灣商務印書館股份有限公司，2008年。

〔註14〕 〔美〕巫鴻，《五嶽的衝突——歷史與政治的紀念碑》//鄭岩、王睿（編），《禮儀中的美術——巫鴻中國古代美術史文編·下冊》，北京：三聯書店，2010年，頁633。

故天子入其地，特覲諸侯於此。若山川之遠者，則望而祭之，故曰：「望秩於山川」。〔註15〕

綜合以上，可知早期的五嶽崇拜是以封建疆域以及傳統禮制中心為根基的，西漢武帝時中嶽嵩山加入「四嶽」體系，由此「五嶽」崇拜祭祀體系正式形成，反映了漢代封建疆域的擴大以及「天下之中」的東移，說明五嶽祭祀是政治和禮制的產物。

2.1.2 中國五嶽的歷史變遷

我們所知道的中國五嶽，即為雄鎮中國的五座大山，即東嶽泰山在山東泰安市、南嶽衡山在湖南衡山縣、西嶽華山在陝西華陰市、北嶽恒山在山西渾源縣以及中嶽嵩山在河南登封市。但在歷史上，五嶽祭祀地點並不是一成不變的，除了東嶽泰山一直未變，其他各嶽都有變化。

清乾隆《恒山志》中關於五嶽祭祀地點的變化有明確的表述：

> 天下有五嶽。在青州曰東嶽岱山，在雍州曰西嶽華山，在豫州曰中嶽嵩山，在荊州曰南嶽衡山，在冀州曰北嶽恒山。
>
> 按《虞書》東巡狩，稱至於岱宗，餘三方皆不舉山，《禹貢》冀州有太嶽，即今霍州之霍山。蓋唐虞都冀，以冀為中州，以霍為中嶽，以岍為西嶽。《爾雅》所謂河西嶽是也，即今隴州岍陽縣之吳縣。周都豐鎬，以華為中嶽，東遷後始以嵩為中嶽，華為西嶽。秦復以岍為西嶽。盛宏之《荊州記》云：「黃帝以灊霍山為南嶽副，漢武帝以衡遠，徙南嶽之祭於灊霍山，即今廬州府霍山縣，一名衡山，一名天柱山者也。」
>
> 又是觀之，霍、華、嵩嘗遞為中嶽，岍與華嘗遞為西嶽，衡與灊霍山又嘗遞為南嶽。其不變者，獨東岱與北恒耳。三代以前，西北廣，東南隘。漢以後，東南日闢，西北漸淪。故中州之名不冀而豫，中嶽之號不霍而嵩者，亦時與勢為之也夫。〔註16〕

五嶽的具體位置和祭祀地點之形成有一定的歷史原因，司馬遷記道：「昔三代之君皆在河洛之間，故嵩高為中嶽，四嶽各如其方。」〔註17〕五嶽的觀

〔註15〕《恒山志》標點組，《恒山志》，清乾隆刻本，太原：山西人民出版社，1986年。

〔註16〕《恒山志》標點組，《恒山志》，清乾隆刻本，太原：山西人民出版社，1986年。

〔註17〕司馬遷，《史記》，卷二十八，《封禪書·第六》，北京：中華書局，1959年。

念可能就是形成在都於中原的統一國家，後來統一的區域和歷代都城位置發
生了很大變化，（表 2.1）而五嶽的觀念卻保留了下來。

表 2.1　五嶽變遷歷史示意

五嶽	《虞書》	《禹貢》唐虞都冀	《爾雅》	周都豐鎬	秦	漢武帝	清
東嶽	泰山	泰山	泰山	泰山	泰山	泰山	泰山
南嶽	不舉山	衡山	衡山	衡山	衡山	灊霍山	衡山
西嶽	不舉山	岍山	華山	岍山	岍山	華山	華山
北嶽	不舉山	恒山	恒山	恒山	恒山	恒山	恒山
中嶽	無	太嶽，即霍州霍山	嵩山	華山	嵩山	嵩山	嵩山

　　由上述可知，五嶽體系中，西嶽和中嶽隨著疆域版圖以及政治中心的遷
移而變化，南嶽因為漢武帝巡狩道遠而改祀盧州府霍山縣灊霍山，唯獨東嶽
和北嶽致祀不變。

2.1.2.1　南嶽的變遷及確立

　　南嶽衡山的祭祀地點歷史有兩處，一為湖南衡山、一為安徽潛山及天柱
山，考其緣由如下：

清光緒《湖南通志》中記載：

　　　　《有虞氏》：南巡狩至於南嶽，如岱禮。

　　　　周制，五月南巡守至於南嶽，如東巡守之禮。

　　　　漢元封五年，帝巡南郡，至於江陵禮南嶽。（漢武帝封禪以衡

　　　山道遠，望祭於南郡，以灊之天柱山為南嶽。）〔註18〕

馬端臨《文獻通考》：「乾德六年，有司言：祠官所奉止四嶽，令案祭典，
請祭南嶽於衡州」。〔註19〕

　　說明宋初湖南還未平定，不在宋朝版圖管轄內，因此宋初五嶽祭祀只有
四嶽致祭，惟缺南嶽。

〔註18〕李瀚章、曾國荃等，《光緒湖南通志》，卷七十三，《典禮三·祀典二》，清光
　　　　緒十一年刻本。
〔註19〕馬端臨，《文獻通考》//紀昀、永瑢等纂，《景印文淵閣四庫全書》，第六三二
　　　　冊，《史部》，三九〇，《政書類》，臺北：臺灣商務印書館股份有限公司，2008
　　　　年。

馬端臨又在《文獻通考》中詳細介紹了真宗大中祥符二年南嶽定祀衡山的情形：

> 大中祥符二年八月，秘書丞董溫其上言：漢以霍山為南嶽，望令壽州長吏春秋致祭，詔禮官與崇文院檢討詳定。

> 上奏曰：案《爾雅》云，江南衡山注云衡山南嶽。又霍山為南嶽注云即天柱山。潛水所出此即非特霍山為南嶽。舜五月南巡，周之《王制》，皆以衡山為南嶽，惟漢武帝以衡山遼遠取讖緯之說而祭灊霍。至隋復以衡山為嶽，況奉祀已久，國家疆宇夐廣難於改制，其霍山如有所請及特致祭即委州縣奉行從之。〔註20〕

2.1.2.2　西嶽的變遷及確立

《大金集禮》中詳細記載了金大定時期議改五嶽的討論，禮官詳述了歷來五嶽祭祀的位置，其中提到了西嶽的變遷：

> 禮部學士院太常寺公共恭詳：自三皇以來五嶽皆有定名，周都雍州，雖曾權立吳嶽為西嶽，蓋非常法。又詩崧高疏已有如此定議，依上典故其五嶽依舊，是為相應。奉勅旨依舊十二月三日再具前項典故聞奏，奉勅旨依舊。

> 《尚書舜典望於山川疏》云：泰山為東嶽，華山為西嶽，衡山為南嶽，恒山為北嶽，嵩山為中嶽，三代之居皆河洛之間，而五嶽各如其方。至秦漢隋唐皆都長安，而五嶽並在東方。後魏都雲中而祭恒山為北嶽。《雜問志》有云，周都豐鎬故以吳嶽為西嶽，蓋非常法，故爾雅止載華山為西嶽，若必據己所都以定五嶽，則五嶽之名無代不改何？則軒居上谷處，恒山之西，舜居蒲阪在華陰之北，豈嘗據己所在改嶽祀乎？兼自三皇以來五嶽皆有定名，有司不敢輕議。〔註21〕

西嶽在漢武宣時期定祀華山，及至唐中後期，曾短暫改陝西鳳翔吳山為

〔註20〕馬端臨，《文獻通考》∥紀昀、永瑢等纂，《景印文淵閣四庫全書》，第六三二冊，《史部》，三九〇，《政書類》，臺北：臺灣商務印書館股份有限公司，2008年。

〔註21〕王圻，《續文獻通考》∥秦蕙田撰，方觀承訂，《五禮通考》，卷四十七，《吉禮四十七·四望山川》，江蘇：江蘇書局，清光緒六年刻本，此處為金大定禮官討論依新定燕都而別立五嶽，最後仍保持舊制不變，其中對西嶽變遷亦有論述。

西嶽，一年後又恢復原制：

> 肅宗至德二載春，在鳳翔，改汧陽郡吳山為西嶽，增秩以祈靈
> 助。及上元二年，聖躬不康，術士請改吳山為華山，華山為泰山，
> 華州為泰州，華陽縣為太陰縣。寶應元年，復舊。〔註22〕

2.1.2.3　明清北嶽的移祀以及晉、冀北嶽之爭

　　古恒山一名大茂山，在曲陽西北，遼以山脊為界。自明代起北嶽恒山，始指山西渾源即今恒山。嘉靖二十五年戶科河南陳公請奏罷曲陽之祀〔註23〕；萬曆十四年大同巡撫胡來貢請改祀北嶽於山西渾源州，禮臣依祀典言自漢以來祭在定州曲陽縣，渾源之稱北嶽經傳無考，故批示仍禮曲陽之北嶽。至清順治十七年，定改祭北嶽於山西渾源州今恒山，罷曲陽之祀。〔註24〕（圖2.3、圖2.4）

圖2.3　中國五嶽明代位置分布圖

（圖片來源：譚其驤《中國歷史地圖集》）

〔註22〕劉昫，《舊唐書・志第四・禮儀四》，北京：中華書局，1975 年。

〔註23〕《恒山志》標點組，《恒山志》，清乾隆刻本，太原：山西人民出版社，1986 年。

〔註24〕《恒山志》標點組，《恒山志》，清乾隆刻本，太原：山西人民出版社，1986 年。

圖 2.4　北嶽恒山晉冀之爭示意圖

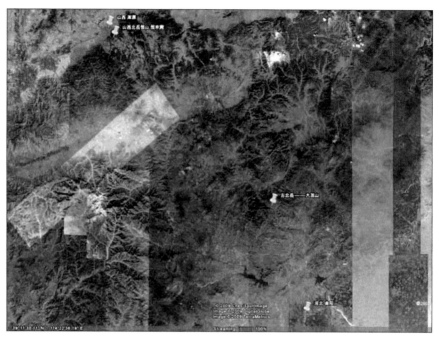

（圖片來源：Google Earth 衛星圖片）

2.2　五嶽祭祀制度的確立與祭祀方式

2.2.1　五嶽祭祀制度的起源與發展

張廷玉在《明史》中詳細論述了五嶽祭祀制度之濫觴和變遷：

嶽鎮海瀆山川之祀

洪武二年，太祖以嶽瀆諸神合祭城南，未有專祀。又享祀之所，屋而不壇，非尊神之道。禮官言：「虞舜祭四嶽，《王制》始有五嶽之稱。

《周官》:『兆四望於四郊』，

《鄭注》以四望為五嶽四鎮四瀆。

《詩序》巡狩而禮四嶽河海，則又有四海之祭。蓋天子方望之事，無所不通。

而嶽鎮海瀆，在諸侯封內，則各祀之。

秦罷封建，嶽瀆皆領於祠官。

漢復建諸侯，則侯國各祀其封內山川，天子無與。

武帝時，諸侯或分或廢，五嶽皆在天子之邦。

宣帝時，始有使者持節祠嶽瀆之禮。

由魏及隋，嶽鎮海瀆，即其地立祠，有司致祭。

唐、宋之制，有命本界刺史、縣令之祀，有因郊祀而望祭之祀，又有遣使之祀。

元遣使祀嶽鎮海瀆，分東西南北中為五道。

今宜以嶽鎮海瀆及天下山川城隍諸地祇合為一壇。與天神埒，春秋專祀。」

遂定祭日以清明霜降。前期一日，皇帝躬省牲。至日，服通天冠絳紗袍，詣嶽鎮海瀆前，行三獻禮。山川城隍，分獻官行禮。是年命官十八人，祭天下嶽鎮海瀆之神。帝皮弁御奉天殿，躬署御名，以香祝授使者。百官公服，送至中書省，使者奉以行。黃金合貯香，黃綺幡二，白金二十五兩市祭物。

洪武三年，詔定嶽鎮海瀆神號。略曰：「為治之道，必本於禮。嶽鎮海瀆之封，起自唐、宋。夫英靈之氣，萃而為神，必受命於上帝，豈國家封號所可加？瀆禮不經，莫此為甚。今依古定制，並去前代所封名號。五嶽稱東嶽泰山之神，南嶽衡山之神，中嶽嵩山之神，西嶽華山之神，北嶽恒山之神。五鎮稱東鎮沂山之神，南鎮會稽山之神，中鎮霍山之神，西鎮吳山之神，北鎮醫無閭山之神。四海稱東海之神，南海之神，西海之神，北海之神。四瀆稱東瀆大淮之神，南瀆大江之神，西瀆大河之神，北瀆大濟之神。」帝躬署名於祝文，遣官以更定神號告祭。六年，禮官言：「四川未平，望祭江瀆於峽州。今蜀既下，當遣人於南瀆致祭。」從之。十年命官十八人分祀嶽鎮海瀆，賜之制。」〔註25〕

2.2.2　五嶽祭祀方式

2.2.2.1　帝王封禪

封禪是中國古代一種最高等級的祭祀活動，是古代帝王在國力昌盛、屢

〔註25〕張廷玉等，《明史》，卷四十九，《志第二十五‧禮三‧嶽鎮海瀆山川之祀》，北京：中華書局，1974 年，頁 1283。

降祥瑞的時期，登上泰山或嵩山之巔進行的祭祀天地之神的大型祭典，五嶽
獨尊的泰山為歷代帝王所親睞，故泰山封禪的次數最多，影響最大（圖2.5）。
司馬遷《史記·封禪書》一篇中概述了封禪祭祀的核心儀式——「登封報天，
降禪除地」，〔註26〕即在泰山頂設壇祭天以報天之功，在泰山下小丘除地祭地
以報地之功。古代帝王封禪大典主要是有其政治象徵意義，通過帝王於山巔
親自祭祀天地的神秘儀式，從而對天下萬物傳達出君王「皇權天授」、「江山
一統」的統治意義。

圖 2.5　歷代帝王封禪泰山線路示意圖

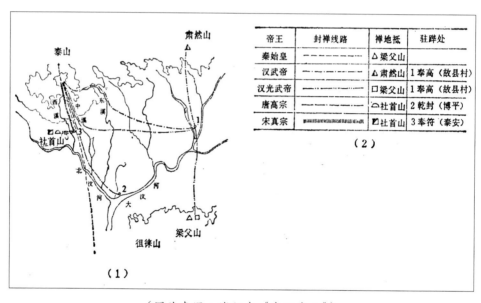

（圖片來源：謝凝高《中國泰山》）

　　五嶽中，東嶽泰山為傳統禮制的至尊，多數帝王來泰山封禪，只有武
后為了顯示不同，於中嶽嵩山封禪，象徵著在天下之中登極，用以昭告天
下。唐玄宗欲封西嶽華山，「天寶九載三月辛亥，嶽廟災，關內旱，乃停封」。
〔註27〕
　　歷史上有史可據的封禪五嶽的帝王，如下表2.2所示：

〔註26〕司馬遷，《史記》，卷二十八，《封禪書·第六》，北京：中華書局，1959年。
〔註27〕歐陽修、宋祁等，《新唐書·帝紀》，北京：中華書局，1975年。

表2.2　各代帝王五嶽封禪簡表

朝代	帝　王	年　代	公　元	所封之山築壇以祭天	禪地祇除地以報地	備註
秦	始皇帝	二十八年	前219年	泰山	梁父山	
漢	漢武帝	元封元年	前110年	泰山	肅然山	8次
	漢光武帝	建武三十二年	56年	泰山	梁父山	
唐	唐高宗、武后	麟德二年	665年	泰山	社首山	
	武　周	萬歲通天元年	696年	嵩山	少室山	
	玄　宗	開元十三年	725年	泰山	社首山	
宋	宋真宗	大中祥符元年	1008年	泰山	社首山	

2.2.2.2　帝王親謁嶽廟

帝王出巡途經各嶽或其附近時亦施以祀禮；北魏「泰常三年，幸代，至雁門關，望祀恒嶽，祀以太牢。幸洛陽，遣史以太牢祀嵩高、華嶽。」〔註28〕屬這種情況。

隋制「行幸所過名山大川，則有司致祭，嶽瀆以太牢，山川以少牢。」〔註29〕這類活動是歷代帝王出巡時的重要禮事之一。

宋真宗大中祥符四年二月，「祀汾陰，車駕至潼關，遣官祭西嶽。用太牢備三獻禮；庚午親謁西嶽廟，群臣陪位，廟垣內外列黃麾仗，遣官分祭廟內諸神，加號嶽神為順聖金天王。」〔註30〕

2.2.2.3　郊祀

郊祀，其方法與天地祭祀的形式相近，即帝王於其都城之外設置壇廟，置牌位供奉。如：北魏泰常三年曾「立五嶽四瀆廟於桑乾河之陽，春秋遣有司祭禮」〔註31〕；明太祖「以嶽瀆諸神合祭城南」〔註32〕，洪武二年「建山

〔註28〕魏收，《魏書‧禮志》//秦蕙田撰，方觀承訂，《五禮通考》，卷四十七，《吉禮四十七‧四望山川》，江蘇：江蘇書局，清光緒六年刻本。
〔註29〕魏徵、長孫無忌等撰，《隋書‧禮儀志》//秦蕙田撰，方觀承訂，《五禮通考》，卷四十七，《吉禮四十七‧四望山川》，江蘇：江蘇書局，清光緒六年刻本。
〔註30〕脫脫等撰，《宋史》，卷一百二，《志第五十五‧禮五‧吉禮五‧嶽瀆》，北京：中華書局，1977年，頁2490。
〔註31〕魏收，《魏書‧禮志》//秦蕙田撰，方觀承訂，《五禮通考》，卷四十七，《吉禮四十七‧四望山川》，江蘇：江蘇書局，清光緒六年刻本。

川壇於正陽門外，天地壇之西」〔註33〕。清代在「地祇壇告祭嶽鎮海瀆及其他天下名山大川。」〔註34〕

2.2.2.4 望祀

由於統治範圍的變化有時包含不了全部五嶽，所以只能望祀，金代祀南嶽即是於立夏日望祭。〔註35〕南宋盡失北方之地，岱、華、恒、嵩盡在金人之手，於是只能望祀北方之嶽。如高宗紹興十四年，「望祀中嶽，令有司制嶽神衣冠劍履，遣使易之。」〔註36〕

2.2.2.5 遣使祭祀以及當地官員祭祀

遣使者到諸嶽所在地致祭，各代均有不同的規定：

漢制：「宣帝時，始有使者持節祠嶽瀆之禮；」〔註37〕

由魏及隋，嶽鎮海瀆，即其地立祠，有司致祭。

唐、宋之制，有命本界刺史、縣令之祀，有因郊祀而望祭之祀，又有遣使之祀。〔註38〕

元制：「嶽鎮海瀆代祀，自中統二年始凡十有九處分五道，後乃以東嶽、東海、東鎮、北鎮為東道，中嶽、淮瀆、濟瀆、北海、南嶽、南海、南鎮為南道，北嶽、西嶽、后土、河瀆、中鎮、面海、西鎮、江瀆為西道，既而又以驛騎迁遠，復為五道道遣使二人，集賢院奏遣漢官，翰林院奏遣蒙古官出璽書給驛以行。中統初，遣道士或副以漢官。」〔註39〕

明初：「洪武二年，命官十八人，祭天下嶽鎮海瀆之神帝，皮弁御奉天

〔註32〕張廷玉等，《明史》，卷四十九，《志第二十五・禮三・嶽鎮海瀆山川之祀》，北京：中華書局，1974年，頁1243。

〔註33〕申時行等，《明會典》，卷八十五，北京：中華書局，1989年。

〔註34〕程嘉謨等，《欽定大清會典則例》，//《景印文淵閣四庫全書》，378～383冊，臺北：臺灣商務印書館，1983年。

〔註35〕張瑋，《大金集禮》，卷三十四//紀昀、永瑢等纂，《景印文淵閣四庫全書》，第一一〇一冊，《集部》，四〇，《別集類》，臺北：臺灣商務印書館股份有限公司，2008年。

〔註36〕景日昣，《康熙嵩嶽廟史》，卷之六，《祀典》，清康熙三十五年刻本。

〔註37〕班固，《漢書・郊祀志》//秦蕙田撰，方觀承訂，《五禮通考》，卷四十七，《吉禮四十七・四望山川》，江蘇：江蘇書局，清光緒六年刻本。

〔註38〕秦蕙田撰，方觀承訂，《五禮通考》，卷四十七，《吉禮四十七・四望山川》，江蘇：江蘇書局，清光緒六年刻本。

〔註39〕宋濂，《元史》，卷七十六，《志第二十七・祭祀五》，北京：中華書局，1976年。

殿，躬署御名，以香祝授使者，百官公服送至中書省，使者奉以行黃金合貯香，黃綺幡二，白金二十五兩市祭物。」〔註40〕

　　明清兩代遣使致祭成為常例。特別是在其他一些特定情況下，如遇國家大事或祈求風調雨順亦常有致告祭祀活動〔註41〕。

2.2.3　五嶽祭祀的場所及嶽廟的產生

　　上古時期，嶽祀的形式為柴望，「古祭山除地為壇，不立廟，立廟而祭非禮也。」〔註42〕國之大祀必以禮，聖人制禮尊五嶽配天，其祭以壇不以屋，其神設主不以像。〔註43〕

　　宋韓琦《重修北嶽廟記》中云：「於禮，祀莫大於天地，而五嶽次之。古者天子壇以祀四望。若時巡至其所，既柴，然後秩而望祀之。廟而祭焉，非古也，其後世之文乎？……於是廟而象之，以警民之耳目，致其嚴奉之心，使違禍而趨福。雖文於古，其於教也，固益明矣。」〔註44〕

　　同時，五嶽山下的城邑也成為維持祭祀的一部分，例如漢武帝祭祀完中嶽後，詔以三百戶，封太室奉祠，命曰崇高邑，禁民無伐其山木。〔註45〕（表2.3）

表2.3　五嶽早期奉邑資料

五　嶽	文獻記載	備　註
東嶽泰山	自古泰山邸邑猶存，五嶽同尊，哀此勤民獨不賴福。	漢《樊毅修西嶽廟記》
南嶽衡山		
西嶽華山	宇內有九山，一曰西嶽華山，白帝司之，其佐蓐收，實為五嶽之雄也。軒轅遊焉，以會神靈；虞舜巡焉，以觀群后。自是以降，莫不燔柴加牲。大司馬掌其分域，大宗伯典其禮祀，以視三公。華陰為奉邑，尚矣！	清王宏《撰募修萬壽閣疏》

〔註40〕申時行等，《明會典》，卷八十五，北京：中華書局，1989年。
〔註41〕詳見上節中國五嶽祭祀的歷史沿革部分。
〔註42〕張崇德，《順治恒嶽志》，清順治十八年刻本。
〔註43〕徐天贈撰，《明萬曆甲申重修岱廟紀略》//唐仲冕，《乾隆岱覽》，卷第六，《岱廟下》，清嘉慶十二年刻本。
〔註44〕韓琦，《宋重修北嶽廟記》//桂敬順，《乾隆恒山志》，清乾隆二十八年刻本。
〔註45〕景日昣，《康熙嵩嶽廟史》，卷之六，《祀典》，清康熙三十五年刻本。

| 北嶽恒山 | 其水東徑上曲陽縣故城北，北嶽牧朝宿之邑也。古者天子巡狩，常以歲十一月至於北嶽，諸侯皆有湯沐邑，以自齋潔。 | 乾隆《恒山志》 |
| 中嶽嵩山 | 元封元年三月，帝東幸緱氏，禮登中嶽太室，詔以三百戶，封太室奉祠，命曰崇高邑，禁民無伐其山木，復其民。 | 康熙《嵩嶽廟史》 |

2.2.4　五嶽祭祀地方管理制度

2.2.4.1　有司專管、設置廟令

唐天寶十一年《修嶽官題名碑》中詳細介紹了唐代岱廟的嶽廟管理官員制度：

> 天寶十載八月九日，奉敕修嶽，至天寶十一載五月。朝議郎、行披□令、員外置同正員、上柱國孫惠仙，上清大洞三□法師、內供奉、賜紫道士鄧子虛，專知修嶽官、承奉郎、行士曹參軍李從遊，專知官、宣義郎、行瑕丘縣尉王子興，專知修嶽林官、朝議郎、行乾封縣丞長孫峻，書手岱陽郡王仙，道士董大□，專知修神儀官、文林郎、守乾封縣主簿馬溫之，專知催遣木官、乾封縣尉劉文江，專知檢校官、奉議郎、乾封縣尉□懷□，將仕郎、守岱嶽令陳巨源，元置字玄之，錄事彭彥章，饒陽紀倩書，太原王立正，修造典王象琳，書手平原李恬，專知修造邵環，唐正諫。

> 惟天寶十一載六月十六日奉敕。祭嶽使、中大夫、行內侍省內給事、員外置同正員、上柱國程元暹，兼人維希昭，十五日□作並畢。〔註46〕

北宋嶽廟管理制度：

馬端臨《文獻通考》中有載：

> 開寶五年詔，自今嶽瀆並東海南海廟，各以本縣令兼廟令，尉兼廟丞，專掌祀事，常加案視，務於蠲潔，仍籍其廟宇祭器之數，受代日交以相付本州長吏，每月一詣廟，察舉縣近廟者，遷治所就之。〔註47〕

清乾隆高自衛編《南嶽志》云：

〔註46〕此石於解放後在岱廟東華門出土，現存岱廟碑廊。

〔註47〕馬端臨，《文獻通考》∥紀昀、永瑢等纂，《景印文淵閣四庫全書》，第六三二冊，《史部》，三九〇，《政書類》，臺北：臺灣商務印書館股份有限公司，2008年。

嶽市，在廟外，環廟皆市，百貨聚焉。五方雜處，奸良不一，
……，康熙四十六年，巡撫趙公申喬議設巡檢一員，專司稽查；又
設永壽僧綱道紀，管領寺觀。〔註48〕

清嘉慶《岱覽》載：「歷代嶽祠之祀，皆以太守牧宰主。」〔註49〕

2.2.4.2　設置護山戶，山林禁樵採

五嶽地位隆崇，古代帝王為保護五嶽的山林環境，山上的林木免遭採伐，
故多在五嶽設置護山林戶，禁止五嶽山林樵採活動，歷史文獻多有記載。

《舊唐書》中對唐代五嶽的山林禁採區的管理官員和保護範圍又有明確
記載：「開元十三年（725）封禪禮畢，封泰山神為天齊王，禮秩加三公一等，
仍令所管崇飾祠廟，環山十里，禁其樵採。」〔註50〕

《大金集禮》中也記錄了金代保護泰山林木的諭旨：「二十一年奉勅旨泰
山三峰左側護繚十餘里，並至廟沿路不得教採斫樹木。」〔註51〕

2.2.4.3　派遣道士、軍人守護嶽廟

《大金集禮》中詳細介紹了金代派遣道人管理嶽廟、并派遣軍人看護
岱廟：

大定十三年，送下陳言文字該嵩山中嶽乞依舊令本處崇福宮道
士看守，禮部擬定委本府於所屬，揀選有德行名高道士二人看管，
仍令登封縣簿尉兼行提控蒙准呈，續送到陳言文字該隨處。

嶽鎮海瀆神祠，係民間祈福處所，自來多是本處人家占守，及
有射糧軍指作優輕數換去處遇有祈求邀勒搔擾深不利便，乞選差清
高道士專一看守契勘，嶽鎮海瀆係官為致祭祠廟，合依準中嶽廟體
例委所隸州府，選有德行名高道士二人看管，仍令本地人官員常切
提控外，其餘不係官為致祭祠廟，止合準本處舊來例施行蒙准呈。

〔註52〕

〔註48〕高自位、曠敏本，《乾隆南嶽志》，清乾隆十八年刻本。

〔註49〕唐仲冕，《乾隆岱覽》，卷第六，《岱廟下》，清嘉慶十二年刻本。

〔註50〕劉昫，《舊唐書》，北京：中華書局，1975 年。

〔註51〕張瑋，《大金集禮》，卷三十四 // 紀昀、永瑢等纂，《景印文淵閣四庫全書》，
　　　　第一一○一冊，《集部》，四○，《別集類》，臺北：臺灣商務印書館股份有限公
　　　　司，2008 年。

〔註52〕張瑋，《大金集禮》，卷三十四 // 紀昀、永瑢等纂，《景印文淵閣四庫全書》，
　　　　第一一○一冊，《集部》，四○，《別集類》，臺北：臺灣商務印書館股份有限公
　　　　司，2008 年。

金代派遣軍人巡防護廟、充當修廟夫役的記錄：

> 二十二年二月，兵部擬呈，嶽廟殿廊共八百五十四間，各設兵士三十人，依舊清衛指揮名稱，常穿日夜巡防，如有修造便充夫役，蒙批降。據請受錢糧招置分例，並於香火錢內支遣，餘並準行。〔註53〕

2.3 五嶽祭祀制度產生的影響

何平立先生所著《崇山理念與中國文化》一書認為，「山嶽祭祀禮儀和國家社稷典章制度緊密結合，成為不可或缺的重要組成部分，並歷經幾千年而不衰，恐怕唯有中國的封建王朝。其從中央朝廷到地方郡縣，從政府百官到民間百姓，對山嶽山神的祭祀與頂禮膜拜始終是社會、宗教和精神生活中的重要大事。尤其對於封建王朝而言，對山嶽祭祀所象徵的政治傳統和意義，始終是指導國策、推行政治的基礎」。〔註54〕

明天順六年《東嶽泰山之神廟重修碑》文曰：

> 惟孔子曰：「必也正名乎！」蓋明則有禮樂，幽則有鬼神，其理一也。然則祀神之道，其可不以正名為先乎？如嶽鎮海瀆，在古帝王之世，皆以名山川稱之，初無封號之加。

> 蓋以其為天地儲形萃秀，神氣流通，能興雲雨以澤物，能出財用以濟民，古雖載在祀典，而不可加以封號。

> 自前季以來，道學不傳，幽明之禮不明於天下，邪誕詔妄之說日作。於是有封五嶽為王為帝者，有封五嶽為公者，有封四海四瀆為公為王者，而又各加以美號。夫嶽鎮海瀆，其形峙而流，其氣神而靈，古禮「五嶽視三公，四瀆視諸侯」，而乃崇其等人。其神名既失正，神豈顧享。

> 洪維我太祖高皇帝定有天下之初，即稽古祀神之典，乃頒大明詔旨於嶽鎮海瀆曰：「考諸祀典，知五嶽五鎮四海四瀆之封，起自唐世，崇名美號，歷代有加，瀆禮不經，莫此為甚。今以古定制，凡嶽鎮海瀆，並去前代所封名號，只以山水本名稱其神。」仰惟詔旨

〔註53〕張瑋，《大金集禮》，卷三十四 // 紀昀、永瑢等纂，《景印文淵閣四庫全書》，第一一〇一冊，《集部》，四〇，《別集類》，臺北：臺灣商務印書館股份有限公司，2008年。

〔註54〕何平立，《崇山理念與中國文化》，濟南：齊魯書社，2001年，頁76。

所載，隆復古制，大洗前訛，其所以達幽明之禮，嚴上下之分，允
宜表正斯世，垂法將來，而為萬古不易之大典。孔子所謂正名者於
斯見之。猗歟盛哉！東嶽泰山之神為諸嶽冠，聖朝既正其名、秩其
祀，而廟弗治，又俾所司以時修葺。〔註55〕

2.3.1　五嶽祭祀的等級

關於五嶽祭祀的等級，《史記‧封禪書》曾載：按周禮「五嶽視三公，四
瀆視諸侯。」〔註56〕《史記‧封禪書》中引：

> 《周官》曰，冬日至，祀天於南郊，迎長日之至；夏日至，祭
> 地祇，皆用樂舞，而神乃可得而禮也。天子祭天下名山大川，五嶽
> 視三公，四瀆視諸侯，諸侯祭其疆內名山大川。四瀆者，江、河、
> 淮、濟也。天子曰明堂辟雍，諸侯曰泮宮。〔註57〕

初唐及其之前按有關碑刻資料將其稱為府君。

自中唐起五嶽始加封號，玄宗先天二年封華嶽神為金天王；開元十三
年封泰山神為齊天王；天寶五年封中嶽為中天王，南嶽為司天王，北嶽為安
天王。

宋代又加封，真宗封禪畢，加號泰山為仁聖天齊王；大中祥符間，加東
嶽曰金天順聖帝，南嶽曰司天昭聖帝，西嶽曰金天順聖帝，北嶽曰安天元聖
帝，中嶽曰中天崇聖帝；同時命翰林、禮部詳定儀注及冕服制度，崇飾神像
之禮；並製玉冊，舉行隆重的奉冊展禮，東嶽、北嶽冊次於瑞聖園，南嶽冊
次於玉津園，西嶽、中嶽冊次於瓊林苑。之後又加上五嶽帝后號：東曰淑明，
中曰正明，西曰肅明，北曰靖明，南曰景明；於是五嶽遂升至帝王級並出現
五嶽帝后同廟供奉。

元代在此基礎上復又加封，至元二十八年春三月，加上東嶽為天齊大生
仁聖帝，南嶽司天大化昭聖帝，西嶽金天利順聖帝，北嶽安天大貞玄聖帝。

明洪武三年重新詔定嶽海鎮瀆神號，考慮到「英靈之氣、萃而為神，必
受命於上帝，豈國家封號所可加。」〔註58〕故依古之定制，去前代所封號，

〔註55〕薛瑄撰，《明天順六年東嶽泰山之神廟重修碑》//唐仲冕，《乾隆岱覽》，卷第
　　　　六，《岱廟下》，清嘉慶十二年刻本。
〔註56〕司馬遷，《史記》，卷二十八，《封禪書‧第六》，北京：中華書局，1959年。
〔註57〕司馬遷，《史記》，卷二十八，《封禪書‧第六》，北京：中華書局，1959年。
〔註58〕秦蕙田撰，方觀承訂，《五禮通考》，卷四十七，《吉禮四十七‧四望山川》，
　　　　蘇州：江蘇書局，清光緒六年刻本。

五嶽僅稱為東嶽泰山之神，南嶽衡山之神，中嶽嵩山之神，西嶽華山之神以及北嶽恒山之神。

清代五嶽祭祀沿襲明制，五嶽祭祀等級亦為中祀。

唐《通典・開元禮纂類》中已經記載五嶽、五鎮、四海以及四瀆的祭祀等級定為中祀：

> 國有大年祀、中祀應卜日者，昊天上帝、五方上帝、皇地祇神州、宗廟皆為大祀，日月星辰、社稷、先代帝王、嶽鎮海瀆、帝社、先蠶、孔宣父、齊太公廟、諸太子廟、並為中祀，應卜日。〔註59〕

秦蕙田所撰《五禮通考》中對歷代帝王敕封五嶽嶽神封號進行了梳理，如下表 2.4 所示。

表 2.4 歷代帝王敕封封號

年　代	公　元	東　嶽	南　嶽	西　嶽	北　嶽	中　嶽	備　註 （秦蕙田）
三代以降		公／泰山府君	公	公	公／北嶽府君	公	五嶽視三公，四瀆視諸侯
中宗嗣聖五年（即武后垂拱四年）	688 年					神嶽，授太師、使持節、神嶽大都督、天中王，禁斷芻牧	山川之神加以人爵封號蓋始於此，非禮之端肇之者則天也
證聖元年	695 年					嵩山為神嶽，尊嵩山神為天中王，夫人為靈妃	
武后萬歲通天元年	696 年					神嶽天中王為神嶽天中皇帝，靈妃為天中皇	復封之為王為帝尊號頻加頻改，不益惑之甚乎

〔註59〕杜佑撰，《唐通典・開元禮纂類》，濟南：山東畫報出版社，2004 年。

						後，夏后啟為齊聖皇帝
神龍元年	697					復為天中王
先天二年即開元元年	713 年			封華嶽為金天王		
唐玄宗開元十三年	725 年	封泰山神為天齊王，禮秩加三公一等，仍				
天寶五載	746 年		南嶽為司天王		北嶽為安天王	中嶽為中天王	五嶽皆有名號，王制
宋真宗大中祥符元年	1008 年	真宗封禪畢，泰山加封為仁聖天齊王				
大中祥符四年二月	1011 年二月			加號嶽神為順聖金天王		
大中祥符四年五月	1011 年五月	天齊仁聖帝	司天昭聖帝	金天順聖帝	安天元聖帝	中天崇聖帝	五嶽咸升帝號
大中祥符四年	1011 年	東曰淑明	南曰景明	西曰肅明	北曰靖明	中曰正明	又加上五嶽帝后號
元世祖至元二十八年	1291 年	齊天大生仁聖帝	司天大化昭聖帝	金天大利順聖帝	安天大貞元聖帝	中天大寧崇聖帝	
元文宗至順五年					加北嶽之神為安天大貞元皇帝		元以北方為尊，特加皇帝號
明太祖洪武三年	1370 年	東嶽泰山之神	南嶽衡山之神	西嶽華山之神	北嶽恒山之神	中嶽嵩山之神	五嶽去帝號，復為山神

2.3.2 五嶽祭祀的政治影響

2.3.2.1 封建統治的象徵意義

五行方鎮之說

五嶽對於整個國家是一個完整的疆土概念：金代因衡山在南宋轄內，無從致祭，所以議改五嶽，最終因舊禮，不依建都之地而擅改五嶽方祀。《大金集禮》中有載大定時期的這次議五嶽改祭：

> 大定八年九月十九日奏稟，近奉勅旨，南京五嶽自合仍舊，今五嶽合如何檢討。……，疏該周國在雍州時，無西嶽，權立吳嶽為西嶽，蓋非常法以東都為定，故《爾雅》：載華山為西嶽，又詩崧高疏或以謂雜問志有云：周都豐鎬故以吳嶽為西嶽，若必據己所都以定方嶽則五嶽之名，無代不改何，則軒居上谷處，恒山之西，舜居蒲阪在華陰之北，豈嘗據己所在改嶽祀乎？又秦漢隋唐皆都長安，五嶽並在東方。

> 禮部學士院太常寺公共恭詳：自三皇以來五嶽皆有定名，周都雍州，雖曾權立吳嶽為西嶽，蓋非常法。又詩崧高疏已有如此定議，依上典故其五嶽依舊，是為相應。奉勅旨依舊十二月三日再具前項典故聞奏，奉勅旨依舊。〔註60〕

敕封其他國家山川

張廷玉《明史》中載明初對海外山鎮的封祀：

> 洪武元年躬祀汴梁諸神，仍遣官祭境內山川。二年，以天下山川祔祭嶽瀆壇。帝又以安南、高麗皆臣附，其國內山川，宜與中國同祭。諭中書及禮官考之。安南之山二十一，其江六，其水六。高麗之山三，其水四。命著祀典，設位以祭。三年，遣使往安南、高麗、占城，祀其國山川。帝齋戒，親為祝文。仍遣官頒革正山川神號詔於安南、占城、高麗。六年，琉球諸國已朝貢，祀其國山川。八年，禮部尚書牛諒言：「京都既罷祭天下山川，其外國山川，亦非天子所當親祀。」中書及禮臣請附祭各省，從之。廣西附祭安南、占城、真臘、暹羅、鎖里，廣東附祭三佛齊、爪哇，福建附祭日本、

〔註60〕張瑋，《大金集禮》，卷三十四 // 紀昀、永瑢等纂，《景印文淵閣四庫全書》，第一一〇一冊，《集部》，四〇，《別集類》，臺北：臺灣商務印書館股份有限公司，2008年。

琉球、渤泥,遼東附祭高麗,陝西附祭甘肅、朵甘、烏斯藏,京城不復祭。又從禮官言,各省山川居中南向,外國山川東西向,同壇共祀。其王國山川之祀,洪武十三年定制。十八年定王國祭山川,儀同社稷,但無瘞埋之文。凡嶽鎮海瀆及他山川所在,令有司歲二祭以清明、霜降。〔註61〕

2.3.2.2　五嶽祭祀體系中諸嶽地位分析

何平立先生在其著作《崇山理念與中國文化》中指出:「山嶽神靈是天子鎮守各地的代表,是一地一國的主宰神、保護神。王者巡狩,須先至泰山祭天並望祀天下山川,然後視察諸侯,再依次南、西、北巡。」〔註62〕

《史記·卷二十八·封禪書第六》中附載:

　　《尚書》曰,舜在璇璣玉衡,以齊七政。遂類於上帝,禋於六宗,望山川,遍群神。輯五瑞,擇吉月日,見四嶽諸牧,還瑞。歲二月,東巡狩,至於岱宗。岱宗,泰山也。柴,望秩於山川。遂覲東后。東后者,諸侯也。合時月正日,同律度量衡,修五禮,五玉三帛二生一死贄。五月,巡狩至南嶽。南嶽,衡山也。八月,巡狩至西嶽。西嶽,華山也。十一月,巡狩至北嶽。北嶽,恒山也。皆如岱宗之禮。中嶽,嵩高也。五載一巡狩。〔註63〕

《岱史·望典祀》中明確了泰山為五嶽之首的地位:「夫國之大事惟祀,禮之大事惟天地與五嶽,而岱為嶽首,帝王狩望必先焉。」〔註64〕

同時,東漢應劭所著《風俗通》中記載:「泰山巖巖,魯邦所瞻。尊曰岱宗,岱者長也。萬物之始,陰陽交代。雲觸石而出,膚寸而合,不崇朝而徧雨天下,其唯泰山乎,故為五嶽之長。」〔註65〕

明天順六年《東嶽泰山之神廟重修碑》文曰:「東嶽泰山之神為諸嶽冠,聖朝既正其名、秩其祀,而廟弗治,又俾所司以時修葺。」〔註66〕

〔註61〕張廷玉等,《明史》,卷四十九,《志第二十五·禮三·嶽鎮海瀆山川之祀》,北京:中華書局,1974年,頁1285。

〔註62〕何平立,《崇山理念與中國文化》,濟南:齊魯書社,2001年,頁68。

〔註63〕司馬遷,《史記》,卷二十八,《封禪書·第六》,北京:中華書局,1959年。

〔註64〕查志隆,《萬曆岱史》,卷九,明萬曆刻本。

〔註65〕秦蕙田撰,方觀承訂,《五禮通考》,卷四十七,《吉禮四十七·四望山川》,江蘇:江蘇書局,清光緒六年刻本。

〔註66〕薛瑄撰,《明天順六年東嶽泰山之神廟重修碑》 // 唐仲冕,《乾隆岱覽》,卷第六,《岱廟下》,清嘉慶十二年刻本。

以上文獻說明，在五嶽之中亦有高下之分，泰山位列五嶽之長，且一直都未改祀他處，在其饗祀盛矣。

唐人張嘉貞《祀北嶽祠碑》中載：「嵩、華乃跼乎近甸，衡、岱不逾乎方域。……，故知惟土有精，惟山有靈；……，目之不睹夫形，耳之不聞夫聲，陰陽不測夫奧，所以存象設，建祠庭矣。……乃籍北鎮，柴南壇，碑西嶽，泥東岱，是用告厥功，祗其祠也。」〔註67〕

上面文獻說明，唐時的五嶽祭祀中，東、南、西、北四嶽的祭祀活動完備，北嶽為最後一個祭祀。

關於五嶽中諸山嶽的等級分析，筆者有如下三種假設：

五行禮制說

清康熙六年《重修泰安州東嶽修碑》中記載五嶽五行五色之說：「議者謂五嶽秩視三公，然周禮有兆，五帝之文宰五行配五色，後蓋分祀五方，而青帝得祀於岱，章服之盛，非僭也。書歲二月束，巡狩至於岱宗。《爾雅釋山》曰，河東岱；應劭曰，岱始也，宗長也。萬物之始，陰陽交待，故謂五嶽之長。相傳神掌死生之籍。故曰齊度遊四方，各登泰山。」〔註68〕

祭祀交通說

東、中、西三嶽因地理位置優勢，漢唐宋金歷代靠近都城或畿輔地區，便於祭祀，所以備受帝王隆崇，在五嶽中地位等級更高。（圖2.6）

表2.5　西嶽和中嶽帝王順路祭祀記錄

	具體描述	備　註
西嶽	煬帝十年幸東都，過祀華嶽，築場於廟側，事乃不經，蓋非有司之定禮也。	《隋書・禮儀志》
	開元十二年十一月庚申，幸東都，至華陰，上制文勒碑立於通衢。舊路在嶽北，因是移於嶽南，而北廟獨顯。	《唐書・舊紀》
	大中祥符四年，車駕至潼關，遣官祀西嶽及河瀆，並用太牢備三獻禮，庚午親謁華陰西嶽廟，群臣陪位廟垣內外，列黃麾仗，遣官分奠廟內諸神，加號嶽神為順聖金天王。	《宋史・禮志》

〔註67〕 張嘉貞，《祀北嶽祠碑》 // 桂敬順，《乾隆恒山志》，清乾隆二十八年刻本。
〔註68〕 朱彝尊，《清康熙六年重修泰安州東嶽修碑》 // 唐仲冕，《乾隆岱覽》，卷第六，《岱廟下》，清嘉慶十二年刻本。

	（西）嶽廟當華陰衝道，基址崇宏，棟樑巍煥。……，而年歲侵久，則傾圯漫漶，不能無虞。朕於癸未冬，省方西巡，蕆止少華山之麓。……，於是入祠殿展謁，遣祭致虔。特命所司，鳩工載葺。	清康熙《御製重修西嶽廟碑》
中嶽	《武帝內傳》云：「元封元年甲子，祭嵩山，起神宮，齋七日，祠訖乃還。」詔曰：朕用事華山，至於中嶽，獲駁鹿，見夏后啟母石。翌日親登嵩高，御史乘屬在廟旁，吏卒咸聞呼萬歲者三。登禮罔不答，其令祠官加增太室祠，禁勿伐其草木，以山下戶三百為之奉邑，名曰嵩高，獨給祠，覆亡所與。	《嵩嶽廟史》

圖 2.6　中國五嶽唐代位置分布圖

（圖片來源：譚其驤《中國歷史地圖集》）

帝王封禪親祭次數說

通過上節分析，可知有具體史料文獻可查的五嶽封禪，自秦始皇之宋真宗，東嶽泰山為六位帝王所封禪，依次為秦始皇、漢武帝（8 次）、漢光武帝、唐高宗（武后陪祀）、唐玄宗、宋真宗〔註69〕；中嶽嵩山為武后封禪一次，開始加封王號〔註70〕；西嶽華山與唐玄宗開元時期幾乎得以封禪，欲封禪而未

〔註69〕金棨，《光緒泰山志》，清光緒二十四年刻本重修，清嘉慶刻本。
〔註70〕秦蕙田撰，方觀承訂，《五禮通考》，卷四十七，《吉禮四十七·四望山川》，江蘇：江蘇書局，清光緒六年刻本。

封〔註 71〕；北嶽恒山曾得隋煬帝親自建壇、謁廟祭祀，遣各國使者陪祀，使得北嶽恒山在隋代備受隆崇〔註 72〕；南嶽衡山漢武帝時期移祀廬江郡灊山，隋文帝時期始遷嶽廟於衡山山下，最後於宋初定制南嶽奉祀於湖南衡山，自古至今並無帝王親自致祭或封禪，顯得不受重視。

由此由此可以得出結論，五嶽中諸嶽的地位高低為：

東嶽泰山──中嶽嵩山──西嶽華山──北嶽恒山──南嶽衡山

2.3.3 五嶽祭祀的經濟影響

2.3.3.1 嶽市、廟市

自古以來，五嶽山嶽所在城市，因帝王官員乃至普羅百姓爭相祭拜而變的愈發重要。嶽廟周邊也因其香客雲集、香火旺盛，自發形成集市，熱鬧非凡。史籍中記載頗為詳細，其盛況如下表 2.6 中所示：

表 2.6 五嶽嶽廟廟前嶽市

嶽 廟	位置	具體描述	備 註
岱 廟	城內	遙參亭前，四民輻輳，爐煙釜氣，日夜蒸沸無停期。岱城第一都會也。	乾隆《泰安縣志》
南嶽廟	城外	嶽市者，環廟皆市區，江浙川廣眾貨之所，聚生人所須無不有。既憧憧往來，則污穢喧雜，盜賊亡命者多隱其間，或期會約結於此，官置巡檢司焉。	宋范成大《驂鸞記》
		廟市自古稱盛，唐開元十五年已記延火三百餘家；宋范成大《記》云：環廟皆市區，江浙川廣眾貨之所聚。蓋其地當衡潭孔道，貫嶽坊十字街，縱半里，橫一里。又櫺星門，左右橫街稱是，故今志謂六街，民商猶不下四百家。	清李榮陛《謁嶽廟記》
		嶽市，在廟外，環廟皆市，百貨聚焉。五方雜處，奸良不一，康熙四十六年，巡撫趙公申喬議設巡檢一員，專司稽查。	清乾隆《南嶽志》
西嶽廟	城外	民間會期，歲三月廿八日，八月十五日，十一月六日。	萬曆《華陰縣志》

〔註71〕姚遠翱，《乾隆華嶽志》，清乾隆二十七年刻本。
〔註72〕桂敬順纂修，《恒山志》，清乾隆 28 年刻本。

曲陽 北嶽廟	城內	方春始和，庶民來祈，祀田答蠁，巫覡牲牽，相望於道，闔千聚百，跨越千里，不約而會於祠下者，百以億計，濯潔齋敬，務極豐好，富人巨室，別極難得之貨，幻伎瑰詭之極，年生之術，冕章褕屐，名馬金玉，奇禽異獸，又極耳目之玩，而詞殆不能既也。	宋紹聖《北嶽大殿增建引簷記》
中嶽廟	城外	嵩高嶽者，名高祀典，位冠中央。……，國家祭享之外，留守祈禱之暇，每至清明屆侯，媚景方濃。千里之遙，萬人斯集。歌樂震野，幣帛盈庭。陸海之珍，咸聚於此。	宋乾德《重修中嶽廟記》
		每歲三月朔日始，至十八日止，四方進香者絡繹輻輳，商賈齎貨鱗集，貿遷有無。土著者因市酒糯，搭鋪棚博蠅頭，資助耕稼所不足。俗稱廟會，即如京師所謂廟市也。宋駱文蔚《記》稱：「每至清明，屆侯娛景方濃。千里匪遙，萬人斯集。陸海之珍，咸聚於此。」則其來久矣。	康熙《嵩嶽廟史》
		廟有市。禮，天子祀名山大川，五嶽視三公。蓋三公饔餼九牢，餐五牢，饗禮九獻，豆四十。祭嶽者視其牲幣粢盛，籩豆爵獻之數，非謂其秩相比也。……，宋駱文蔚所稱「歌樂震野，幣帛盈庭，陸海之珍，咸聚於此」者也。	康熙《說嵩》

圖 2.7　中嶽廟廟會圖

（圖片來源：康熙《嵩嶽廟史》）

2.3.3.2　香稅及其管理機構

　　五嶽嶽廟香火旺盛，香客雲集五嶽，由此歷代政府即向香客徵收香稅，以來彌補地方財政，甚至進入皇宮大內。如明萬曆泰山香稅就如此制，香稅在重修岱廟的經費籌措中起到很大的作用：「歲己亥，榷使紛出，續為藩長，始議以泰山稅錢割一萬六千緡與中涓，進之大內，至今未罷而經費始詘。適廟

貌年久不葺，將至大壞，所需四千九百五十餘金，有司不能辦也。」〔註73〕

2.3.3.3 廟產

五嶽嶽廟作為奉祀一方的巨型祠廟，廟裏的人員食宿、建築修繕以及祀典香火等項目均會產生巨大的費用花銷，除了歷代帝王偶有敕封外，嶽廟的日常花銷均依賴嶽廟所分封的廟產，遍查歷史文獻可知，曲陽北嶽廟和登封中嶽廟均明確記載了嶽廟廟產的大小和用途，具體情況如表2.7所示。

表2.7 五嶽嶽廟廟產概述

嶽 廟	具體描述	備 註
曲陽北嶽廟	殿後皆香火隙地。明崇禎十五年，知縣楊音奉支令居民楊家鳳等八家認地為業，共分地三十九畝九分九釐，將築民居，以寔（實）城廓。 別買鄭計會等地四十九畝於城外，以酬香火，其後拘於堪輿家言，又復中正。清順治十三年，知縣葛綏誠恐日久侵蝕，立石於內記之。	清康熙《曲陽縣新志》
中嶽廟	祭田：香火田五十二畝其來已久，道士掌之，供嶽廟香火之需。近按畝徵賦，廟無祭田矣。 祭銀：每歲春秋二戊日，祭中嶽廟，祭品除荒徵熟銀一兩二錢四分七釐，四嶽殿分獻。	清康熙《嵩嶽廟史》

2.3.4 五嶽祭祀的宗教影響

五嶽文化源遠流長，由遠古單純的祭祀山林活動，逐步演化為儒釋道三教融合，共濟通融的局面。不過，由於歷代帝王的好惡，以及各宗教勢力的相互影響和鬥爭，五嶽各山所呈現出來的宗教影響各有不同，但基本上形成了「儒家禮制為尊、道家提點嶽祀、佛家清修無爭」的格局，耐人尋味。

2.3.4.1 儒教和五嶽的關係

知名學者作為廟令、著書立傳，並且五嶽中書院林立，如：

東嶽——泰山書院、岱廟內信道堂；「其殿南乃宋孫明復初闢學館處，名為信道堂，並自為記。金黨懷英《魯雨先生祠碑》云：孫石雨先生講學舊館，為岱廟所併，猶名為柏林地，歲分施錢為養士之費，今則盡歸道士

〔註73〕黃克纘撰，《明萬曆三十六年重修東嶽廟碑》//唐仲冕，《乾隆岱覽》，卷第六，《岱廟下》，清嘉慶十二年刻本。

矣。」〔註 74〕

　　南嶽——湖湘學派、文定書院、集賢書院、鄖侯書院、甘泉書院等；

　　中嶽——嵩陽書院等；

2.3.4.2　道教和五嶽的關係

　　除此之外，還有一些學者對五嶽與道教的關係及道教神仙譜系問題頗有興趣，成就一些美文，如熊建偉先生的《道家、道教在五嶽定位中的作用》。〔註 75〕

　　道士在五嶽的經營

　　嶽廟多由道士管理，中嶽廟、西嶽廟、岱廟、南嶽由佛道共同管理，如《恒山志》中記載：

> 明神宗萬曆二十四年手敕：敕諭恒山北嶽廟住持道士：朕發誠心，印造道大藏經，頒在京及天下名山宮觀供奉。經首護敕，已諭其由。爾住持及道眾，務虔潔供安，朝夕禮誦，保安眇躬康泰，宮壺肅清。〔註 76〕

　　說明，在明代五嶽嶽廟均已由道士主持，並由皇帝欽賜《道藏》藏於廟中，以崇祭祀。

　　元明善《敕賜南嶽昭聖萬壽宮碑》中記載了元代東西北中四嶽廟中皆有道士提點經營，唯獨南嶽廟中無道士別館，不利於祀事，由此請旨修建道館以棲道流：

> 元貞二年（1296 年）言於朝曰：「廟之大殿及鎮南門迤麗如舊，飭多未備，且四嶽皆有別館以居道流，以嚴祀事，而南嶽舊獨無有，……。」上累錫白金及歲入錢米，築館廟之東偏，並夫廟之未備者，……，因相基繪圖，……。越大德七年（1303 年）告成。〔註 77〕

　　由此，五嶽嶽廟中皆有道士居住。

　　《洞天福地嶽瀆名山記》

　　唐代杜光庭編撰《洞天福地嶽瀆名山記》〔註 78〕中明確的說明唐代道教

〔註 74〕金棨，《光緒泰山志》，清光緒二十四年刻本重修，清嘉慶刻本。

〔註 75〕熊建偉，《道家、道教在五嶽定位中的作用》，《中國道教》，1993 年第 2 期，頁 36～41。

〔註 76〕桂敬順纂修，《恒山志》，清乾隆 28 年刻本。

〔註 77〕元明善，《敕賜南嶽昭聖萬壽宮碑》//解縉輯，《永樂大典》，卷 8648，《衡州府十》，北京：中華書局影印本，1960 年。

〔註 78〕杜光庭編撰，《洞天福地嶽瀆名山記》，南京：江蘇古籍出版社，2000 年。

神祇系統中五嶽山神的體系（表2.8）：

表2.8 《洞天福地嶽瀆名山記》所記載的唐代中國五嶽

五嶽	嶽　神	所領仙官玉女	位置	山周回	佐命山	佐理山
東嶽泰山	天齊王	九萬人	兗州奉符縣	二千里	羅浮山、括蒼山	蒙山、東山
南嶽衡山	司天王	三萬人		二千里	霍山、潛山	天台山、句曲山
西嶽華山	金天王	七萬人	華州華陰縣	二千里	地肺山、女幾山	西城山、青城山、峨眉山、幡冢戎山、西玄冥山
北嶽恒山	安天王	五萬人	在鎮州	二千里	河逢山、抱犢山	玄隴山、崆峒山、陽洛山
中嶽嵩山	中天王，五土之主	一十二萬人	洛州告成縣	一千里	少室山、東京武	太和山、陸渾山

　　明萬曆朝，皇家頒發給各嶽嶽廟《道藏》，除南嶽廟無明確記載，其他四嶽都有明確記載，確信無疑。收到御賜經書之後，各嶽廟同時修建藏經樓以矚道經。（表2.9）

表2.9 五嶽皇家頒發《道藏》記載

山　嶽	具體描述	備　註
東嶽泰山	明萬曆二十年，神宗降旨頒發《道藏》一部分於岱廟，現聖旨及部分《道藏》尚存。	《泰山岱廟考》
南嶽衡山		
西嶽華山	萬曆時，即其故而新之，又拓而大之。門廡殿寢無不備，而前為樓，後為閣。閣有東西翼，為轉輪之，致敕頒道經藏焉。	清王宏《撰募修萬壽閣疏》
北嶽恒山	明神宗萬曆二十四年手敕：敕諭恒山北嶽廟住持道士：朕發誠心，印造道大藏經，頒在京及天下名山宮觀供奉。經首護敕，已諭其由。爾住持及道眾，務虔潔供安，朝夕禮誦，保安眇躬康泰，宮壼肅清。	乾隆《恒山志》
中嶽嵩山	黃籙殿：在嶽廟之後。今貯欽降《道藏》經函於此。	明萬曆《嵩書》

《五嶽真行圖》

明洪武《五嶽真形之圖碑》中記載了明代道教體系中五嶽的祭祀等級和職能，其中獎五嶽諸神的起源、職能、管轄範圍以及《五嶽真形圖》的驅妖避邪的功能也一併說出：

> 五嶽真形之圖起源頗早，據《萬花谷記》記載，「西王母與上元夫人降漢武帝，帝視其巾器中有小書，乞瞻覽。母曰：『此五嶽真形圖也，乃三天太上所出，豈汝所宜佩乎？』帝乞不已，與之，藏柏梁臺。蓋聞，乾坤之內，五嶽者謂之神。五嶽之中，岱嶽為其祖，莫不應其造化。生於混沌之初，立自陰陽，鎮乎坤維之位。且五嶽者，古經云『分掌世界人間等事』。」

> 謹按《抱朴子》云：「凡修道之士，棲隱山谷，須得五嶽真形圖佩之，其山中鬼魅精靈，蟲虎妖怪，一切毒物，莫能近矣。漢武帝元封二年七月七日夜，西王母親降，見王母巾器中有書卷，紫錦囊盛之，亦是所同。」太初中，李充稱馮翊人三百歲，常（以下缺二十字）江渡海，或入山谷，或夜行，又恐宿於凶房，若此圖隨身，一切邪魔，魑魅魍魎，妖怪蟲虎，皆隱消遠遁矣。所居之處，香氣供養，真心扶侍，必降禎祥之祐，以感聖力護持。〔註79〕

表 2.10　《五嶽真形圖》所記載的明代中國五嶽

五嶽	嶽　神	簡　介	位　置	得道處	副山	職　能
東嶽泰山	姓歲諱崇，天齊仁聖帝	天帝之孫，群靈之府也	兗州奉符縣／濟南府泰安州	成興公真人得道之處	長白、梁父二山	主於世界人民官職及定死生之期，兼主貴賤之分長短之事也。
南嶽衡山	姓崇諱覃，司天昭聖帝		衡州衡山縣	太處真人得道之處	潛山、霍山	主世界星象分野兼水族魚龍之事也。
北嶽恒山	姓晨諱嵩，封號安天元聖帝		定州曲陽縣／大同府渾源州	長桑公真人得道之處	天涯、崆峒二山	主世界江河淮海兼四足負荷之類，管此事也。
西嶽華山	姓姜諱英，金天順聖帝		華州華陰縣	黃靈於真人得道之處	終南、太白二山	主世界金銀銅鐵兼羽翼飛禽之事也。

〔註79〕明洪武《五嶽真形之圖碑》//金榮，《光緒泰山志》，清光緒二十四年刻本重修，清嘉慶刻本。

中嶽 嵩山	姓惲諱善， 中天崇聖帝		西京河南 府登封縣	寇謙真人 得道之處	幾、少 室二山	主世界土地山川谷峪 兼牛羊食稻之種，管 此事也。

（乾隆《恒山志》，明洪武《五嶽真形之圖碑》）

2.3.4.3　佛教和五嶽的關係

　　歷史上，佛教也在五嶽山中廣為傳播，營建寺院，其中尤以中嶽嵩山、南嶽衡山和東嶽泰山為盛。不過西嶽華山較為特殊，未查到特別知名寺院，似道教在西嶽華山影響更大。五嶽中佛教寺院的記載尤為豐富，本書不作詳細分析，僅做些許羅列以說明佛教與五嶽的關係，如：

　　　　東嶽——靈巖寺、竹林寺、普照寺、冥福寺、谷山寺等著名寺院；

　　　　南嶽——南禪宗派、南嶽廟中設「八寺八觀」、唐韓愈訪衡嶽寺等記載；

　　　　西嶽——無知名寺廟記載，較道教宮觀少；

　　　　北嶽——渾源懸空寺、隋煬帝祭祀北嶽，恒嶽寺建塔等記載；

　　　　中嶽——禪宗祖庭少林寺、古建遺珍初祖庵、大法王寺、嵩嶽寺等遺存；

2.3.5　五嶽祭祀的文化影響

2.3.5.1　官方祭祀和百姓進香

表 2.11　五嶽嶽廟百姓祭祀上香記載

山　嶽	具體描述	備　註
東嶽泰山		
南嶽衡山	謹按嶽之有廟，創於唐，歷宋而元而明，入國朝（清）恢拓益偉。當其時天下無事，閭左殷富，擊壤父老，歲時伏臘，牽羊陳□，奏鼓吹竽而祭。	光緒《重修南嶽志》
西嶽華山		
北嶽恒山	方春始和，庶民來祈，祀田答蜡，巫覡牲牽，相望於道，關千聚百，跨越千里，不約而會於祠下者，百以億計，蠲潔齋敬，務極豐好，富人巨室，別極難得之貨，幻伎瑰詭之極，年生之術，冕章褥屐，名馬金玉，奇禽異獸，又極耳目之玩，而詞殆不能既也。簫鼓隱春雷之聲，族談擬浙江之濤，牲牢多於燕契之牧，薌燎鬱于岱山之雲，馨膻雜觸，肩跡相軋，歡囂紛錯，師曠失其聰，離婁失其明，總率其費巧，歷失其智；而十三歸於有司，受藏廟中，又以其半輸郡，為宴饗之用。嗚呼，可謂其盛，無以復加矣。	宋紹聖《北嶽大殿增建引簷記》

中嶽嵩山	每歲三月，四方奉香踵謁者不絕。山靈之感應，豈或誣歟？又廟祀，唐用六月日真土，見唐李方郁、宋駱文蔚記；明洪武中定以仲秋，見洪武十年祭文；今賦役全書編春秋二祭，而每年三月十有八日例又致祭，不知昉自何時矣。	康熙《嵩山志》
	每歲二月、八月上戊日，知縣主祭。祭品豬羊、幣帛，制也。峻極殿行三獻禮，四嶽殿行分獻禮。	康熙《嵩嶽廟史》

2.3.5.2　民間神話傳說等等

盤古死後化為五嶽

　　康熙景日昣所著《嵩嶽廟史》中引述南朝《述異記》中關於五嶽源於盤古身體各部分的說法：「盤古之死，頭為東嶽、腹為中嶽、左右臂為南北嶽、足為西嶽。」〔註80〕

　　古人小說筆記中有很多關於五嶽神顯靈的鬼怪故事，中國四大名著之一的《水滸傳》中記載了燕青岱廟打擂等情節，似也能印證嶽廟在歷史中的重要存在。

2.3.5.3　文人雅士遍遊五嶽

　　歷代均有文人雅士遊覽五嶽留下美文的記載，例如明末清初王士性在其遊記《五嶽遊草——廣志繹》中詳細記載了其遍遊五嶽的經過，同時也記錄了當時五嶽嶽廟的情形：

《嵩遊記》

　　　　蓋余少懷向子平之志，足跡欲遍五嶽，乃今始得自嵩始云。是歲在辛巳六月，……乃以日壬戌過登封界，……次日轉而東，十數里至嶽廟。廟亞少林，壁畫申、甫二像。大樹林立，多糾纏東轉，如手執之者，或云此即嶽神為珪師一夜移而來也。廟在黃蓋峰下仰視東峰凹處是稱嵩門。……，或謂山高為崧，《詩》稱嶽之「崧高」，非嵩嶽之高也，蓋堯時止有四嶽。余聞於楊用修之言云。

《岱遊記》

　　　　五嶽通言嶽，而岱獨稱宗，蓋訪於有虞氏之書云。間嘗閱《道藏》稱，天帝之孫，群靈之府，主世界人民生死貴賤。是又宜焚香灸額，呼聖號以邀靈者，士女闐駢於海內矣。……，乃宿泰安州。

〔註80〕景日昣，《嵩嶽廟史》，卷之三 //《嵩嶽文獻叢刊（第四冊）》，鄭州：中州古籍出版社，2003 年，頁 65。

次日，肅入謁岱廟，廟巨如王宮，以堞櫓城其四角。為六門，門內九石玲瓏，乃南海人輦而來者。墀列一檜二松三柏，咸形怪秀色可餐。柏則漢武東封時植也。右為環詠亭，石壁嵌古今詩，多歐陽、韓、范諸名賢手澤。覽畢問道登山，遂出登封門，……

《華遊記》

……以閏六月二十日道出華陰。令劉若水頗修蘇、杭州故事，亭臺棹碣，無所不葺斷以待遊人。余與元承日午至嶽廟，讀李藥師祝文與唐玄宗諸巨碑。讀已，登麗譙，坐對三峰，奇峭逼人。王維、馬遠所不能圖也，余神已先往矣。……

《衡遊記》

衡嶽周回八百里，大小七十二峰。首起於衡陽之回雁，而尾長沙之嶽麓，餘則滿地皆堆阜，……，大約自嶽廟後，拔地而起二萬丈，前後兩疊，左中右三支，環抱而下者為正嶽，為古今遊覽秩祀之地。余與翰卿泛洞庭溯沅、湘而上，登陸則行古松三十里，虯枝龍鱗蔽虧天日，皆數千百年物，大風時鼓濤震山谷，偉哉觀也。樹窮而嶽市見，入天下南嶽道，肅謁嶽祠。祠立七十二楹，象峰數，神像就石筍出地刻之，雲屋晧旰與岱稱。……

《恒遊記》

北嶽廟歸曲陽城而半之，誇麗侔闕。余過其門見巨石肺覆，雲自嶽頂飛來依以祀者。因憶嶽在渾源之南，或此如所謂行宮者云爾。已聞我國家秩祀不於渾源，而正望燎於茲宮，蓋已自宋而然，則意宋失雲中，軒轅使不至，而假飛石以文其陋，寧渠一至渾源以得當所謂真嶽者。……

《渾源嶽廟》

嶽距州之南二十里，……，與人拾級循山東北麓而上，……七里跨虎風口，……又數里抵廟，廟貌不甚張，肅入禮成，漏下已二鼓矣。山雖近塞北多寒乎，然有薪可樵，澗可汲，山田可菽菽牟黍，圃可菜韭，羽流輩得經年不出廟門。廟之上為飛石窟，兩崖峭麗，竅其中，不知與曲陽石類否？〔註81〕

〔註81〕王士性撰，周振鶴點校，《五嶽遊草》，廣志繹，卷一，《嶽遊上》//《元明史料筆記叢刊》，北京：中華書局出版，2006年。

2.4　本章小結

　　本章通過梳理五嶽祭祀相關文獻，試圖發現中國五嶽祭祀，由來已久，探其淵源，研究清楚中國五嶽祭祀的起源和變遷，分別就五嶽中各個山嶽的祭祀情況進行研究，得出其各自祭祀山嶽歷史沿革。同時，找出五嶽祭祀制度的確立和祭祀方式以及其具體祭祀過程的管理制度，有司致祭、道士提點以及軍士守護等都成為嶽廟特有的管理方式。

　　最後，本章闡述了五嶽祭祀制度所產生的影響，主要有政治、經濟、宗教以及文化影響，其中政治影響是決定嶽廟建築發展的最關鍵因素，五嶽祭祀制度所蘊涵的封建統治的象徵意義，推動了歷代君王持續地關注嶽廟的祭祀典禮和營建活動。

第3章　五嶽嶽廟的選址與環境

　　中國五嶽嶽廟，自古以來作為國家官方祭祀和道教洞天福地的場所，一直備受隆崇，時毀時修，依存至今。五嶽嶽廟的禮制等級和建築規制都很高，整個建築群的基址規模也都宏大壯觀，勢必會對當地城市產生影響。本章通過對相關史料的搜集和整理，以中國五嶽嶽廟與當地城市相互影響為主要研究對象，著重對嶽廟與城市的歷史沿革、位置變遷、基址規模比較以及嶽廟對所在城市的空間影響進行初步的探討和比較分析。

　　古往今來，五嶽究竟在何處致祭，歷來有所變遷。如南嶽屢有變遷，漢武帝時封灊山為南嶽，至隋文帝遷南嶽於衡州衡山，其後皆奉祀於此。北嶽也發生類似的變遷，明末清初發生晉冀北嶽之爭，於是，北嶽從河北曲陽移祀至山西渾源，曲陽北嶽廟依然留存至今。至此，中國五嶽共有六座嶽廟作為其崇祀山神所在地，同時建廟進行祭祀活動勢必會對當地城市造成一定的影響。（表3.1）

表3.1　五嶽嶽廟與所在城市、山嶽的對應關係

方位	山　嶽	城　市	嶽　廟	備　註
東	東嶽泰山	山東泰安州	岱　廟	
南	南嶽衡山	湖南衡山縣	南嶽廟	隋代始於衡山祭祀南嶽
西	西嶽華山	陝西華陰縣	西嶽廟	
北	古北嶽恒山大茂山	河北曲陽縣	北嶽廟（曲陽）	明末清初，北嶽晉冀之爭，清初北嶽改祀於山西渾源
	北嶽恒山	山西渾源州	北嶽廟（渾源）	
中	中嶽嵩山	河南登封縣	中嶽廟	

歷史上，還多次發生因嶽廟另立新城的事件，如宋初太祖敕命「遷治所就嶽廟」〔註1〕，隨之泰安城向西北搬遷三十里，就近嶽廟而建。而像嶽廟這樣的大型祠廟，不僅是官方祭祀的場所，往往還會吸引更多的民眾來廟中祭拜，這樣廟前多形成廟市，朝香御道等等，成為城市的經濟、生活乃至精神的中心，足見嶽廟對城市的影響力。通過本文的研究，可以分析此類城市的特點，充實城市類型學的研究。

渾源北嶽廟因所處位置山形陡峻，無法形成像其他嶽廟那樣營建大尺度的祀廟空間，因此在本章的比較分析中，暫不考慮其在內。

3.1　五嶽嶽廟與各自所在山嶽的關係

五嶽嶽廟的位置與諸山嶽的關係主要視其「望祀」效果而定，古人由嶽廟或者祭祀山嶽的壇壝祭祀五嶽山神，山嶽主峰成為其膜拜的焦點，下文中通過對五嶽嶽廟與其各自山嶽的歷史文獻和現狀衛星圖像進行分析，明確嶽廟與山嶽的空間位置關係。

3.1.1　岱廟與東嶽泰山

岱廟位於東嶽泰山腳下，自古以來由岱廟開始遊泰山，岱廟與山體的關係屬於「望祀」格局。（圖3.1、圖3.2、圖3.3）

清宣統《山東通志》卷二十三，疆域志第三《山川》中記載：

> 泰山，在縣北五里，是為東嶽，亦曰岱宗。《尚書·舜典》：「歲二月東巡狩至於岱宗」，《周禮職方氏》：「兗州山鎮曰岱山。」〔註2〕

清乾隆五十五年《泰山述記》中可以看出岱廟與泰山的關係：

> 岱廟在泰安府北，城內之西偏基，分城內地四分之一，宏廊壯麗，儼然帝居。

> 《從征記》云：泰山有下中上三廟，牆闕嚴整，門閣三重，樓榭四所，壇一所，凡歷代祭告皆與此，在方祀為最著。

〔註1〕清乾隆《泰山道里記》記載：泰安府城舊為岱嶽鎮，……宋太宗開寶五年，詔遷治就嶽廟；道光八年《泰安縣志》：城池：郡城舊為岱嶽鎮，宋開寶五年移築封城於此。以上兩處文獻記載表明，泰安城遷建就近東嶽廟確實如此，足可以看出到了宋代，東嶽廟作為奉祀泰山之所對於當地城市的影響。
〔註2〕楊士驤等，《宣統山東通志》，民國四年鉛字排印本。

圖 3.1　岱廟與東嶽泰山關係

（圖片來源：謝凝高《中國泰山》）

圖 3.2　岱廟與泰山主峰衛星鳥瞰圖

（圖片來源：Google Earth 衛星圖片）

圖 3.3　岱廟與泰山位置關係示意圖

（圖片來源：《中國古建築地圖》）

廟制：堞城高三丈，周三里，城基厚兩丈餘，城上柏樹大者二三尺圍，開八門。

《風俗通》岱宗廟在博縣西北三十里，山虞長守之。

《岱史》云：岱嶽觀至元碑（元至元年間）云：嶽廟在嶽之南麓，則岱嶽、升元二觀前當為漢址，唐則天時改今地，或云宋改今地。〔註3〕

3.1.2　南嶽廟與南嶽衡山

南嶽有祀，始於有虞氏。而南嶽廟建自何時，史料浩瀚，眾說紛紜。

清光緒《南嶽志》云：「唐虞五載一巡狩，柴望秩於山川，為壇耶？為廟耶？不可得而祥矣。後世禮嚴廟享，而嶽廟迄未知建自何年」〔註4〕。「嶽廟建自何時雖不可考，然自唐虞望秩以還，由來久矣」〔註5〕。

明劉黻《重修嶽廟記》載：「舜居攝，南巡至南嶽，如岱禮。言祀覲之禮如岱也。禹受禪，若帝之初。茲山之祀可推。周制六年，王時巡諸侯，朝於方嶽。當時，嶽有明堂，為享帝尊親之所，禮特隆焉。歷漢而唐，報祀不衰。」〔註6〕這裡的明堂，似乎是南嶽廟的前身。明堂立於何處，不得而知。（圖3.4、圖3.5）

唐咸通李沖昭撰《南嶽小錄》云：

司天霍王廟，在嶽觀前，去觀百餘步，今以南方屬火，配神曰祝融，玄宗封為司天王，以配夏享。有廟令司人，本廟在祝融峰上，隋代還移，廢華藪觀而建立，今祝融峰頂有石廟基存焉。〔註7〕

清光緒《重修南嶽廟志》中記載了南嶽廟與南嶽衡山的關係：

南嶽廟，在縣西北三十里。

《唐書·地理志》：衡山縣有南嶽衡山祠；

《元和志》：廟在縣西三十里；

《南嶽記》：漢書郊祀志云，祀南嶽於潛山，後遂以潛為南嶽，隋文帝復移於今所。〔註8〕

〔註3〕宋思仁，《乾隆泰山述記》，清乾隆五十五年刻本。
〔註4〕李元度，《光緒重修南嶽志》，清光緒九年刻本。
〔註5〕李元度，《光緒重修南嶽志》，清光緒九年刻本。
〔註6〕劉黻，《明嘉靖重修嶽廟記》∥李元度，光緒重修南嶽志，清光緒九年刻本。
〔註7〕李沖昭撰，《唐咸通南嶽小錄》，清道光三十年刻本。
〔註8〕李元度，《光緒重修南嶽志》，清光緒九年刻本。

圖3.4　南嶽廟與南嶽衡山位置關係示意圖

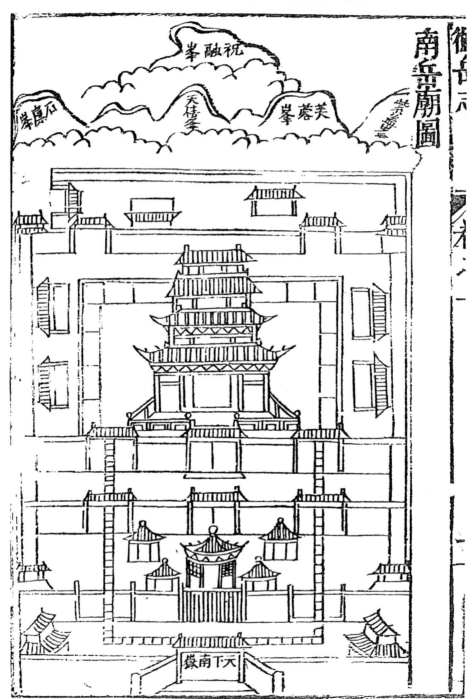

（圖片來源：萬曆《衡嶽志》）

圖 3.5　南嶽廟與衡山主峰衛星鳥瞰圖

（圖片來源：Google Earth 衛星圖片）

3.1.3　西嶽廟與西嶽華山

明嘉靖《陝西通志》云：「西嶽華山，自虞舜西狩，三代以降，莫不有祀，然皆不廟，置祠自漢武帝始。自是歷代重修，各有碑記」。〔註9〕

東漢延熹八年所刻《西嶽華山廟碑》中載：

> 孝武皇帝（劉徹）修封禪之禮，思登假之道，巡省五嶽，禋祀豐備。故立宮其下，宮曰「集靈宮」，殿曰「群仙殿」，門曰「望仙門」。仲宗之世，重使使者持節祀焉，歲一禱而三祠。後不承前，至於亡新，浸用丘虛，訖今垣址營兆猶存。
>
> 建武之元，事舉其中，禮從其省；但使二千石以歲時往祠。……，然其所立碑石，刻記時事，文字靡滅，莫能存識。延熹四年七月甲子，弘農太守安國亭侯汝南袁逢掌華嶽之主位，應古制，修廢起頹，……，勒銘斯石，垂之於後。其辭曰：……，在漢中葉，

〔註9〕趙廷瑞，《嘉靖陝西通志》，土地二　山川上，明嘉靖二十一年刻本。

　　建設宇堂。山嶽之守，是秩是望。〔註10〕

　　碑文中提到漢武帝巡省五嶽，於山下立集靈宮、群仙殿以及望仙門，及至東漢初年，宮廟殘毀，即命官員重修，並樹碑刻文以記之。（圖3.6）

圖3.6　西嶽廟與西嶽華山位置關係示意圖

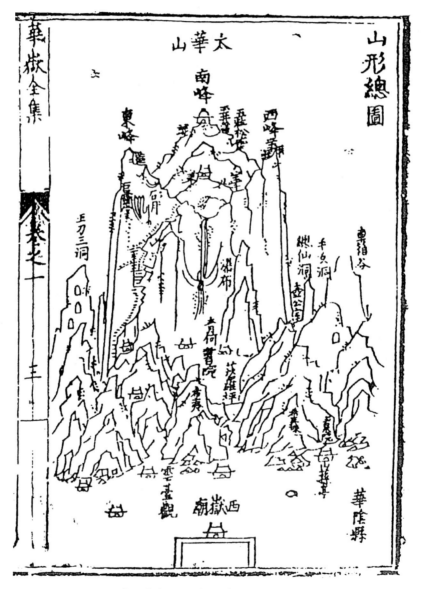

（圖片來源：萬曆《華嶽全集》）

〔註10〕張維新，《華嶽全集》，十三卷，明萬曆刻本。

蔣湘南文中所引《水經注‧河水篇》之言：

> 登華山也，曰下廟、曰中祠、曰南祠，明明指言三處，而皆不
> 稱之為集靈宮之故址。《水經注》：「自下廟歷列柏南行十一里，東回
> 二里至中祠，又西南出五里至南祠，謂之北君祠。諸欲升山者，至
> 此皆祈禱焉。」南祠在山麓，中祠在南祠之東北五里，下廟在中祠
> 之北十一里。今自廟市西南行至山麓正十五里，是今之嶽廟，即
> 《水經注》之所謂下廟也。〔註11〕

明確指出下廟即為今之西嶽廟所在，《西嶽廟》考古發掘報告中也支持蔣
湘南的這種分析，「今之西嶽廟，西距縣城約 2.5 公里，南距華山東山口（即
黃埔峪口）約五公里，」〔註 12〕與上文中所載的「下廟在中祠之北十一里」
之說基本相符，而且下廟距華山主峰最遠，望祭效果最佳，因此認為今之西
嶽廟一帶，即為所謂的「下廟」。（圖 3.7、圖 3.8）

圖 3.7　西嶽廟與西嶽華山望祀關係示意圖

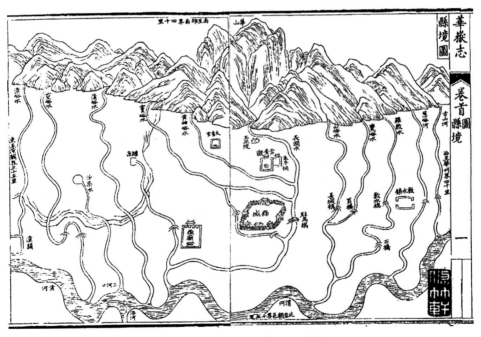

（圖片來源：乾隆《華嶽志》）

〔註11〕蔣湘南，《華嶽圖經》，清咸豐元年刻本。

〔註12〕陝西省考古研究院、西嶽廟文物管理處，《西嶽廟》，西安：三秦出版社，2007
　　　　年，頁 510。

圖 3.8　西嶽廟與華山主峰衛星鳥瞰圖

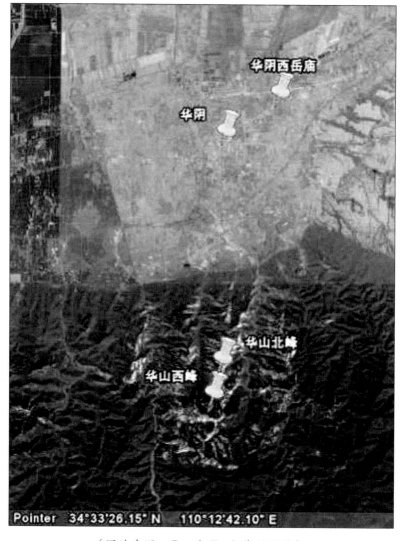

（圖片來源：Google Earth 衛星圖片）

3.1.4　北嶽廟與北嶽恒山

　　北嶽恒山為五嶽之一，在明末清初時期發生了頗有爭議的晉冀北嶽恒山之爭，山西大同地方官吏對於北嶽應於何處祭祀多有質疑，不斷上書朝廷禮官，列舉諸多緣由，希望將北嶽恒山的祭祀山嶽由河北古北嶽大茂山遷往山西渾源的恒山。最終於清初順治年間將北嶽的祭祀地點轉移到山西，明晚期的歷史圖像資料中已記錄北嶽之祀位於山西的情形。（圖 3.9）

圖 3.9　明代晚期北嶽已遷至山西示意圖

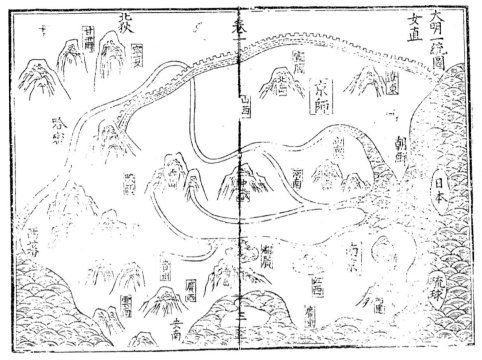

（圖片來源：萬曆《北嶽廟集》）

清乾隆《恒山志》中記載了古北嶽大茂山與恒山的關係（圖 3.10、圖 3.11）：

　　大茂山在唐縣西北百五十里。山勢龍嵸，登其巔，俯視河北、雲中諸山，羅列兒孫。山陰冰雪，盛夏不消。黃帝問道大茂山，即此。(《通志》)

　　大茂山在阜平縣東北七十里，接曲陽界，升恒山之脊，土人名神尖石，石晉與遼分界地也。阜平、曲陽、唐縣，皆緣大茂之麓。(《通志》)

　　恒山在曲陽西北百四十里，即舊阜平之大茂山也，自渾源州發脈，由飛狐嶺達曲陽。(《通志》)

　　按，山以泉石幽奇，物華豐美，則恒詘；以攻守要害，障蔽邦國，則四嶽亦詘。衡山僻在南服，非用武必爭之地；岱宗特起東方，絕不包絡郡邑；南徐、北青以為望，而不以為固也。洛陽之守在虎牢，不在嵩；長安之守在潼關，不在華。獨恒山南苞全晉，東跨幽

燕，西控雁門，北纏代郡。都之南以肩背扼邊疆，都之北以嗌吭制中原，形勢甲天下，真常山蛇矣。若夫興雲致雨，以澤下土，則川谷丘陵皆有之，微獨嶽而已哉。〔註13〕

《恒山志》中《名志》記載了北嶽恒山歷代所用之名與恒山祭祀的關係：

太行恒山。(《禹貢》)

正北為并州，其山鎮曰恒山。(《周禮》)

恒山為北嶽。(《爾雅》)

恒，常也，萬物伏北，方有常也。(《風俗通》)

北方陰終陽始，其道長久，故曰常山。(《白虎通》)

漢改恒山為常山，至周武平齊，復曰恒山。(《元和志》)

元和十五年，更恒嶽曰鎮嶽。(唐《志》)

圖3.10 明代晚期山西渾源北嶽廟宇恒山關係示意圖

(圖片來源：萬曆《北嶽廟集》)

〔註13〕《恒山志》標點組，《恒山志》，清乾隆刻本，太原：山西人民出版社，1986年。

圖 3.11　北嶽恒山移祀衛星鳥瞰圖

（圖片來源：Google Earth 衛星圖片）

　　漢諱孝文帝名，改常山。唐元和中名鎮嶽。宋諱貞宗名，亦名
常山。（《通志》）

　　宏山。（《尚書·大傳》）

　　元嶽、陰嶽、紫嶽。（《水經注》）

　　太恒山，恒宗命嶽茂邱。（葛洪《枕中秘書》）

　　北嶽有五別名：蘭臺府、烈女宮、華陽臺、太乙宮、釋家謂之
青峰埵，道家謂之總元洞、天金城、福地山，一名大茂山，又名神
尖山。（《括地志》）

　　顓頊氏為黑帝，治太恒山。（葛洪《枕中秘書》）

　　恒山一名大茂山也。（韓琦《嶽廟碑》）

　　大茂山，恒嶽之別名。（《北都賦》）

　　唐《志》，元和十五年，恒陽縣更名曲陽，又更恒嶽曰鎮嶽，
嶽有嶽祠，此即明曲陽嶽廟之始名（附記）。《通志》又，一峰自渾
源州恒山飛來，故名。（《寰宇志》）〔註14〕

〔註14〕《恒山志》標點組，《恒山志》，清乾隆刻本，太原：山西人民出版社，1986
　　　年。

清康熙劉師峻撰《曲陽縣新志》中記載（圖3.12）：

　　恒山，治西北一百四十里，即阜平大茂山也。自渾源州發脈，
由蜚狐嶺達曲陽。《寰宇記》云：舊傳一峰自渾源州恒山飛來，遂
名。〔註15〕

圖3.12　曲陽北嶽廟與古北嶽恒山大茂山的望祀關係圖

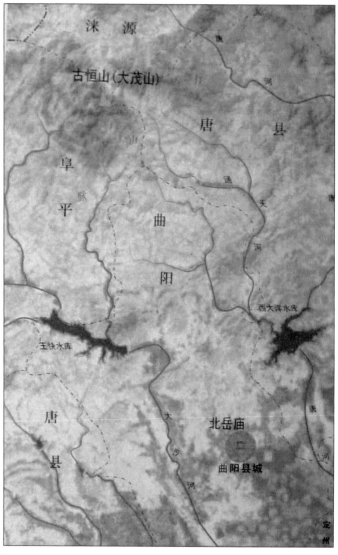

（圖片來源：曲陽文物管理所《河北曲陽北嶽廟保護規劃》）

〔註15〕劉師峻撰，《康熙曲陽縣新志》，清康熙十一年。

《恒山志》中《形志》對渾源北嶽恒山有載：

> 北嶽恒山，在城南二十里，高十里，周回三十里。北連玉華峰，
> 東連柏山，南連槍峰嶺。山脈由陰山南入碩平、大同府境，由朔州
> 西折而東，為勾注、覆宿、夏屋、茹越、書厓；突起於州南，為恒
> 山。由恒山南行為太行、王屋，西南盡於河。東行為紫荊、居庸，
> 而東北盡於海。山頂建北嶽廟，有十八景。（《通志》）
>
> 恒山北臨代，南俯趙，東接河漢之間。（《管子》）
>
> 第五洞北嶽鎮，山周回百三十里。（《洞天記》）
>
> 恒山周圍百三十里，又云恒山高三千三百丈，上方二十里。
> （《福地記》）
>
> 恒山高三千九百丈七尺，上方三十里，周回三千里。（《名山
> 記》）
>
> 恒山自州南十餘里入磁峽，又五里至嶽廟山門，又十里陟巔。
> （《括地志》）
>
> 渾源州恒山距阜平縣大茂山三百餘里，峰巒相接。蓋恒山周三
> 千里，渾源南二十里與在曲陽西北百四十里者，實一山也。（沈存中
> 《筆談》）
>
> 望常山之嵯峨，登北嶽而高遊。（班固《冀州賦》）〔註16〕

3.1.5　中嶽廟與中嶽嵩山

劉敦楨先生在其《河南省北部古建築調查記》中一文中介紹中嶽廟與嵩
山之間的關係（圖 3.13、圖 3.14）：

> 中嶽廟原稱太室祠，始創於秦，至漢武帝元封間，大事增擴，
> 前已述之矣。後漢時，廟在今太室石闕之北；元魏太延元年，徙廟
> 於東南玉案嶺上，大安中復移往黃蓋峰下；至唐開元間，始遷至現
> 處。〔註17〕

明萬曆四十年傅梅撰《嵩書》中云：「中嶽廟在太室東南黃蓋峰下，去縣
八里。莫祥始創之年。」

〔註16〕《恒山志》標點組，《恒山志》，清乾隆刻本，太原：山西人民出版社，1986
　　　　年。

〔註17〕劉敦楨，《河南省北部古建築調查記》// 中國營造學社（編），《中國營造學社
　　　　彙刊》，北京：知識產權出版社，2006 年第 6 卷第 4 期，頁 43。

按：漢武帝詔曰：「其令祠官加增太室祠。」自武帝以前已先
有祠，帝特加增耳。又按：唐韋行儉《廟記》云：「元魏徙廟於嶽
之東南。」若謂元魏以前廟在別所者，今廟正南神道數十步，有
古石門，隸書銘詞雖泐，尚可讀，內有「聖朝肅齊，眾庶所尊」等
語。銘後刻云：「元初五年四月，陽城長左馮翊、萬年呂常始造作
此石門。」按：元初，漢安帝時年號。觀此，則廟不自元魏始，
明矣。歷代各有重修碑文，規制弘敞，松柏森蔚，為一方寺觀之
冠。〔註18〕

圖 3.13　　中嶽廟與中嶽嵩山衛星鳥瞰圖

（圖片來源：Google Earth 衛星圖片）

〔註18〕傅梅，《萬曆嵩書》，明萬曆四十年刻本。

圖 3.14　中嶽廟與中嶽嵩山黃蓋峰望祀關係圖

（圖片來源：《河南登封申遺文本》）

　　清康熙葉封《嵩山志》中記載：「廟落脈萬歲峰下，前玉案，後黃蓋，形勢絕佳。唐韋行儉記云：元魏始徙廟於此，然廟南石闕稱太室神道，勒漢安帝元初年號，則神之胚豔，固宜於此乎？莫之矣。考廟中石刻，皆歷代祭告與宋元以來重修大略。璿宮寶宇，等於帝宮。明末罹災，今始修復。每歲三月，四方奉香踵謁者不絕。山靈之感應，豈或誣歟？」〔註19〕

　　可知，中嶽嵩山正對嵩山東南腳下的黃蓋峰，中嶽廟前有漢代神道，後有黃蓋峰依託，呈現出明確的望祀關係。（圖3.15）

〔註19〕葉封，《康熙嵩山志》，清康熙十五年刻本。

圖 3.15　中嶽廟與中嶽嵩山關係圖

（圖片來源：清《古今圖書集成》）

3.1.6　小結

五嶽嶽廟與各自山嶽的位置關係如下表 3.2 所示：

表 3.2　五嶽嶽廟與五嶽山體的關係

嶽　　廟	嶽廟的位置與諸嶽的關係
岱　　廟	山之陽，軸線與山峰亦有對應關係
西嶽廟	位於華山之陰，其中軸線正對華山主峰
南嶽廟	位於衡山之陽，其中軸淺向後延伸至祝融峰
曲陽北嶽廟	遠離恒山，無一定對應關係，原因在於「漢末喪亂，山道不通」祀於下階神殿，之後又隨曲陽城遷於今址而形成，此為諸嶽廟中一個特殊實例
渾源北嶽廟	建在山上
中嶽廟	山之陽，軸線與山峰亦有對應關係

由上表可以看出，五嶽嶽廟與各自的關係以祭祀效果為主，形成就山立祠、望祀山嶽的格局。同為山嶽祭祀體系中的五鎮鎮廟也依山建廟，如《隋書禮儀志》中所載：「開皇十四年閏十月，詔東鎮沂山、南鎮會稽山、北鎮醫無閭山（山遠則遙祀）、冀州鎮霍山，並就山立祠」。〔註20〕

3.2　五嶽嶽廟與各自所在城市的關係

五嶽嶽廟以其「儼然帝居」〔註21〕的巨大規模，被布置在規模不一的地方城市內外，是國家禮制祭祀和民間山嶽信仰的相互作用的結果，這種作用足以改變地方城市的格局和形態布局。

自古至今，五嶽嶽廟都曾經歷過變遷、增擴乃至廟制完善，其與當地城市的空間位置關係也保持著動態的變遷歷程。本節中將關注五座嶽廟與當地城市的空間位置變遷的過程，試圖梳理清楚嶽廟與城市的相互位置關係，具體研究的五座嶽廟與當地城市的位置關係分為兩類：一為城內嶽廟，有泰安岱廟、曲陽北嶽廟；二為城外嶽廟，有衡山南嶽廟、華陰西嶽廟和登封中嶽廟。（表 3.3、圖 3.16）

表 3.3　五嶽嶽廟與所在城市、山嶽的位置關係

方位	嶽　廟	嶽廟與山嶽位置關係	嶽廟與城市位置關係	備　註
東	岱　廟	廟在泰山南麓，廟後為登山道路起始處	廟在城中西北，「分城內地四分之一」	北宋開寶五年，遷治所就廟
南	南嶽廟	廟在衡山南麓，赤帝峰下	廟在縣城西北三十里	
西	西嶽廟	廟在華山官道北側，經廟前嶽市可進山	廟在縣治東北五里	
北	北嶽廟（曲陽）	廟在大茂山東南 140 里，望祀古北嶽	廟在城內西側	北魏遷治
中	中嶽廟	廟在嵩山南黃蓋峰下，廟後為進山道路	廟在縣東八里	

〔註20〕魏徵、長孫無忌等撰，《隋書·禮儀志》//秦蕙田撰，方觀承訂，《五禮通考》，卷四十七，《吉禮四十七·四望山川》，江蘇：江蘇書局，清光緒六年刻本。
〔註21〕宋思仁纂，《乾隆泰山述記》，清乾隆五十五年刻本，卷一《岱廟圖》中載有：「岱廟在泰安府北，城內之西偏基，分城內地四分之一，宏廓壯麗，儼然帝居」，足見岱廟對於泰安城的重要性。

圖 3.16 五嶽嶽廟與城市位置關係分類示意圖

（圖片來源：筆者自繪）

3.2.1 五嶽嶽廟與當地城市空間位置關係

3.2.1.1 城內嶽廟與所在城市的空間位置關係

岱廟的最初記載可追溯到漢代。東漢末年學者應劭所著《風俗通》中記載了東漢泰山祠廟：「岱宗廟，在博縣西北三十里，山虞長守之」〔註22〕。此時的博縣為泰山郡治奉高兼攝〔註23〕，西北三十里有嶽廟的描述與其他文獻中的記載相近。

乾隆三十八年《泰山道里記》中詳細記載了泰安城的歷史沿革：

> 泰安府城舊為岱嶽鎮，自漢迄南北朝，置奉高縣，為泰山郡治，今治東北四十里，其時兼攝博縣，在今治東南二十五里。隋開皇時，改奉高曰岱山，大業初，省岱山入博城。唐高宗改名乾封。宋太宗開寶五年，詔遷治就嶽廟。真宗祥符元年，改名奉符，屬襲慶府。金初為泰安軍，尋改泰安州，治奉符縣。元因之。明初，省奉符，歸併歸泰安州，屬濟南府。清雍正十三年，升州為府，轄州一、縣六，倚廓為泰安縣。〔註24〕

〔註22〕清《五禮通考》引《風俗通》；同時，明萬曆《岱史》、清嘉慶《岱覽·總覽三·岱廟上》、明嘉靖汪子卿撰、清嘉慶續編《泰山志》、清乾隆《泰山述記》均引用《風俗通》關於漢代岱廟的記載。

〔註23〕聶鈫撰，《泰山道里記》，卷一，清光緒 17 年抄本。

〔註24〕聶鈫撰，《泰山道里記》，卷一，清光緒 17 年抄本。

光緒《山東通志》中關於泰安城的記載可作旁證，提出宋金時期泰安城改易的詳情：

> 舊為岱嶽鎮，開寶五年移縣城於此，大中祥符元年，改名奉符，因築新城於東南三里，舊城廢。金大定二年復還舊治。元以後因之。〔註25〕

由上可知，泰安城經歷了五個時期、四處城址的變遷：漢時的奉高縣、博縣以及岱嶽鎮；隋時的岱山縣、唐時的乾封縣、宋初的乾封縣、宋真宗時的奉符縣以及金大定延至明清的泰安軍、泰安州和泰安府，其歷代城址位置變遷如圖 3.17 所示。

圖 3.17　泰安城歷代城址變遷示意圖

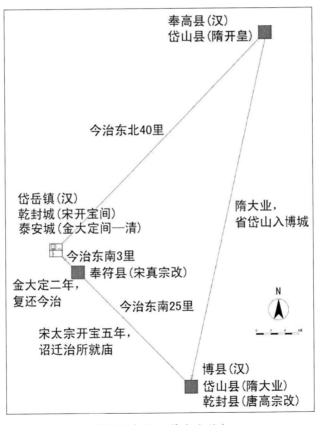

（圖片來源：筆者自繪）

〔註25〕楊士驤修，孫葆田等纂，《宣統山東通志》//《中國地方志集成‧省志集》，山東，2，南京：鳳凰出版社，2010 年。

　　泰安城自宋初移至今址以就岱廟，經宋真宗移治、金大定時再遷回今址，歷代相沿不再有變。岱廟位於「城內西北隅，分城內地四分之一」〔註26〕，明清泰安地方志和泰山相關山志中均有圖記載岱廟與泰安府城的關係。（圖3.18、圖3.19）

　　關於曲陽北嶽廟與曲陽縣城的位置關係，可從清光緒《重修曲陽縣志》中得知：「北嶽廟，在縣治西南。舊在縣城西北，長星溝之南。」〔註27〕康熙《曲陽縣新志》中進一步說明城內的北嶽廟四周環境：「但廟之址在於邑城之西內，南西北三面俱距城之垣，而東臨居民」。〔註28〕由此可知，曲陽北嶽廟原在縣城西北，後遷入縣城內西側，並且嶽廟南、西、北三面皆為縣城城牆，惟東面是百姓住宅，由此可以看出曲陽北嶽廟佔據整個縣城西側用地，形成獨立的廟祀空間，不與當地的衙署、民宅相混雜，可見其廟祀之嚴。由清康熙《曲陽縣新志》縣城圖（圖3.20）中所示，可知曲陽北嶽廟占曲陽縣城近半規模。

圖3.18　明嘉靖岱廟與泰安州城位置關係圖

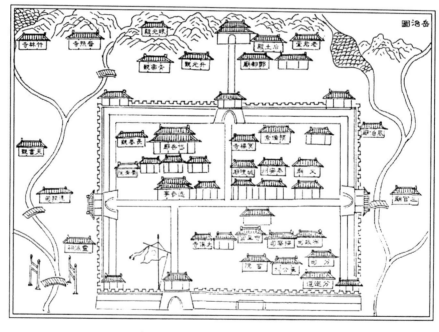

（圖片來源：嘉靖《泰山志》）

〔註26〕宋思仁纂，《泰山述記》，卷一，《岱廟圖》，清乾隆五十五年刻本。

〔註27〕周斯億等修，董濤纂，《重修曲陽縣志》，卷六，《古寺觀》，清光緒30年刻本。

〔註28〕劉師峻纂修，《曲陽縣新志》，卷三，《壇廟》，清康熙11年刻本。

圖 3.19　清乾隆岱廟與泰安府城位置關係圖

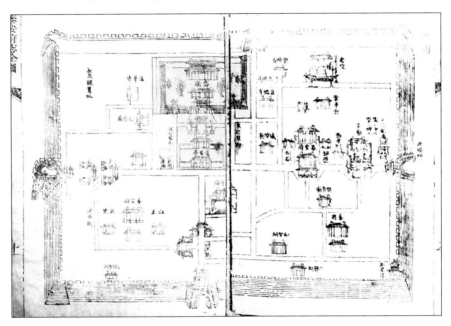

（圖片來源：乾隆《泰安府志》）

圖 3.20　曲陽北嶽廟與曲陽縣城位置關係圖

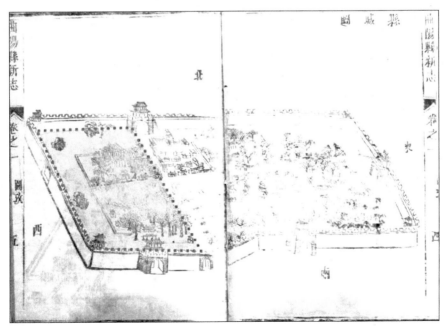

（圖片來源：康熙《曲陽縣新志》）

3.2.1.2 城外嶽廟與所在城市的空間位置關係

城外嶽廟有三：衡山縣南嶽廟、華陰縣西嶽廟以及登封縣中嶽廟，其具體的位置關係可從各自歷史文獻以及圖像資料中找到相關信息。

康熙《衡嶽志》中記載「嶽廟去縣治三十里」〔註 29〕。光緒《重修南嶽志》中載「南嶽廟在縣西北三十里」，文中又引《唐書·地理志》載「衡山縣有南嶽衡山祠」，《元和郡縣志》云「廟在縣西三十里」〔註 30〕。從上述歷史文獻中，可知南嶽廟位於衡山縣城西北三十里，是五嶽嶽廟中距離所在城市最遠的一座嶽廟。（圖 3.21）

圖 3.21 南嶽廟與衡山縣城位置關係圖

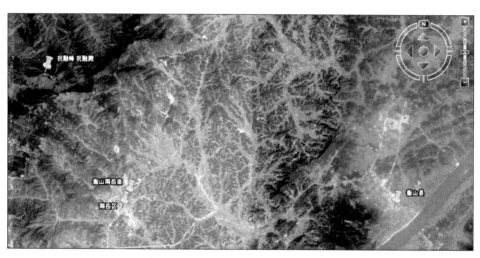

（圖片來源：Google Earth 衛星圖像）

明成化《重修西嶽廟記碑》載：「西嶽有廟，創自漢武，歷代以來相繼修茸。在今縣治東五里許。」〔註 31〕清咸豐《華嶽圖經》：「漢華陰縣故城，在今縣城外東南五里，直今嶽廟之正南。」〔註 32〕清乾隆《華陰縣志》卷三城池中載：「華陰縣，城池本隋唐舊址。」〔註 33〕以上三條歷史文獻，說明了

〔註29〕樊在廷纂集，《衡嶽志》，卷一，清康熙刻本，//石光明等編，《中國山水志叢刊·山志》，卷 32，北京：線裝書局，2004 年。

〔註30〕李元度纂，《重修南嶽志》，卷六，《祠廟》，清光緒 9 年刻本。

〔註31〕周洪謨撰，《明成化十八年重修西嶽廟記碑》//馬明卿纂，馮嘉會續纂，《華嶽全集》，明萬曆 30 年刻本。

〔註32〕蔣湘南撰，《華嶽圖經·華嶽廟第五》，清咸豐元年刻本。

〔註33〕陸維垣等修，李天秀等纂，《華陰縣志》，卷三，《城池》，清乾隆 59 年刻本。

兩點：

　　一是明確了西嶽廟與華陰縣城的位置關係，即西嶽廟位於縣城東側 5 里的位置；二是提出漢代華陰故城位於西嶽廟正南，在今縣治東南 5 里，可能於隋唐時期移往今址。西嶽廟在漢代位於縣治的北側，隋唐以後位於縣治的東側，究其原因可能與望祭華山主峰的視覺效果有關。（圖 3.22）

圖 3.22　西嶽廟與華陰縣城位置關係圖

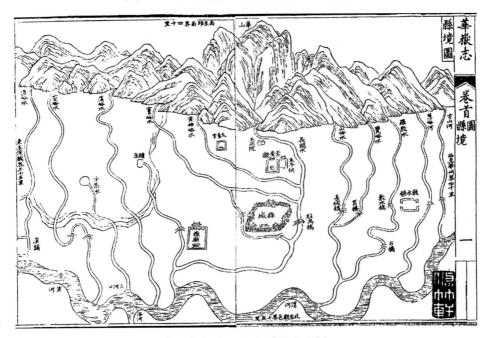

（圖片來源：乾隆《華嶽志》）

　　明成化楊守陳《中嶽廟碑》中記述了中嶽廟與登封縣治的位置關係：「中嶽在今河南府登封縣，治東八里許。」〔註34〕清康熙《登封縣志》云：「中嶽廟：在縣東八里，莫詳其始。」〔註35〕劉敦楨先生在《河南省北部古建築調查記》中寫道：「出登封城東門，八里抵中嶽廟，折南半里，即至漢太室祠石闕。」〔註36〕以上文獻記載均證實中嶽廟位於登封縣城城東八里的位置。（圖3.23）

〔註34〕楊守陳，《明成化中嶽廟碑》//景日昣纂，《嵩嶽廟史》，清康熙 35 年刻本。

〔註35〕張聖誥修，焦欽寵等纂，《登封縣志》，卷之三，《嶽祀志》，清康熙 35 年刻本。

〔註36〕劉敦楨，《河南省北部古建築調查記》//中國營造學社（編），《中國營造學社彙刊》，北京：知識產權出版社，2006 年第 6 卷第 4 期，頁 43。

圖 3.23　中嶽廟與登封縣城位置關係圖

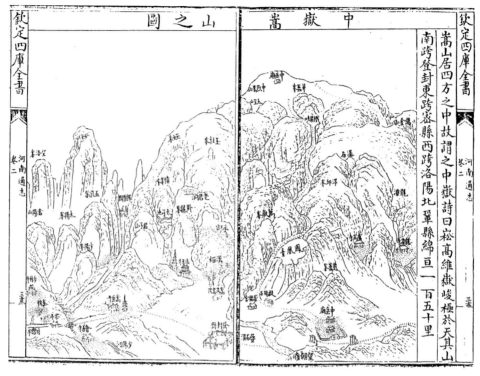

（圖片來源：雍正《河南通志》）

3.2.2　五嶽嶽廟與當地城市基址規模的比較研究

　　五嶽嶽廟作為官方祭祀的禮制建築群，歷來為各代統治者所重視，由漢至清不斷進行增修擴建。嶽廟因其巨大規模及規制上的象徵意義，往往「繚以雉堞」〔註37〕、高築廟牆、開設四門，一是模擬帝王宮室，以敬嶽神；二是重垣高牆起到防衛的作用，城外嶽廟這樣的功能尤為明顯。

　　中國古代城市的行政等級與其規模也有著密切的聯繫，嶽廟城市的等級一般相對較低，多以縣級城市為主，因此城市的規模反過來也直接影響到該城內嶽廟的大小和所處的位置。在地理類文獻的記載中，城牆的周圍長度是衡量城市或建築群規模的重要數據，本節對五嶽嶽廟及其所在城市的基址規模進行比較分析，即著重對各自城垣的周長進行歸納總結，找出嶽廟與城市

〔註37〕〔清〕唐仲冕輯，《岱覽》，清嘉慶 12 年刻本中對岱廟城牆的記載：「在郡城內西北，繚以雉堞，周三里，高三堵。凡門有八，南五，東西北各一，如宮禁之制」。

之間用地規模的相互關係。

3.2.2.1　五嶽嶽廟的基址規模分析

有關五嶽嶽廟的基址規模的記載，多見於明清時期的相關地方志、五嶽山志以及嶽廟廟志。嶽廟廟制經過漫長的發展，於明清兩代趨於穩定。通過整理嶽廟相關歷史文獻，可對明清時期五嶽嶽廟基址規模的大致情況有一個清晰地瞭解。（表 3.4）

表 3.4　明清時期五嶽嶽廟基址規模記錄

類型	五嶽嶽廟	基址規模	文獻出處
城內嶽廟	岱　廟	周三里	萬曆《岱史》；康熙《泰安州志》；乾隆《泰山圖志》、《泰山述記》、《泰山道里記》、《泰安府志》；嘉慶《岱覽》、《泰山志》；道光《泰安縣志》
	曲陽北嶽廟	南北長三百二十五步，東蕭牆至西城長一百九十三步二尺（周長 2.88 里）	嘉靖《北嶽廟圖碑》；光緒《重修曲陽縣志》
城外嶽廟	南嶽廟	周圍二三里，約八百餘間	宋《南嶽總勝集》
		前後直深一百二十五丈左右，橫廣分兩截，後截五十七丈八尺有奇，前截四十六丈三尺有奇（即周 366 丈、合 2.03 里）	光緒《重修南嶽志》、光緒《衡山縣志》
	西嶽廟	周圍蕭牆凡三百七十四丈（即周 2.07 里）	萬曆《華陰縣志》；嘉靖《陝西通志》
	中嶽廟	垣周三百二十丈（即周 1.77 里）	康熙《嵩嶽廟史》

表中詳細列出了五座嶽廟的基址規模大小，發現岱廟最大、曲陽北嶽廟次之，南嶽廟與西嶽廟相差不大，名列三、四位；中嶽廟最小，周長僅為 1.77 里。同時還可發現，城內嶽廟均大於城外嶽廟，說明嶽廟的用地條件並未受到城市的太大制約，相反城外營建的嶽廟並未因遠離城市而變得巨大，可能嶽廟有其相應的規模尺度等級，有待進一步的研究來證實。

3.2.2.2　嶽廟城市的基址規模分析

關於明代城池規模與等級制度的問題，王貴祥教授認為：「城周 1～3 里多為一些較偏僻地區縣城或堡寨性城垣使用的城池規模；城周 4～9 里是一個較為多見的城池規模，其應用範圍也較廣，雖然用於縣城，但也可以用於州、府城。」〔註38〕通過梳理歷史文獻，可知五座「嶽廟城市」的規模基本上都屬於上述範疇，具體情況如表 3.5 所示。

表 3.5　明清時期嶽廟城市基址規模記錄

類型	嶽廟城市	行政等級	基址規模	備　　註
廟在城內	泰安	明為泰安州，清升為府	城七里六十步	康熙《泰安州志》；道光《泰安縣志》；光緒《山東通志》
	曲陽	縣	城周五里三十步	康熙《曲陽縣新志》；光緒《重修曲陽縣志》
廟在城外	衡山	縣	圍四百九十六丈，中廣一百二十丈，袤一百一十丈	光緒《衡山縣志》；光緒《湖南通志》
	華陰	縣	周圍二里九分	乾隆《華陰縣志》
	登封	縣	周圍一千一百二十四步	隆慶《登封縣志》

通過考察五嶽嶽廟所在城市周長，可以發現：一、五座嶽廟城市唯有泰安城是府城，其餘四座均為縣城，可能與五嶽中泰山獨尊，地位最高有關係；二、嶽廟位於城內的城市均比嶽廟位於城外的城市基址規模要大，除去泰安府城等級的因素，可能與嶽廟佔據城內相當大的面積有關係。為了滿足城內固有的行政空間、商業生活空間以及嶽廟的禮儀空間需求而增大城市規模，曲陽縣大於其他三縣即可說明這一現象。

3.2.2.3　五嶽嶽廟與當地城市基址規模的比較分析

綜合以上嶽廟和各自所在城市基址規模的數據分析，可以得出表 3.6，將二者進行比較分析，從中可看出嶽廟對於當地城市的重要性。

〔註38〕王貴祥，《明代城池的規模與等級制度探討》，見清華大學建築學院賈珺主編，《建築史》，第 24 輯，北京：清華大學出版社，2009 年，頁 104。

表 3.6　嶽廟與所在城市的基址規模比較分析

五嶽嶽廟	嶽廟基址規模	所在城市規模	備　　註
岱　廟	周三里	周 7 里 60 步	岱廟周長為 泰安城周的 0.42 倍
南嶽廟	周 366 丈， 即周 2.03 里	周圍 496 丈， 即周 2.76 里	南嶽廟周長為 衡山縣城周的 0.73 倍
西嶽廟	周圍蕭牆凡 374 丈， 即周 2.07 里	周圍 2 里 9 分	西嶽廟周長基本上 等於華陰縣城周
曲陽北嶽廟	周圍 1036.8 步， 即周 2.88 里	城周 5 里 30 步， 即周	曲陽北嶽廟周長為 曲陽縣城周的 0.57 倍
中嶽廟	垣周 320 丈， 即周 1.77 里	周圍 1124 步， 即周 3.12 里	中嶽廟周長為 登封縣城周的 0.57 倍

從表 3.6 中可得如下結論：

（1）五個主要的嶽廟基址規模均保持在周圍 1.77 里～3 里之間；均比所在的城市要稍小些；

（2）嶽廟在城內：岱廟占泰安府城的 0.42 倍，曲陽北嶽廟占曲陽縣城的 0.57 倍；

（3）嶽廟在城外：西嶽廟與華陰縣城基本相等；南嶽廟城周為衡山縣城周的 0.73 倍；中嶽廟城周為登封縣城周的 0.57 倍；

由此看來，城內的嶽廟大致占所在城市一半左右的用地規模；城外嶽廟有大有小，華陰西嶽廟基本上與西側的華陰縣城面積相等，形成「廟、城」東西呼應之勢，南嶽廟與中嶽廟雖然比所在縣城要小，但也占到所在城市規模一半以上，仍可看出嶽廟獨立於城外的規模之大。

3.2.3　五嶽嶽廟對城市的影響

五嶽嶽廟自古立於所祭山嶽之下，或望祭，或遙祭〔註 39〕，先有嶽廟，還是先有城市，二者孰重孰輕，古代學者早已有自己的看法。金人李子樗所撰《重修中嶽廟記》中明確提出了五嶽嶽廟所在城市應為祠廟而設的觀點：

〔註 39〕曲陽北嶽廟所祭祀古北嶽大茂山，位於曲陽縣城西北 140 里，山遠路遙，只能遙祭。見劉師峻纂修，曲陽縣新志，清康熙 11 年刻本中載「恒山，治西北一百四十里，即阜平大茂山也」。

漢之元封，增祠太室，創為奉邑，名曰嵩高，亦示其尊崇之意，禮至隆也。唐之登封，用祀神嶽，因以屬縣改曰登封，亦取其封祀之義，儀至縟也。考厥由來，蓋有是祠，然後有是縣。縣非徒置也，為祠而置之也。〔註40〕

從上文中可知，嶽廟城市最初的功能即為奉邑，明確提出「先有嶽廟後有城市」的概念，城專為嶽廟而設，以示帝王尊崇五嶽之意。這段文獻是嶽廟對所在城市的最直接的影響，明確了嶽廟城市之所以設置的緣由。接下來展開分析各座嶽廟對所在城市空間位置、城市形態以及商業生活等各方面的影響。

3.2.3.1　城市因嶽廟變遷

由第一節中有關「歷代泰安城址變遷」的分析中，宋開寶五年是一個關鍵的時間節點，泰安城由幾十里之遙的漢唐縣治遷往岱廟所在的岱嶽鎮，直接證明了隨著帝王對五嶽嶽神的日益重視，嶽廟對當地城市的作用也越來越大，最直接的便是遷移縣城以守嶽廟，可見嶽廟對城市的影響達到極致。

王圻《續文獻通考》中記載：

開寶五年詔，自今嶽瀆並東海南海廟，各以本縣令兼廟令，尉兼廟丞，專掌祀事，常加案視，務於蠲潔。仍籍其廟宇祭器之數受代，交以相付。本州長吏每月一詣廟，察舉縣近廟者，遷治所就之。〔註41〕

乾隆《泰山道里記》記載：「泰安府城舊為岱嶽鎮，……，宋太宗開寶五年，詔遷治就嶽廟」〔註42〕。道光八年《泰安縣志》也載：「郡城舊為岱嶽鎮，宋開寶五年移築乾封城於此」〔註43〕。太祖為了地方官員便於祭祀岱廟，於是命「縣近廟者遷治所就之」。結合清代史料的記載，泰安城遷建就近東嶽廟確實如此，足以看出宋代岱廟作為奉祀泰山祠廟對於當地城市的影響。

3.2.3.2　城內嶽廟對城門、城內道路等空間布局影響

城內嶽廟以其尊崇的禮制等級和巨大的基址面積佔據著城市的一個區

〔註40〕李子樗，《金重修中嶽廟記》//景日昣纂，《嵩嶽廟史》，清康熙35年刻本。
〔註41〕王圻，《續文獻通考》//秦蕙田撰，方觀承訂，《五禮通考》，卷四十七，《吉禮四十七‧四望山川》，江蘇：江蘇書局，清光緒六年刻本。
〔註42〕聶鈫撰，《泰山道里記》，清光緒17年抄本，詳載泰安城沿革變遷。
〔註43〕徐宗幹修，蔣大慶等纂，《泰安縣志》，卷之四，《城池》，清道光8年刻本。

域，使其取代了衙署、其他祠廟固有的城內地位，成為地方城市中規模最大、地位最高的建築。隨之地方城市的形態主要包括城門、道路、城內其他重要建築的位置，也因嶽廟的存在而帶來變化。

五嶽嶽廟中岱廟和曲陽北嶽廟營建於城中，佔據了當地城市內最尊崇的禮制地位，城內的官員定期祭拜、查看祭品祭禮的完備情況以及百姓每日進廟上香祈福，使得嶽廟成為所在城市當仁不讓的「禮儀中心」。

參考五嶽嶽廟規制，嶽廟一般設四門，四門中，南門具有顯著的禮儀意義。對於城市來說，因嶽廟的佔地範圍較大，在一定程度上阻擋區域內的交通，因此一般來說，嶽廟蕭牆外的道路應該會集中一定區域內的交通量，使之成為城市交通中較為重要的通道。

通過分析歷史圖像資料，發現岱廟南北軸線在泰安城中被予以強調，岱廟的南門外的遙參亭正對泰安城南門，其南北大街也被形象地冠以「御街」、「通天街」之名，從城外由南門入城，即可遙見岱廟的恢弘廟貌，吸引香客或者遊人徑直前往上香遊覽，足見此條大街成為整座泰安城的禮儀軸線，街道兩側設置衙署、商鋪，至為重要。（圖 3.24）

泰安城的東西門之間的東西大街與南北門之間的南北向大街形成了不太正交的「十字街」格局，從而將岱廟相對獨立的設置在泰安城內的西北部，這樣既保證自身交通的便利又不阻礙城市的通道。（圖 3.25）

同樣的情形，曲陽北嶽廟更為突出。曲陽北嶽廟位於曲陽縣城的西半部，佔據整座縣城基址規模一半以上，同時北嶽廟還以曲陽縣的南、北、西三面城牆作為自身嶽廟的蕭牆，起到防衛的作用。

曲陽縣城有六門，南面三門，其餘三面各有一門，西南曰臨漪，在北嶽廟前，俗稱曰「午門」[註44]，明嘉靖時喚作「神門」，為北嶽廟正南之廟門。縣城西門也成為北嶽廟西面蕭牆外的大門，進入縣城西南門和西門，即進入曲陽北嶽廟內，可見北嶽廟已將曲陽縣城的城垣城樓作為自身的附屬之物，完全將縣城的西側用地營建為嶽廟的祭祀場所。

曲陽縣城的道路交通格局也因北嶽廟的選址而受到嚴重影響。由於北嶽廟佔據整個縣城西部，縣城東西二門之間無法形成東西大路，只好憑藉其餘南面二門與北面大門形成城市內部的交通乾道。因此嶽廟的東門成為與城內關係最緊密的通道，該門正對曲陽縣城東門，形成一條禮儀大道，衙署、民

〔註44〕周斯億等修，董濤纂，《重修曲陽縣志》，卷七，《城池》，清光緒 30 年刻本。

圖 3.24　民國岱廟與泰安府城位置關係圖

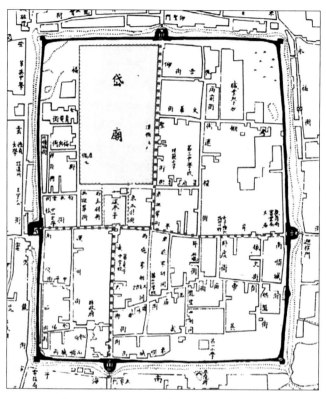

（圖片來源：民國《重修泰安縣志》）

圖 3.25　岱廟與泰安府城的位置示意圖

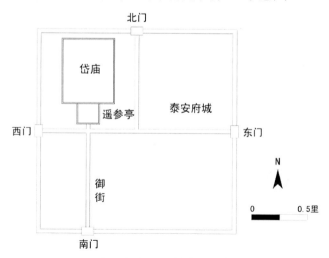

（圖片來源：筆者自繪）

宅、商鋪以及祠廟分置兩側，成為祭祀上香的主要通道。（圖 3.26、圖 3.27）
這樣的布局明顯利於北嶽廟，一是交通便利，便於禮拜；二是自成一區，不
受打擾，由此看出城內嶽廟這一「禮儀中心」對於嶽廟城市的建置布局影響
力之大。

圖 3.26　明曲陽北嶽廟與曲陽縣城的位置關係圖

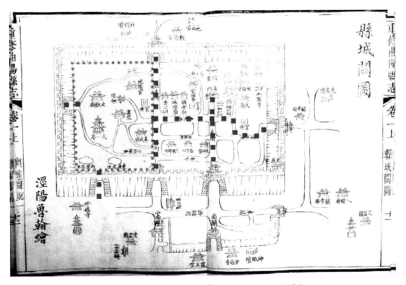

（圖片來源：光緒《重修曲陽縣志》）

圖 3.27　曲陽北嶽廟與曲陽縣城的位置示意圖

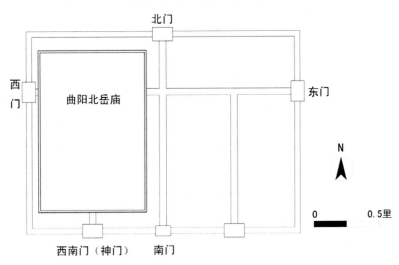

（圖片來源：筆者自繪）

3.2.3.3 廟前棋盤街、廟前村、嶽市的設立

城外空間開敞，不受已有建築的制約，往往形成較大規模，且在嶽廟周邊及廟前通衢易形成廟會〔註45〕、嶽市等商業空間，繼而形成以嶽廟為中心的小型村鎮，自發的「嶽廟村鎮」得以形成。（表 3.7、圖 3.28）

表 3.7 五嶽嶽廟廟前嶽市

嶽 廟	位置	具體描述	備 註
岱 廟	城內	遙參亭前，四民輻輳，爐煙釜氣，日夜蒸沸無停期。岱城第一都會也。	乾隆《泰安縣志》
南嶽廟	城外	嶽市者，環廟皆市區，江浙川廣眾貨之所，聚生人所須無不有。既憧憧往來，則污穢喧雜，盜賊亡命者多隱其間，或期會約結於此，官置巡檢司焉。	宋范成大《驂鸞記》
		廟市自古稱盛，唐開元十五年已記延火三百餘家；宋范成大《記》云：環廟皆市區，江浙川廣眾貨之所聚。蓋其地當衡潭孔道，貫嶽坊十字街，縱半里，橫一里。又欞星門，左右橫街，稱是故今志謂，六街，民商猶不下四百家。	清李榮陛《謁嶽廟記》
		嶽市，在廟外，環廟皆市，百貨聚焉。五方雜處，奸良不一，康熙四十六年，巡撫趙公申喬議設巡檢一員，專司稽查。	清乾隆《南嶽志》
西嶽廟	城外	民間會期，歲三月廿八日，八月十五日，十一月六日。	萬曆《華陰縣志》
曲陽北嶽廟	城內	方春始和，庶民來祈，祀田答蚃，巫覡牲牽，相望於道，闐千聚百，跨越千里，不約而會於祠下者，百以億計，蠲潔齋敬，務極豐好，富人巨室，別極難得之貨，幻伎瑰詭之極，年生之術，冕章褕展，名馬金玉，奇禽異獸，又極耳目之玩，而詞殆不能既也。	宋紹聖《北嶽大殿增建引簷記》
中嶽廟	城外	嵩高嶽者，名高祀典，位冠中央。……，國家祭享之外，留守祈禱之暇，每至清明屆候，媚景方濃。千里之遙，萬人斯集。歌樂震野，幣帛盈庭。陸海之珍，咸聚於此。	宋乾德《重修中嶽廟記》
		每歲三月朔日始，至十八日止，四方進香者絡繹輻輳，商賈齎貨鱗集，貿遷有無。土著者因市酒糒，搭鋪棚博蠅頭，資助耕稼所不足。俗稱廟會，即如京師所謂廟市也。宋駱文蔚《記》稱：「每至清明，屆候娛景方	康熙《嵩嶽廟史》

〔註45〕景日昣纂，《嵩嶽廟史》，卷之六，《時祭》，清康熙35年刻本。

	濃。千里匪遙，萬人斯集。陸海之珍，咸聚於此。」則其來久矣。	
	廟有市……，宋駱文蔚所稱「歌樂震野，幣帛盈庭，陸海之珍，咸聚於此」者也。	康熙《說嵩》

圖 3.28　中嶽廟廟會示意圖

（圖片來源：康熙《嵩嶽廟史》）

3.2.3.4　若廟在城外，城內則多有行祠、行宮的設置，以供遙祀

康熙《衡嶽志》中載衡嶽行祠圖，其圖解為因南嶽廟與衡山縣城距離三十里，為便於來往行人祭祀南嶽衡山，遂於城內設置南嶽行祠，以順祭祀之意：「嶽之有行祠也。為望祭設也。嶽廟去縣治三十里，凡士大夫往來境上，欲禮嶽者，或為王程所促，或為風雨所隔，則望而不得至焉者，亦多矣。故望祭於行祠也。禮也。附以開雲樓，嶽所憑依。於是乎，在邑有司朔望行香，皆於行祠，惟春秋大祭則謁廟。」〔註46〕

3.2.4　小結

本章的比較研究依據嶽廟所在位置來分析，將其分為城內嶽廟和城外嶽廟兩類：

一是城市因行政等級而用地規模受到限制，同時城內的嶽廟因禮制等級制度而有一定的基址規模要求，兩者的自身規模需求相互衝突，嶽廟勢必會對城內行政空間、生活空間等造成影響。

二是城外嶽廟因歷代帝王祭祀傳統或望祭山嶽效果最佳等原因，而位於山嶽腳下並非城內，用地方面的限制較城內嶽廟小了很多，嶽廟可根據祭祀

〔註46〕朱袞、袁奐，《康熙衡嶽志》。

山嶽的禮制等級和具體祭祀的功能需求來相對自由地布置祭祀建築，以此達到「崇神禮祭」的目的。

綜合以上的數據分析得出表 3.8，從中可以對明清時期五嶽嶽廟與所在城市的關係初步作出小結，由兩者的空間位置關係和基址規模的量化比較兩方面入手，從而對五嶽嶽廟對其所在城市產生的影響得到清晰的認識。

表 3.8　五嶽嶽廟與所在城市位置及基址規模的總結

類型	五嶽嶽廟	嶽廟與城市位置關係	基址規模比較（嶽廟／城市）
城內嶽廟	岱　廟	廟在城內西北隅	0.42
	曲陽北嶽廟	廟在於邑城之西內	0.57
城外嶽廟	南嶽廟	廟在城西北三十里	0.73
	西嶽廟	廟在城東五里	1
	中嶽廟	廟在城東八里	0.57

筆者根據相關歷史圖像資料和上述數據分析，繪出五嶽嶽廟與當地城市位置關係和基址規模比較示意圖，作為本章的最終結論。（圖 3.29）

圖 3.29　五嶽嶽廟與所在城市關係示意圖

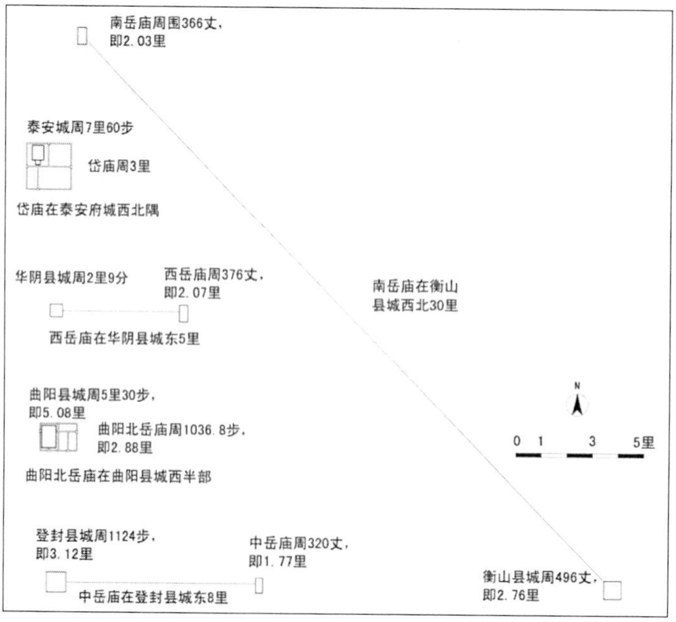

（圖片來源：筆者自繪）

3.3　本章小結

　　經過初步研究，這六座嶽廟，有兩座嶽廟在城裏，即山東泰安岱廟、河北曲陽北嶽廟；其餘四座均在城外，其中陝西華陰西嶽廟位於華陰城東五里官道北，坐北朝南，中軸線微斜，得以直視華山主峰；湖南衡山南嶽廟位於衡山縣城外西北三十里，南嶽衡山南側赤帝峰山腳下，因南嶽廟祭祀活動形成宗教商貿型小城鎮；山西渾源北嶽廟位於渾源城外南二十里北嶽恒山南坡，建築布局受山形地勢影響，建築規模不是很大；河南登封中嶽廟位於登封縣城東八里處，廟南為漢太室祠石闕、廟北為進山道路，整體建築基址規模約合登封縣城的一半面積以上。

第4章　五嶽嶽廟的歷史沿革

　　自古以來，中國五嶽都是作為一個整體的政治、禮制、宗教以及文化的概念而存在，歷經各朝各代，其對中華文明的影響綿延數千年，自然關於其祀典、廟祀的記載也是汗牛充棟，數不勝數。

　　面對如此之多的史料文獻，可以進行的研究很多，不過以往的研究多集中於單獨某一嶽廟的歷史沿革、或是某一嶽廟在某一時期的建築制度研究，很少對五嶽嶽廟的歷史沿革進行統一的縱貫古今的比較研究，否則單單研究某個時期的嶽廟制度，必不能得其全貌。

　　本書研究五嶽嶽廟的建築制度，其要點之一是嶽廟祭祀制度在各朝各代中禮制等級體系中的位置，要研究清楚這一問題，五嶽在國家祀典中的地位和角色的變化而帶來的嶽廟建築制度的變化的梳理便顯得尤為重要。

　　本章將考察自古至今各個朝代禮制史中五嶽作為山神或者帝王地位沉浮和嶽廟建築制度變化的關聯，並解釋這些變化的動因和脈絡，通過對五嶽各嶽之間的比較研究，試圖摸清五嶽嶽廟的濫觴、發展、全盛以及穩定時期的發展規律。

4.1　岱廟的歷史沿革

　　泰安岱廟，又稱「東嶽廟」，在歷史上一個相當長的時期內還曾稱為「岱宗祠」、「岱嶽祠」、「泰山廟」等，作為奉祀東嶽泰山之神的祠廟，既是國家官方祭祀建築群，同時又是道教聖地和當地百姓進香祈福之所。

　　《禮記・王制》中記載：「天子祭天下名山大川，五嶽視三公，四瀆視諸

侯。諸侯祭名山大川之在其地者。」〔註1〕泰山岱廟位於今泰安市區東北部，漢代始建，歷經南北朝、隋唐、宋金陸續增擴，終於元明清三代定型，達到發展的頂峰。現存岱廟為清代康乾盛世修廟之後的遺存，「南北長 406 米，東西寬 237 米，總佔地面積 96222 平方米，約合一百六十餘畝」〔註2〕，是山東省與曲阜孔廟規模相當的大型祠廟，在國內也是很重要的完整祭山禮制建築群。

　　泰山廟在歷史上很有可能發生過遷建，漢廟為一處，唐廟為一處，宋廟為另一處，這僅僅是根據文獻推測，具體廟址變遷還需要進一步考古發掘和新的文獻資料來佐證。

圖 4.1　　岱廟衛星鳥瞰圖

（圖片來源：Google Earth 衛星圖片）

　　關於泰山歷史沿革的研究，已有多位學者做過相關研究，具有代表性的成果包括：謝凝高先生的《中國泰山》（1987）〔註3〕、陳從周先生的《岱廟》（1992）〔註4〕、劉慧先生的《泰山岱廟考》（2000）〔註5〕、潘谷西先生的《中

〔註 1〕《禮記》，長春：吉林人民出版社，2005 年，頁 97。

〔註 2〕劉慧，《泰山岱廟》// 朱正昌總主編，《山東文物叢書·建築》，濟南：山東友誼出版社，2002 年，頁 72。

〔註 3〕謝凝高，《中國泰山》，北京：中國建築工業出版社，198 年 7 月，頁 184～187。

〔註 4〕陳從周，《岱廟》，濟南：山東科學技術出版社，1992 年，頁 1～7。

〔註 5〕劉慧，《泰山岱廟考》，濟南：齊魯書社，2000 年，頁 37～62。

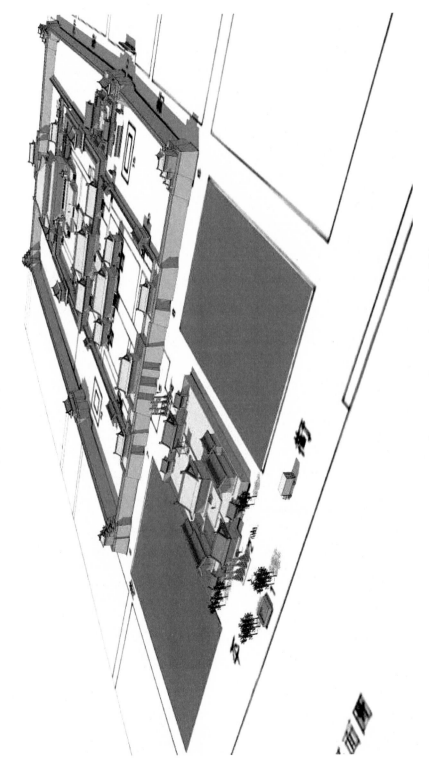

圖 4.2　岱廟現狀鳥瞰圖

（圖片來源：筆者自繪，底圖：陳從周《岱廟》）

國古代建築史（第四卷）元明建築》（2001）〔註6〕、周郢先生的《泰山志校
證》〔註7〕（2006）。筆者試圖將目前所能收集到的有關泰山廟及岱廟的文獻
資料匯總起來，以便將泰山祠廟及岱廟建築的歷史沿革梳理清楚。

4.1.1　岱廟的創建與發展時期

　　東嶽泰山岱廟最初建於何時，建於何處，以及岱廟現址立於何代，古今
相延，歷代學者對此皆有不同的看法。明天順李賢《修廟記》云：「《書》稱，
岱宗蓋以東方屬春萬物交待，故曰岱，為群嶽之長，故曰宗。然而祭之者，
何也？《記》曰，能出雲為風雨。又曰，民所取財，用也。三代以前，不過
為壇，而祭之如周制，四坎壇祭山林丘壑於壇是也；秦漢以來，有神仙封禪
之事，於是有祠廟之設。」〔註8〕這段文獻記載說明了兩點，一是三代以前，
泰山祭祀場所僅僅設壇，用周制祭禮祭祀泰山；二是，到了秦漢，泰山始有
祠廟之設，這為早期泰山神廟的始建提供了依據。

4.1.1.1　先秦時期五嶽祭祀之濫觴

　　首先概述一下五嶽祭祀的起源。三代之時，山嶽崇拜盛行，五嶽四瀆
皆有常禮。此時，五嶽的設置常有變動。根據司馬遷《史記·封禪書》中的
記載：

　　　　昔三代之君，皆在河洛之間。故嵩高為中嶽，而四嶽各如其
　　方。四瀆咸在山東，至秦稱帝都咸陽，則五嶽四瀆皆並在東方。自
　　五帝以至秦，軼興軼衰，名山大川或在諸侯，或在天子，其禮損益
　　世殊不可勝記。及秦併天下，令祠官所常奉天地名山大川，鬼神可
　　得而序也。於是自殽以東名山五，大川祠二。曰太室，太室嵩高也；
　　恒山、泰山、會稽、湘山。〔註9〕

　　清乾隆《恒山志》中談及三代之時五嶽變遷時有如下記載：

　　　　《虞書》：東巡狩，稱至於岱宗，餘三方皆不舉山，……，霍、
　　華、嵩嘗遞為中嶽，岍與華嘗遞為西嶽，衡與灊霍山又嘗遞為南嶽。

〔註6〕潘谷西，《中國古代建築史（第四卷）元明建築》，北京：中國建築工業出版
　　　社，2001年，頁138～139。

〔註7〕汪子卿撰，周郢校證，《泰山志校證》，合肥：黃山書社，2006年，頁215～
　　　431。

〔註8〕查志隆，《萬曆岱史》，卷九，明萬曆刻本。

〔註9〕司馬遷，《史記》，卷二十八，《封禪書·第六》，北京：中華書局，1959年。

其不變者，獨東岱與北恒耳。〔註 10〕

同時，東漢應劭所著《風俗通》中記載：「五嶽東方泰山詩云：泰山巖巖，魯邦所瞻。尊曰岱宗，岱者長也。萬物之始，陰陽交代。雲觸石而出，膚寸而合，不崇朝而徧雨天下，其唯泰山乎，故為五嶽之長。」〔註 11〕

以上文獻說明，在早期的山川祭祀體系中，五嶽的地位要高於四瀆；同時，在五嶽之中亦有高下之分，泰山位列五嶽之長，且一直都未改祀他處，在其饗祀盛矣。

4.4.1.2　秦漢時期泰山祠廟之初創

秦始皇三年（前 219 年），「東巡海上，行禮，祠名山大川及八神二日地主，祠泰山梁父。」〔註 12〕二世元年（前 210 年），「東巡碣石，並海南，歷太山至會稽，皆禮祀之。」〔註 13〕說明在秦始皇、二世兩代，均有帝王遊歷泰山、奉祠其下的記載，但有關泰山廟的具體形制並沒有任何詳細的交代。

及至漢代，高祖初（前 206 年後），「悉召故秦祀官，復置太祝太宰，如其故儀禮。下詔曰，吾甚重祠而敬祭今山川之神，當祠者各以時禮，祠之如故。」〔註 14〕說明漢初時，有關山川之神的祠祀，皆效法秦代之制，以時祭之。《四書釋地》中《泰山北海》引到：「高帝置泰山郡，領博縣，縣有泰山廟，岱在其西北。禮記云，齊人將有事泰山是，也以知挾太山，以超北海，皆取齊境內之地，設譬耳」〔註 15〕說明，在漢高祖劉邦立漢之初，置泰山郡領博縣，此時即有泰山廟的記載。

漢文帝「即位十三年，下詔曰：秘祝之官移過於下，朕甚弗取其除之始。名山大川在諸侯，諸侯祝各自奉祠，天子官不領。及齊、淮南國廢，令太祝

〔註 10〕桂敬順纂修，《恒山志》，清乾隆 28 年刻本。

〔註 11〕應劭，《風俗通》//秦蕙田撰，方觀承訂，《五禮通考》，卷四十七，《吉禮四十七・四望山川》，江蘇：江蘇書局，清光緒六年刻本。

〔註 12〕司馬遷，《史記・封禪書》//秦蕙田撰，方觀承訂，《五禮通考》，卷四十七，《吉禮四十七・四望山川》，江蘇：江蘇書局，清光緒六年刻本。

〔註 13〕班固，《漢書・郊祀志》//秦蕙田撰，方觀承訂，《五禮通考》，卷四十七，《吉禮四十七・四望山川》，江蘇：江蘇書局，清光緒六年刻本。

〔註 14〕司馬遷，《史記・封禪書》//秦蕙田撰，方觀承訂，《五禮通考》，卷四十七，《吉禮四十七・四望山川》，江蘇：江蘇書局，清光緒六年刻本。

〔註 15〕閻若璩，《四書釋地》//紀昀、永瑢等纂，《景印文淵閣四庫全書》，第二一〇冊，《經部》，二〇四，《四書類》，臺北：臺灣商務印書館股份有限公司，2008 年。

盡以歲時致禮如故。明年廣增諸祀壇場。」〔註16〕進一步說明在漢文帝時，由於有些名山大川在諸侯轄內，並不在天子疆域內，所以命諸侯各自奉祠，由此表明五嶽地域的分布侷限使得天子和諸侯祭祀職能各不相同。當齊、淮南二國廢置，漢文帝及時將五嶽的祭祀權收歸天子所有〔註17〕，命「太祝盡以歲時致禮如故」。同時，「明年廣增諸祀壇場」，也可推測在文帝十四年（前166年），名山大川各個祭祀壇場都將增廣，其中必包括位居山川之首的五嶽，這也從側面得知，漢初文帝之時東嶽泰山已有祭祀泰山之神的壇場設置，但其具體形制還不得而知。

二十多年過後，漢武帝即位，他是繼秦始皇之後，有史明確記載的第二位封禪祭祀東嶽泰山的帝王。《漢書·郊祀志下》中記載「泰山五年一修封，武帝凡五修封。」〔註18〕漢武帝分別於元初元年（前110年）、太初三年（前102年）、天漢三年（前98年）、泰始四年（前93年）、徵和四年（前89年）五次修封泰山，如此頻繁而又隆重的封禪泰山，必然會對泰山上下祭祀場所進行修治，以達尊崇之意。

武帝元狩元年（前122年），「濟北王上書，獻泰山及其旁邑，天子以它縣償之。常山王有罪遷，天子封其弟真定以續先王祀，而以常山為郡，然後五嶽皆在天子之邦。」〔註19〕宋元學者馬端臨所著《文獻通考》中批註：

> 古者天子祭四望，五嶽四瀆其大者也。然王畿不過千里，千里之外則皆諸侯之國，所謂嶽瀆豈必在畿內，而後祭之，如舜都蒲阪，而一歲巡五嶽，俱有望秩之禮是也。始皇雖並六國而禮典廢墜，所祠祭山川，皆因其遊觀所至處與封禪求仙則及之，而其領之祠官以

〔註16〕班固，《漢書·郊祀志》//秦蕙田撰，方觀承訂，《五禮通考》，卷四十七，《吉禮四十七·四望山川》，江蘇：江蘇書局，清光緒六年刻本。

〔註17〕《明史》中有關「嶽鎮海瀆山川之祀」有如下記載：「《詩序》：巡狩而禮四嶽河海，則又有四海之祭。蓋天子方望之事，無所不通。而嶽鎮海瀆，在諸侯封內，則各祀之。秦罷封建，嶽瀆皆領於祠官。漢復建諸侯，則侯國各祀其封內山川，天子無與。武帝時，諸侯或分或廢，五嶽皆在天子之邦。宣帝時，始有使者持節祠嶽瀆之禮。」其中明代禮官對漢代五嶽祭祀的天子諸侯之別的探討，也與文中文獻記載相吻合。（張廷玉等，《明史》，卷四十九，《志第二十五·禮三·嶽鎮海瀆山川之祀》，北京：中華書局，1974年，頁1243）

〔註18〕班固，《漢書·郊祀志》//秦蕙田撰，方觀承訂，《五禮通考》，卷四十七，《吉禮四十七·四望山川》，江蘇：江蘇書局，清光緒六年刻本。

〔註19〕班固，《漢書·郊祀志》//秦蕙田撰，方觀承訂，《五禮通考》，卷四十七，《吉禮四十七·四望山川》，江蘇：江蘇書局，清光緒六年刻本。

歲時致祭且雜以淫祀者，大率多秦中山川也。至漢則名山大川之在
諸侯國者，不領於天子之祠官，必俟齊、淮南、常山之國廢，及濟
北王獻地而後舉五嶽之祭，俱非古義也。〔註20〕

　　說明，在漢武帝之前，東嶽、南嶽以及北嶽皆在諸侯國內，並不在漢天
子的祭祀範圍之內，自從泰山郡、常山郡收歸天子、淮南國廢之後，五嶽才
真正統一在天子之邦。此後武帝東封泰山，遍訪五嶽，對五嶽祠廟的發端奠
定了基礎。

　　《漢書・郊祀志》載：「（漢武帝）自封太山後十三歲，而周遍於五嶽四
瀆矣。」〔註21〕武帝元封元年春正月，「行幸緱氏。詔曰：朕用事華山，至於
中嶽，親登嵩高。御史乘屬在廟旁。吏卒咸聞呼萬歲者三，登禮罔不答。其
令祠官加增太室祠，禁無伐其草木，以山下戶三百為之奉邑，名曰崇高。獨
給祠覆亡所與。」〔註22〕東漢延熹八年《西嶽華山廟碑》中記載：「孝武皇帝
修封禪之禮，思登假之道，巡省五嶽，禋祀豐備。故立宮其下，宮曰『集靈
宮』，殿曰『群仙殿』，門曰『望仙門』。」〔註23〕由以上文獻可知，漢武帝在
封禪泰山之後，隨後又立即親登嵩山、用事華山，同時對中嶽嵩山和西嶽華
山的祭祀壇場均進行了擴增，即在嵩山加增太室祠，在華山立集靈宮於其下。
說明在漢武帝元封元年（前110年）之前，嵩山已有祠廟之設，「御史乘屬在
廟旁」，登禮之後，武帝又令祠官加增太室祠。隨後在在華山立宮其下，說明
漢武帝在巡省五嶽時同時增擴祠廟的做法。這也從側面可知漢武帝封禪泰
山之時可能在泰山之下也有「立宮其下」的做法，或者在封禪之前已有壇
廟存在可以直接祭之。清乾隆《泰山圖志》引《周禮》「五嶽之祀，兆而不
廟；」並引《漢史》稱，「文帝十七年立五帝廟於渭陽，武帝巡省方嶽，立宮
其下，其廟祀之權與乎？」〔註24〕提出了秦代之前五嶽的祭祀場所應為祭
壇，兆而不廟，並無祠廟的設置。至漢武帝巡遊方嶽，並立宮其下，發五嶽

〔註20〕馬端臨，《文獻通考》//紀昀、永瑢等纂，《景印文淵閣四庫全書》，第六三二
　　　　冊，《史部》，三九○，《政書類》，臺北：臺灣商務印書館股份有限公司，2008
　　　　年。
〔註21〕班固，《漢書・郊祀志》//秦蕙田撰，方觀承訂，《五禮通考》，卷四十七，《吉
　　　　禮四十七・四望山川》，江蘇：江蘇書局，清光緒六年刻本。
〔註22〕班固，《漢書，武帝本紀》//秦蕙田撰，方觀承訂，《五禮通考》，卷四十七，
　　　　《吉禮四十七・四望山川》，江蘇：江蘇書局，清光緒六年刻本。
〔註23〕張維新撰，馮嘉會續撰，《萬曆華嶽全集》，明萬曆刻本。
〔註24〕朱孝純，乾隆泰山圖志，卷四上，祠宇一，清乾隆三十九年刻本。

廟祀之開端。

之後，漢宣帝即位，神爵元年（前61年），「制詔太常，夫江海百川之大者也，今闕焉無祠，其令祠官以禮為歲事。以四時祠江海雒水，祈為天下豐年焉。自是五嶽四瀆皆有常禮。東嶽泰山於博，中嶽太室於嵩高，南嶽灊山於灊，西嶽華山於華陰，北嶽常山於上曲陽。」〔註25〕此時，五嶽四瀆皆有常禮，東嶽泰山祭祀於博，祠官以禮為歲事，並且應有祠廟設置。

東漢章帝元和二年（85年），「春二月，詔曰今山川鬼神應典禮者尚未咸秩，其議增修群祀，以祈豐年。丙辰，東巡守，辛未幸太山，柴告岱宗，有黃鶴三十，從西南來經祀壇上，東北過於宮屋，翱翔升降。進幸奉高。」〔註26〕說明東漢章帝時告祭泰山，山下祀壇、宮屋之設已經確實存在，且此時壇廟不在奉高城內，故文中記載章帝先柴告岱宗，後進幸奉高。

東漢末年學者應劭所著《風俗通》中記載了東漢泰山祠廟以及其他四嶽嶽廟的情況。應劭於靈帝中平六年（189年）至獻帝興平元年（194年）任泰山郡太守，所以《風俗通》中所載的泰山祠廟的內容應確實可信：

> 岱宗廟，在博縣西北三十里，山虞長守之。十月日合凍，臘月日涸凍，正月日解凍，皆太守自侍祠。若有穢疾代行事，法七十萬五千，三牲燔柴上福脯三十，朐縣次傳送京師。四嶽皆王，同禮。南方衡山，一名霍。霍者，萬物盛長垂枝布葉霍然，而大廟在廬江灊縣。西方華山，華者，華也，萬物滋然變華於西方也。廟在弘農華陰縣。北方恒山，恒者，常也，萬物伏藏於北方有常也。廟在中山上曲陽縣。中央曰嵩高，嵩者，高也。詩云：嵩高維嶽、峻極於天。廟在潁川陽城縣。〔註27〕

西漢《地理志》：「京兆華陰太華山，在南有祠集靈宮，武帝起；潁川嵩高有太室少室山廟；常山上曲陽，常山北谷在西北有祠；泰山，博有泰山廟在西北；灊山上廬江灊，天柱山在南有祠。」〔註28〕

〔註25〕班固，《漢書·郊祀志》//秦蕙田撰，方觀承訂，《五禮通考》，卷四十七，《吉禮四十七·四望山川》，江蘇：江蘇書局，清光緒六年刻本。

〔註26〕班固，《漢書·章帝本紀》//秦蕙田撰，方觀承訂，《五禮通考》，卷四十七，《吉禮四十七·四望山川》，江蘇：江蘇書局，清光緒六年刻本。

〔註27〕清《五禮通考》引《風俗通》；同時，明萬曆《岱史》、清嘉慶《岱覽·總覽三·岱廟上》、明嘉靖汪子卿撰、清嘉慶續編《泰山志》、清乾隆《泰山述記》均引用《風俗通》關於漢代岱廟的記載。

〔註28〕班固，《漢書·地理志》//秦蕙田撰，方觀承訂，《五禮通考》，卷四十七，《吉

　　這兩處文獻記載都說明在兩漢時期五嶽之下均有嶽廟之設，形制已經完備。同時這也是文獻中第一次明確記載泰山廟的位置，其位於泰山下博縣西北三十里，與《章帝本紀》中祭告泰山的祠廟的位置大致相同，筆者認為應為同一壇廟所在。

　　漢時泰山有廟，其他文獻資料也可佐證。《漢書・地理志》中記載：「泰山，博有泰山廟在西北」，〔註29〕也證明了在西漢時期即有泰山廟的記載。《後漢書》中也可作旁證：博有泰山廟，岱山在西北。〔註30〕唐《元和郡縣志》和宋《太平寰宇記》均引《後漢書・郡國志》所載泰山廟：「嶽廟在縣西北三十里，泰山之南，《郡國志》：廟前有柏樹，漢武帝所種，赤眉賊斫一樹見血乃止，有嶽令掌之。」〔註31〕通過這些文獻記載，就更加明確漢時已有泰山廟奉祀泰山。

　　宋太宗太平興國八年李昉撰《太平御覽》引東漢末年《泰山記》曰，「泰山廟在山南，悉種柏樹千株，大者十五六圍，父老傳雲漢武所種，廟及東西房三十餘間，並高樓三處，春秋饗祀，泰山君嘗在此壇。」〔註32〕從這段文獻中可知，東漢末年泰山祠廟建築已經初具規模，廟及東西房三十餘間，並高樓三處，比單純的壇兆豐富了很多。若以漢武所植柏樹千株，大者十五六圍來計，則其庭院的規模也一定相當宏大。這說明由漢武帝元封元年封禪泰山至東漢末年，泰山崇祀近三百年間，泰山歷經漢武帝五次封禪，東漢光武帝建武三十年封禪〔註33〕，章帝、安帝親自巡狩泰山，柴告岱宗〔註34〕，以

　　　　禮四十七・四望山川》，江蘇：江蘇書局，清光緒六年刻本。

〔註29〕班固，《漢書・地理志》//秦蕙田撰，方觀承訂，《五禮通考》，卷四十七，《吉禮四十七・四望山川》，江蘇：江蘇書局，清光緒六年刻本。

〔註30〕范曄，《後漢書》，卷三十一//紀昀、永瑢等纂，《景印文淵閣四庫全書》，第二五三冊，《史部》，一一，《正史類》，臺北：臺灣商務印書館股份有限公司，2008年。

〔註31〕李吉甫撰，《元和郡縣志》，卷十一中引《後漢書・郡國志》所載泰山廟；同時〔宋〕樂時撰，《太平寰宇記》，卷二十一中也引用相同的文獻來說明這一點。

〔註32〕唐仲晃，《乾隆岱覽》，清嘉慶十二年刻本，總覽三，卷六、卷七引《太平御覽》中《泰山記》有關泰山廟的記載。

〔註33〕三月，幸魯，過泰山，告太守以上過故承詔，祭泰山及梁父。（范曄，《後漢書・祭祀志》，卷三十一//秦蕙田撰，方觀承訂，《五禮通考》，卷四十七，《吉禮四十七・四望山川》，江蘇：江蘇書局，清光緒六年刻本）

〔註34〕元和二年春二月丙辰，東巡守，辛未幸太山，柴告岱宗，有黃鶴三十從西南來經祀壇上東北過於宮屋翱翔升降。進幸奉高。（班固，《漢書・章帝本紀》//秦蕙田撰，方觀承訂，《五禮通考》，卷四十七，《吉禮四十七・四望山川》，

及各代使者、當地郡守祭告泰山，必將對其產生一定的影響，此時的泰山廟已經在原先的壇兆之設的基礎上，增擴到一定建築規模。

岱廟出土的部分文物也能記錄泰山廟一些早期的建築信息，高曉燕、秦彧的《泰安岱廟出土的漢唐瓦當》一文中從岱廟出土文物印證兩漢時泰山廟的建築痕跡：1995 年 11 月，岱廟出土的帶有文字的「千秋萬歲」、「長樂未央」瓦當均可證明此為兩漢時期的遺物，從實物方面印證了兩漢時期泰山廟的存在。〔註35〕

因此，有漢一代，泰山祠廟已經初見規模，由三代以前乃至秦漢初期的「不過為壇」增廣到東漢末年的「廟及東西房三十餘間，並高樓三處」，祭壇尚存。可知，兩漢尤其是西漢武帝時，五嶽「立宮其下」的規制使得五嶽立廟同時進行，而且「五嶽四瀆皆有常禮」，使得其祭祀行為也已經國家化和制度化。

4.1.1.3 三國、兩晉、南北朝時期泰山廟之發展

延至漢末三國魏黃初二年（221 年），「六月初，祀五嶽四瀆，咸秩群祀。」〔註36〕晉武帝泰始元年（265 年）十二月，「詔曰：昔聖帝明王修五嶽四瀆，名山川澤各有定制。」〔註37〕晉孝惠帝建武元年（304 年），「令郡國有五嶽者，置宰祝二人；及有四瀆若海應祠者，皆以孟春仲冬祠之。」〔註 38〕

江蘇：江蘇書局，清光緒六年刻本）

〔註35〕 高曉燕、秦彧，《泰安岱廟出土的漢唐瓦當》//湖北省文物考古研究所，江漢考古，2000 年第 3 期，頁 92～93：「1995 年 11 月，岱廟仁安門安裝避雷設施開挖地槽時，在距地表 1.5 米處發現 9 件瓦當。現簡要介紹如下：瓦當均為泥質灰陶，當面呈圓形。根據當面紋飾可分三類：第一類：雲紋瓦當。第二類：文字瓦當。第三類：蓮花紋瓦當。雲紋瓦當出現較早，兩漢時期仍比較流行。岱廟出土的兩件卷雲紋瓦當與曲阜魯故城出土的漢代瓦當中的 VIIB 式相同，也與陝西省華陰縣瞞峪鄉西京師倉遺址中出土的單乳釘雲紋瓦當相同。「千秋萬歲」、「長樂未央」瓦當主要出現在西漢中期到東漢時期。標本 0554-3 瓦當與西漢京師倉遺址 80H12：1「千秋萬歲」瓦當很相近。因此，這兩類瓦當應屬於兩漢時期。蓮花紋瓦當始於北魏，盛於隋唐。」

〔註36〕 陳壽撰，裴松之注，《三國志·魏志·文帝本紀》//秦蕙田撰，方觀承訂，《五禮通考》，卷四十七，《吉禮四十七·四望山川》，江蘇：江蘇書局，清光緒六年刻本。

〔註37〕 房玄齡撰，《晉書·禮志》//秦蕙田撰，方觀承訂，《五禮通考》，卷四十七，《吉禮四十七·四望山川》，江蘇：江蘇書局，清光緒六年刻本。

〔註38〕 魏徵、長孫無忌等撰，《隋書·禮儀志》//秦蕙田撰，方觀承訂，《五禮通考》，卷四十七，《吉禮四十七·四望山川》，江蘇：江蘇書局，清光緒六年刻本。

晉明帝太寧三年（325 年）七月，「詔曰，自中興以來，五嶽四瀆名山大川，載在祀典應望秩者，悉廢而未舉主者，其依舊詳處。」〔註39〕晉穆帝升平中（357 年後），「何琦備論五嶽祠，曰：唐虞之制，天子五載一巡狩，順時之方，柴燎五嶽，望於山川，徧於群神，故曰因名山升中於天，所以昭告神祇饗報功德，是以災厲不作而風雨寒暑以時，降及三代，年數雖殊，而其禮不易，五嶽視三公，四瀆視諸侯。著在經記，所謂有其舉之，莫敢廢也。」〔註40〕以上可知魏晉一百多年間，五嶽崇祀不斷，皆延續兩漢祀典，莫敢廢也，並設置宰祝二人，這是泰山廟歷史上第一次有官吏來監修五嶽常祀。

南北朝時，南朝梁「令郡國有五嶽者，置宰祝三人，及有四瀆若海應祠者，皆以孟春仲冬祠之。」〔註41〕由此可知，南朝梁也按照之前祭典奉祀五嶽，同時，設置宰祝三人，比晉孝惠帝之制多一人，說明南梁一代更加尊崇五嶽，還有可能五嶽嶽廟進一步擴大，需要更多官吏來進行管理。

北魏一代，是繼漢武帝崇祀五嶽「立宮其下」之後，又一次同時對五嶽嶽廟進行修建的時期。太宗明元帝泰常三年（418 年），「立五嶽四瀆廟於桑乾水之陰。春秋遣有司祭有牲及幣。」〔註42〕這是有史以來第一次修建五嶽四瀆廟，五嶽四瀆合於一廟祭祀，為北魏時所創之制。世祖太武帝太延元年（435 年），「立廟於恒嶽、華嶽、嵩嶽上，各置侍祀幾十人，歲時祈禱水旱，其春秋泮涸，遣官率刺史祭以牲牢，有玉幣。」〔註43〕由此可知，在太延元年北嶽恒山、西嶽華山、中嶽嵩山同時立廟設祭，各置侍祀幾十人，侍祀人數比前代又有所增多，國家派遣官員率領當地刺史祭祀，足見北魏太武帝對五嶽祭祀的重視。太武帝太平真君十一年（450 年）十一月，「世祖過岱宗，祀以太牢。」顯祖獻文帝皇興二年（468 年），「以青徐既平，遣中書令兼

〔註39〕房玄齡撰，《晉書·明帝本紀》//秦蕙田撰，方觀承訂，《五禮通考》，卷四十七，《吉禮四十七·四望山川》，江蘇：江蘇書局，清光緒六年刻本。

〔註40〕房玄齡撰，《晉書·禮志》//秦蕙田撰，方觀承訂，《五禮通考》，卷四十七，《吉禮四十七·四望山川》，江蘇：江蘇書局，清光緒六年刻本。

〔註41〕魏徵、長孫無忌等撰，《隋書·禮儀志》//秦蕙田撰，方觀承訂，《五禮通考》，卷四十七，《吉禮四十七·四望山川》，江蘇：江蘇書局，清光緒六年刻本。

〔註42〕魏收，《魏書·禮志》//秦蕙田撰，方觀承訂，《五禮通考》，卷四十七，《吉禮四十七·四望山川》，江蘇：江蘇書局，清光緒六年刻本。

〔註43〕魏收，《魏書·禮志》//秦蕙田撰，方觀承訂，《五禮通考》，卷四十七，《吉禮四十七·四望山川》，江蘇：江蘇書局，清光緒六年刻本。

太常高允，奉玉幣祀於東嶽。」〔註44〕高祖孝文帝太和四年（480年）「二月
癸巳，詔曰：……，敕天下祀山川群神及能興雲雨者，修飾祀堂，薦以牲璧。
十九年（495年），春正月己亥，車駕濟淮。夏四月己未，行幸瑕丘，遣使以
太牢祀岱嶽。」〔註45〕由上述文獻可知，北魏、北齊時期，皇帝或親祀岱嶽
或遣使告祭，均採用太牢這一最高等級祭禮來崇祀岱宗。同時，北魏孝文帝
敕命修飾天下山川祀堂，其中必有東嶽泰山之祠，這也是南北朝時期有關泰
山祠修飾的唯一記錄，從側面也印證了北魏時期泰山應有祠廟之設。

關於北魏時期泰山廟建築形制的記載，由北魏酈道元所著《水經注》「汶
水」中引《從征記》可知：「奉高縣，漢武帝元封元年立，以奉泰山之祀，
泰山郡治也。……又合環水，水出泰山南溪，南流歷中、下兩廟間。《從征
記》曰：泰山有下、中、上三廟，牆闕嚴整，廟中柏樹夾兩階，大二十餘
圍，蓋漢武所植也。赤眉嘗斫一樹，見血而止，今斧創猶存。門闕三重，樓
榭四所，三層壇一所，高丈餘，廣八尺，樹前有大井，極香冷，異於凡水，
不知何代所掘，不常浚渫而水旱不減。庫中有漢時故樂器及神車、木偶，皆
靡密巧麗。又有石虎建武十三年永貴侯張余上金馬一匹，高二尺餘，形制
甚精。中廟去下廟五里，屋宇又崇麗於下廟。廟東西夾澗。上廟在山頂，即
封禪處也。」〔註46〕

這說明在北魏時，泰山祠廟已有上、中、下三廟，皆牆闕嚴整，可以得
知三廟均有廟牆環繞，規制崇麗。下廟中柏樹夾兩階，大二十餘圍，後世研
究岱廟濫觴的歷代學者多認為，此東嶽下廟可能即為今之岱廟。〔註47〕與東
漢末年泰山廟相比，柏樹在庭院中夾著中軸通道，同時由大者十五六圍長到
大二十餘圍，可以看出泰山廟的發展延續性；在建築方面，由東漢末年的「廟
及東西房三十餘間，並高樓三處」發展到北魏時期的「門闕三重，樓榭四所，

〔註44〕魏收，《魏書·禮志》// 秦蕙田撰，方觀承訂，《五禮通考》，卷四十七，《吉
　　　　禮四十七·四望山川》，江蘇：江蘇書局，清光緒六年刻本。
〔註45〕魏收，《魏書·高祖本紀》// 秦蕙田撰，方觀承訂，《五禮通考》，卷四十七，
　　　　《吉禮四十七·四望山川》，江蘇：江蘇書局，清光緒六年刻本。
〔註46〕酈道元，《水經注》，卷二十四 // 紀昀、永瑢等纂，《景印文淵閣四庫全書》，
　　　　第五七三冊，《史部》，三三一，《地理類》，臺北：臺灣商務印書館股份有限
　　　　公司，2008年。
〔註47〕清嘉慶《岱覽》卷六中所述：「伍緝之《從征記》中記載：泰山有下、中、上
　　　　三廟，此蓋下廟也。」《岱覽》作者清代學人唐仲冕認為北魏時泰山下廟即今
　　　　之岱廟也。清乾隆《泰山道里記》也認為，「按此廟蓋下廟也」。

三層壇一所，高丈餘，廣八尺」，並有珍藏樂器貢品的庫房，由此看出，在這兩百多年間，泰山廟的基址規模和建築形制均在不斷地擴大之中。

清乾隆二十五年《泰安府志》中有關岱廟的初創時間另有記載：「岱廟，在府治西北隅，泰山有上中下三廟，在城中者其下廟也。創於唐，恢拓於宋，重修於金元明；在方祀中為最著云」。〔註48〕文中明確指出岱廟創始於唐代，但唐代最初創建時的岱廟建築形制並沒有歷史記載，有唐一代泰山廟的具體規制還是一片空白，還有待考證今之岱廟創於唐代之說法。

明萬曆甲申（1584，萬曆十二年）《參政許天贈重修岱廟記略》中提出岱宗廟最初在泰山南麓，後來經宋代改建至今處：「泰山之麓故有廟，其名曰岱宗廟，在嶽之南麓，宋改今址。其門有堞城為門者八，四角有樓，前有殿，後有寢，兩傍有廡，儼如王者居。」〔註49〕說明今之岱廟並非最初泰山祠廟之所在，而是宋代遷建於此，因此現存岱廟之發端應始於宋代。

清乾隆五十五年《泰山述記》：「廡外周眾器分翼，儼然帝者之居，實自宋始也。明太祖正五嶽之神號，而廟制特仍其舊，時遣祠官致祭，壞則新之。」〔註50〕也可旁證岱廟乃宋代移建之產物。

綜合本節歷史文獻有關岱廟修建溯源的記錄和分析，可知上及三代，延至秦漢、南北朝時期，泰山自漢代即有確切的泰山廟來祭祀泰山之神，但是文獻所載之泰山下廟是否就是現存之岱廟，由於史料不足或歷代相延多有訛傳，遂又有了岱廟創於唐代說和宋代說，這些說法都還值得商榷，期待能有更好的資料和出土文物來印證兩漢、北魏泰山廟以及唐宋時期泰山祠廟與現存之岱廟的相延關係，以期研究清楚泰安岱廟究竟創於何時。

4.1.2　岱廟的增擴與隆崇時期

4.1.2.1　隋唐時期泰山祠廟之隆崇

南北朝時代晚期，雖然朝代更替頻繁，但對東嶽泰山的崇奉，仍然得到當時統治者的重視。如北齊天保元年（550年），「六月己亥，詔分遣使人致祭於五嶽四瀆。」〔註51〕發展到隋代，四望山川之禮，得到進一步的尊崇，在

〔註48〕顏希深等，《成城‧乾隆泰安府志》，清乾隆二十五年刻本。

〔註49〕許天贈，《明萬曆甲申參政許天贈重修岱廟記略》//唐仲冕，《乾隆岱覽》，清嘉慶十二年刻本。

〔註50〕宋思仁，《乾隆泰山述記》，清乾隆五十五年刻本。

〔註51〕李百藥，《北齊書‧宣帝本紀》//秦蕙田撰，方觀承訂，《五禮通考》，卷四十七，《吉禮四十七‧四望山川》，江蘇：江蘇書局，清光緒六年刻本。

五嶽的基礎上增擴了五鎮祭祀，是山川祀典進一步的完備：「隋制，行幸所過名山大川，則有司致祭。嶽瀆以太牢，山川以少牢。」〔註52〕隋文帝開皇十四年（594年），「閏十月，詔東鎮沂山、南鎮會稽山、北鎮醫無閭山（山遠則遙祀）、冀州鎮霍山，並就山立祠。《大學衍義補》丘氏濬曰：鄭玄注《周禮》，四望有五嶽四鎮四瀆，後世祀典止有五嶽四瀆而無四鎮，至是始祀之。而又以冀州霍山為中鎮，是為五鎮。」〔註53〕這是中國歷史第一次提出五鎮的概念，原先山川祭祀僅有五嶽四瀆，從此有關山嶽祭祀，則有了嶽鎮的統一奉祀。同時，隋文帝命五鎮同時「就山立祠」，開創了五鎮祠廟的發端，從側面也說明了祭拜山嶽的祠廟建築已經興盛，並且由國家官方統一籌建，從而達到祭祀建築的完備性。

之後一年，隋文帝開皇十五年（595年），「春正月壬戌，車駕次齊州，親問疾苦。丙寅旅三符山。庚午，上以歲旱祀泰山，以謝愆咎，大赦天下，三月己未，至自東巡狩，望祭五嶽海瀆。」〔註54〕隋煬帝大業中（605年後），「煬帝因幸晉陽，遂祭恒嶽。其禮頗採高祖拜岱宗儀。增置二壇，命道士女官數十人於壇中，設醮。十年（614年）幸東都，過祀華嶽，築場於廟側，事乃不經，蓋非有司之定禮也。」〔註55〕隋文帝以大旱親祀岱嶽，以謝愆咎，大赦天下，並望祭五嶽海瀆。之後，煬帝大業中，祭恒嶽，採用父親文帝拜岱宗儀，增置兩處壇壇設醮，之後又祭華嶽，於廟側築壇場。由此可知，隋代祭祀東嶽、北嶽、西嶽均設壇壇致祭，特別是在祭祀西嶽時，很可能是在西嶽廟側構築壇場來祭祀，雖然非有司之定禮，但也從側面說明隋代很可能就是在嶽廟內或外設壇致祭。

關於隋代泰山祠廟建築的記載還有兩條：清《岱覽》中有載，「隋開皇十四年（594年），將祠泰山，令使者致石神像神祠之所。」〔註56〕《明史》中有關「嶽鎮海瀆山川之祀」有如下記載：「由魏及隋，嶽鎮海瀆，即其地立祠，

〔註52〕秦蕙田撰，方觀承訂，《五禮通考》，卷四十七，《吉禮四十七·四望山川》，江蘇：江蘇書局，清光緒六年刻本。

〔註53〕魏徵、長孫無忌等撰，《隋書·禮儀志》//秦蕙田撰，方觀承訂，《五禮通考》，卷四十七，《吉禮四十七·四望山川》，江蘇：江蘇書局，清光緒六年刻本。

〔註54〕魏徵、長孫無忌等撰，隋書，高祖本紀//秦蕙田撰，方觀承訂，《五禮通考》，卷四十七，《吉禮四十七·四望山川》，江蘇：江蘇書局，清光緒六年刻本。

〔註55〕魏徵、長孫無忌等撰，《隋書·禮儀志》//秦蕙田撰，方觀承訂，《五禮通考》，卷四十七，《吉禮四十七·四望山川》，江蘇：江蘇書局，清光緒六年刻本。

〔註56〕唐仲冕，《乾隆岱覽》，卷第六，《岱廟》上，清嘉慶十二年刻本。

有司致祭。」〔註 57〕這說明，在隋文帝祭祀泰山之前，先派使者恭送石神像放置泰山神祠中，而且這座神祠很可能從三國魏至隋代三百多年間靠近泰山設立的，及至隋代，祭祀泰山之神的泰山廟已經確定存在，而且泰山廟中有神像設置，但其具體建築形制還需商榷。

　　唐朝開國後，延續之前秦漢、魏晉以及隋朝對東嶽泰山的尊崇，在高宗、武后和玄宗兩朝均對泰山進行封禪，將泰山之神的祭祀推向了一個新的高潮。唐武德貞觀之制：「五嶽四鎮四海年別一祭，各以五郊迎氣日祭之。東嶽岱山祭於兗州，……，其牲皆用太牢，禮官以當界都督刺史充。」〔註 58〕《唐書‧禮樂志》中關於嶽鎮海瀆祭祀場所的記載：「嶽鎮海瀆祭於其廟。無廟則為之壇坎，廣一丈，四向為陛者，海瀆之壇也。」〔註 59〕從以上文獻能看出唐初祭祀嶽瀆之制較前朝更加明確，各嶽祭祀時間、祭祀等級、主祭人等都已確定，規制完備。同時，嶽鎮海瀆明確在其廟中致祭，無廟則設壇，或廟或壇都已明確出現，足見唐初時對山川祭祀的重視。

　　之後，中宗嗣聖五年（即武后垂拱四年，688 年）「七月丁巳，改嵩山為神嶽，封其神為天中王。太師使持節大都督。秦蕙田注曰：山川之神加以人爵封號蓋始於此。非禮之端肇之者則天也。」〔註 60〕武后萬歲通天元年（696年），「尊神嶽天中王，為神嶽天中皇帝。神龍元年（705 年），復為天中王，玄宗先天二年（713 年），封華嶽為金天王。秦蕙田注曰：古者四望山川之祭，壇而不屋，易以廟號，非古也。況復封之為王為帝，尊號頻加頻改不益惑之甚乎。」〔註 61〕武則天開啟了封山嶽為王的歷史，封嵩山之神為天中王，之後改尊嵩山神嶽天中皇帝，八年後又改封為天中王，後代學者多以此為非禮之端。同時武后之舉也破壞了「壇而不屋」的古制。武后在陪高宗封禪泰山

〔註 57〕張廷玉等著，《明史》，卷四十九，《禮三‧吉禮三‧嶽鎮海瀆山川之祀》，北京：中華書局，1974 年。
〔註 58〕馬端臨，《文獻通考》，卷八十三，《郊社考十六‧祀山川》∥秦蕙田撰，方觀承訂，《五禮通考》，卷四十七，《吉禮四十七‧四望山川》，江蘇：江蘇書局，清光緒六年刻本。
〔註 59〕歐陽修、宋祁撰，《唐書‧禮樂志》∥秦蕙田撰，方觀承訂，《五禮通考》，卷四十七，《吉禮四十七‧四望山川》，江蘇：江蘇書局，清光緒六年刻本。
〔註 60〕歐陽修、宋祁撰，《唐書‧武后本紀》∥秦蕙田撰，方觀承訂，《五禮通考》，卷四十七，《吉禮四十七‧四望山川》，江蘇：江蘇書局，清光緒六年刻本。
〔註 61〕馬端臨，《文獻通考》，卷八十三，《郊社考十六‧祀山川》∥秦蕙田撰，方觀承訂，《五禮通考》，卷四十七，《吉禮四十七‧四望山川》，江蘇：江蘇書局，清光緒六年刻本。

之後，獨自獨攬朝政，尊崇中嶽，其中的政治含義不言自明，最直接的後果使得這期間中嶽嵩山之祀混亂不經。玄宗即位第二年，即封西嶽華山為金天王，為之後的泰山封禪打下了伏筆。

唐玄宗對五嶽尊崇有加，封禪泰山，登封華嶽，同時，將五嶽各封王號，糾正了武后時對中嶽封號的混亂，是繼漢武帝之後對五嶽產生深遠影響的帝王。玄宗開元五年（717 年），「十二月戊寅，詔曰國之大事在祀神之所，……，嶽瀆等祭宜令禮官博士斟酌古今，務加虔肅，合於典禮，即詳定奏聞。」〔註 62〕說明，玄宗登基之後清楚武后對中嶽的封號不經祀典，於是命禮官參照古制重定嶽瀆祭禮，務求合於禮制。開元十三年（725 年），「十一月壬辰，詔封泰山神為天齊王，禮秩加三公一等，宜令所管，崇飾祠廟，去山十里禁樵採。」〔註 63〕這是泰山封王的開端，禮加三公一等，合於古制〔註 64〕。同時，玄宗命令當地官員崇飾祠廟，並禁樵採，這次對泰山加封王號勢必會對泰山廟進行增修，但其具體修建內容不得而知。之後的開元十六年、開元十八年、開元二十年、開元二十二年、二十三年以及二十五年，基本上每隔一年玄宗皆命有司致祭泰山〔註 65〕，並定制唐開元禮祭五嶽四鎮四海四瀆，「儀（四祭，每座籩豆各十，簠簋各二，俎二）諸嶽鎮海瀆，每年一祭，各以五郊迎氣日祭之。」〔註 66〕

〔註 62〕王欽若，《冊府元龜》，卷三十三，《帝王部·崇祭祀第二》//秦蕙田撰，方觀承訂，《五禮通考》，卷四十七，《吉禮四十七·四望山川》，江蘇：江蘇書局，清光緒六年刻本。

〔註 63〕王欽若，《冊府元龜》，卷三十三，《帝王部·崇祭祀第二》//秦蕙田撰，方觀承訂，《五禮通考》，卷四十七，《吉禮四十七·四望山川》，江蘇：江蘇書局，清光緒六年刻本。

〔註 64〕鄭玄注，《禮記》，卷三，《王制》中記載：「天子祭天下名山大川，五嶽視三公，四瀆視諸侯。諸侯祭名山大川之在其地者。」此處玄宗對泰山禮秩加三公一等，正合於古制。」

〔註 65〕秦蕙田《五禮通考》中引王欽若《冊府元龜》關於唐代嶽鎮海瀆祭祀制度：「開元十六年六月丁亥，詔曰，諸州所管名山大川，宜令當處長官設祭，務盡誠敬，以昭典禮。開元十八年正月丁巳，親迎氣於東郊，禮畢詔，凡海內五嶽四瀆諸鎮名山大川及靈跡，各令郡縣逐處設祭。開元二十年四月戊，申命有司擇日就祭五嶽四瀆。開元二十二年六月，詔曰：春來多雨，歲事有妨，朕自誠祈靈祇降福，以時開霽，迄用登成，永惟休徵，敢忘昭報，宜令高品官祭五嶽四瀆，其天下名山大川各令所在長官致祭，務盡誠潔用申精意。二十三年正月乙亥，詔五嶽四瀆名山大川，並令所在長官以禮致祭。二十五年十月戊申，禮部尚書杜暹祭東嶽。」

〔註 66〕王欽若，《冊府元龜》，卷三十三，《帝王部·崇祭祀第二》//秦蕙田撰，方觀

　　有關唐代泰山祠廟的文獻資料還有三條：開元時，「天台道士司馬承禎言，今五嶽神祠是山林之神也，非正真之神也，五嶽皆有洞府，有上清真人降任其職，山川風雨陰陽氣序是所理焉，冠冕服章佐從神仙皆有名數，請別立齋祠之所，上奇其說，因敕五嶽各置真君祠一所。」〔註67〕從此，五嶽同時在玄宗開元時各敕建真君祠一所，受道教信仰影響較大，為今後全國各地修建五嶽行祠、東嶽行宮或者東嶽廟奠定了基礎。

　　天寶十二載（753年），「二月，制五嶽四瀆及名山大川並靈跡之處，各委郡縣長官致祭，其祠宇頹毀者量事修葺。」〔註68〕而在岱廟東華門出土，現存於岱廟碑廊中的唐天寶十一年（752年）《修嶽官題名碑》正好可以證明奉敕修嶽的記載：「天寶十載（751年）八月九日，奉敕修嶽，至天寶十一載五月。……，專知修嶽官、承奉郎、行士曹參軍李從遊，……，專知修嶽林官、朝議郎、行乾封縣丞長孫峻，……，專知修神儀官、文林郎、守乾封縣主簿馬溫之，……，專知催遣木官、乾封縣尉劉文江，仕郎、……，守岱嶽令陳巨源，元置字玄之」。〔註69〕負責奉敕修理嶽廟的人員分工很詳細，有專知修嶽官、專知修嶽林官、專知修神儀官、專知催遣木官、守岱嶽令等等，說明在唐代中期泰山廟規制較前代又有所擴大，可能有嶽林、廟內有神像之設，建築數量較多，已有專門的催遣木官來負責木料的收集，所以有唐一代泰山廟不時被官府出面開展的較大規模的「量事修葺」，使得泰山廟在唐代達到一定規模。

　　唐末之後的五代時期，仍然延續著唐代以來崇祀東嶽泰山的傳統。後晉高祖天福二年（937年），「三月，詔令長吏差官點簡，如有墮損處，便委量事修葺，貴申嚴飭，以合陰功。五嶽承天，四瀆紀地，自正當陽之位，未伸望秩之儀，宜令差官徧牲告祭，兼下逐州府量事修崇，有近廟山林，仍宜禁斷樵牧。十月丙戌命使祠五嶽四瀆。天福六年（941年），詔曰：嶽鎮司方，海

承訂，《五禮通考》，卷四十七，《吉禮四十七·四望山川》，江蘇：江蘇書局，清光緒六年刻本。

〔註67〕馬端臨，《文獻通考》，卷八十三，《郊社考十六·祀山川》∥秦蕙田撰，方觀承訂，《五禮通考》，卷四十七，《吉禮四十七·四望山川》，江蘇：江蘇書局，清光緒六年刻本。

〔註68〕王欽若，《冊府元龜》，卷三十三，《帝王部·崇祭祀第二》∥秦蕙田撰，方觀承訂，《五禮通考》，卷四十七，《吉禮四十七·四望山川》，江蘇：江蘇書局，清光緒六年刻本。

〔註69〕唐天寶十一年修嶽官題名碑，現存於岱廟碑廊中。

－105－

瀆紀地，載諸祀典，咸福蒸民，將保豐穰，宜申虔敬，俾加崇飾，以奉神明，其嶽鎮海瀆廟宇等宜令各修葺，仍禁樵蘇。」〔註70〕由上可知，後晉時期在天福二年、六年兩次敕命所在州府修葺嶽瀆廟宇，量事修崇，這種維修性質的建築活動必然也發生在泰山廟，由此推測此時的泰山廟應該保持在唐代的規模之上。隨後，後周太祖廣順二年（952年），「五月親征兗州，遣翰林學士竇儀祭東嶽廟。」〔註71〕這是文獻資料中第一次出現「東嶽廟」這一稱謂，可想而知，此時東嶽廟已經成為泰山祭祀的主要場所。

根據歷代文獻記載以及古今學人的研究，泰安東嶽廟的大體完備應宋、金之間。明弘治元年《泰安州志》卷一《祠廟》中即可證明：「東嶽廟一在州城西北隅，宋大中祥符間創建，金大定間鼎砌磚城。」〔註72〕宋代祭祀東嶽泰山的禮制承唐代之制，各代帝王均重視五嶽祀典，尤其是對東嶽泰山隆崇有加，其祭祀場所東嶽廟必然增廣其規模以達精誠之意。

4.1.2.2 宋代泰山祠廟之增擴

宋太祖建隆元年（960年），「六月，平澤潞，遣官祭泰山廟。」〔註73〕《玉海》「宋朝山川祠」中記載：「本朝建隆二年（961年）七月七日，修北嶽廟，八月六日修西嶽廟。乾德四年，重制五嶽祠衣冠。」〔註74〕同時，《宋史》有載：建隆四年（963年），「詔制嶽神衣冠劍履。」〔註75〕建隆九年（971年），「命修嶽祠，以封禪創天貺殿」；明《泰山志》云，「天貺殿在嶽頂，宋真宗得天書建。學士楊億撰碑銘，殿今費，碑存。」〔註76〕表明太祖建隆年間，

〔註70〕王欽若，《冊府元龜》，卷三十三，《帝王部‧崇祭祀第二》//秦蕙田撰，方觀承訂，《五禮通考》，卷四十七，《吉禮四十七‧四望山川》，江蘇：江蘇書局，清光緒六年刻本。

〔註71〕王欽若，《冊府元龜》，卷三十三，《帝王部‧崇祭祀第二》//秦蕙田撰，方觀承訂，《五禮通考》，卷四十七，《吉禮四十七‧四望山川》，江蘇：江蘇書局，清光緒六年刻本。

〔註72〕胡瑄、李錦，《弘治泰安州志》，卷一，《祠廟》，明弘治元年刻本。

〔註73〕金棨，《光緒泰山志‧泰山志》，卷第十一，《秩祀志》，清光緒二十四年刻本重修清嘉慶刻本。

〔註74〕王應麟，《玉海》，卷一百二，//秦蕙田撰，方觀承訂，《五禮通考》，卷四十七，《吉禮四十七‧四望山川》，江蘇：江蘇書局，清光緒六年刻本。

〔註75〕脫脫等撰，《宋史》，卷一百二，《志第五十五‧禮五‧吉禮五‧嶽瀆》，北京：中華書局，1977年，頁2490。

〔註76〕汪子卿撰，周郢校證，《泰山志校證》，卷之二，《靈宇》，合肥：黃山書社，2006年，頁227。

五嶽嶽廟均有所修治，建隆二年，修北嶽廟和西嶽廟。建隆四年，重製五嶽祠衣冠劍履，表明對五嶽祠廟神像都進行了崇飾。建隆九年，命修嶽祠，此處為修整東嶽廟，應是一次維修性質的建築活動，同時提出以封禪創天貺殿，與真宗建天貺殿的史實 [註77] 以及後代文獻記載相衝突，疑為有誤。

開寶三年（970年），「廣南平，遣司農少卿李繼芳祭南海，又命李昉、盧多遜、王祐、扈蒙等分撰嶽瀆祠、及歷代帝王碑，遣韓林待詔孫崇望等分詣諸廟，書於石。」 [註78] 開寶五年（972年）「詔，自今嶽瀆並東海、南海廟，各以本縣令兼廟令，尉兼廟丞，專掌祀事，常加案視，務於蠲潔，仍籍其廟宇祭器之數，受代日交以相付本州島長吏，每月一詣廟，察舉縣近廟者，遷治所就之。」 [註79]《泰山道里記》記載：「泰安府城舊為岱嶽鎮，……，宋太宗開寶五年，詔遷治就嶽廟。」 [註80] 清道光八年《泰安縣志》：「城池：郡城舊為岱嶽鎮，宋開寶五年移築乾封城於此。」 [註81] 太祖開寶五年命嶽瀆有廟者，「各以本縣令兼廟令，尉兼廟丞，專掌祀事，常加案視，務於蠲潔」，說明此時嶽廟的日程祭祀和維護工作已經落實到地方官員具體工作中，這樣能保證「廟宇祭器之數」均受到保護；同時，太祖命「縣近廟者遷治所就之」，結合清代史料記載，泰安城遷建就近東嶽廟確實如此，足可以看出到了宋代，東嶽廟作為奉祀泰山之所對於當地城市的影響。

開寶九年（976年），「秋七月丁亥，命『修五嶽、四瀆祠廟』。」 [註82] 由上可知，這是太祖朝第二次命修五嶽嶽廟，東嶽廟可能也進行了維修，估計修整規模不大。

宋太宗淳化二年（991年），「二月秘書監李至請五郊迎氣，祭其方嶽鎮海

〔註77〕 宋大中祥符二年楊億奉敕撰《大宋天貺殿碑銘并序》中記載「天貺殿建於大中祥符元年」，明汪子卿嘉靖《泰山志》云「天貺殿在嶽頂，宋真宗得天書建」。這兩條文獻均與上述文獻中太祖建隆九年「以封禪創天貺殿」的記載相矛盾。

〔註78〕 脫脫等撰，《宋史》，卷一百二，《志第五十五·禮五·吉禮五·嶽瀆》，北京：中華書局，1977年，頁2490。

〔註79〕 馬端臨，《文獻通考》，卷八十三，《郊社考十六·祀山川》//秦蕙田撰，方觀承訂，《五禮通考》，卷四十七，《吉禮四十七·四望山川》，江蘇：江蘇書局，清光緒六年刻本。

〔註80〕 聶鈫，《光緒泰山道里記》，清光緒四年影印本中載泰安城沿革變遷。

〔註81〕 徐宗幹，《道光泰安縣志》，卷之五，《城池》，清道光八年刻版重修。

〔註82〕 脫脫等撰，《宋史·太祖本紀》//秦蕙田撰，方觀承訂，《五禮通考》，卷四十七，《吉禮四十七·四望山川》，江蘇：江蘇書局，清光緒六年刻本。

濱，北鎮於北嶽望祭。」〔註83〕《宋史·禮志》：「秘書監李至言，案五郊迎氣之日，皆祭逐方嶽鎮海瀆，自兵亂後有不在封域者，遂闕其祭，國家克復四方，間雖奉詔特祭，未著常祀，望遵舊禮，就迎氣日各祭於所隸之州長吏，以次為獻官，其後立春日祀東嶽岱山於兗州。」〔註84〕這兩條記載都說明在太宗朝，對五嶽祀典重新勘定，明確祭祀各嶽的祭祀官、祭祀日期以及祭祀地點，東嶽泰山的宋代祀典也更加明確了。

之後的真宗一朝隨著大中祥符元年的東封泰山，將東嶽泰山的奉祀推向歷史的最高潮。宋真宗大中祥符四年（1011年），「二月壬子出潼關，渡渭河，遣近臣祀西嶽，乙丑加號西嶽，五月乙未加上五嶽帝號，作奉神述，九月，向敏中等為五嶽奉冊使，冬十月戊申御朝元殿，發五嶽冊。」〔註85〕

《宋史·禮志》的記載也可印證這一歷史過程：

> 真宗封禪畢，加號泰山為仁聖天齊王，遣職方郎中沈維宗致告。又封威雄將軍為炳靈公，通泉廟為靈派侯，亭山神廟為廣禪侯，嶧山神廟為靈巖侯，各遣官致告。詔泰山四面七里禁樵採，給近山二十戶以奉神祠。社首、徂徠山並禁樵採。……（四年二月）車駕至潼關，遣官祀西嶽，及河瀆並用太牢備三獻禮，庚午親謁華陰西嶽廟，群臣陪位廟垣內外，列黃麾仗，遣官分奠廟內諸神，加號嶽神為順聖金天王。……五月乙未，加上東嶽曰天齊仁聖帝，南嶽曰司天昭聖帝，西嶽曰金天順聖帝，北嶽曰安天元聖帝，中嶽曰中天崇聖帝，命翰林禮官詳定儀注及冕服制度，崇飾神像之禮，其玉冊制如宗廟諡冊，帝自作奉神述備紀崇奉意俾撰冊文，有司設五嶽冊，使一品鹵簿及授冊黃麾仗載冊輅袞冕輿於乾元門外，……又加上五嶽帝后號。東曰淑明。南曰景明。西曰肅明。北曰靖明中曰正明。……遣官祭告詔嶽瀆四海諸廟，遇設醮除青詞外，增正神位祝文。……帝自製五嶽醮告文遣使醮告，即建壇之地，構亭立石柱刻文其上。〔註86〕

〔註83〕王應麟，《玉海》，卷一百二，//秦蕙田撰，方觀承訂，《五禮通考》，卷四十七，《吉禮四十七·四望山川》，江蘇：江蘇書局，清光緒六年刻本。

〔註84〕脫脫等撰，《宋史·太祖本紀》//秦蕙田撰，方觀承訂，《五禮通考》，卷四十七，《吉禮四十七·四望山川》，江蘇：江蘇書局，清光緒六年刻本。

〔註85〕脫脫等撰，《宋史·真宗本紀》//秦蕙田撰，方觀承訂，《五禮通考》，卷四十七，《吉禮四十七·四望山川》，江蘇：江蘇書局，清光緒六年刻本。

〔註86〕脫脫等撰，《宋史》，卷一百二，《志第五十五·禮五·吉禮五·嶽瀆》，北京：

　　以上文獻可以看出，真宗朝對於泰山的尊崇達到歷史的頂點。大中祥符元年，進行泰山封禪，封禪畢在唐代封號「天齊王」的基礎上加封泰山「仁聖天齊王」，並「詔泰山四面七里禁樵採，給近山二十戶以奉神祠」；四年，宋真宗「親謁華陰西嶽廟，群臣陪位廟垣內外」，之後即又加封五嶽帝號，東嶽泰山為「天齊仁聖帝」，命翰林禮官詳定儀注及冕服制度，崇飾神像之禮，同時又加五嶽帝后號，東嶽帝后為「淑明后」；五年，二月命晁迥等撰五嶽碑，八月命作五嶽觀，東嶽廟必增修之；六年，晁迥奉敕撰《大宋東嶽天齊仁聖帝碑》完成〔註87〕，立於東嶽廟中；七年，上親製東嶽醮告文。八年，製五嶽醮告文刊石於廟，「即建壇之地，構亭立石柱刻文其上。」東嶽廟在這段時期內崇飾神像、建壇構亭、立「御製醮告文」於廟中，可見宋真宗對於東嶽泰山的崇祀已經達到極致。

　　縱覽北宋一百多年間，有明確記載的增修東嶽廟的記錄有三：

　　第一次增修東嶽廟是在宋真宗大中祥符五年（1012 年）～六年（1013年）之間。引《岱覽》卷六宋大中祥符六年晁迥奉敕撰《大宋東嶽天齊仁聖帝碑》所載其事曰：「……，封巒之後，復增懿號曰「仁聖天齊王」。……，復思嚴飾廟貌，彰灼威靈，責大匠之職，議惟新之制。於是命使屬役，協辰□功，庇卒徒，給材用，輿雲錇，運風斤，程土物以致期，分國工而聘藝。規劃盡妙，樂勤忘勞，逾年而成，不愆於素。棟宇加宏麗之狀，像設賁端莊之容，凡所對越，肅恭逾至。四年春，舉汾陰后土之祀，……，特尊列嶽，咸加帝號。由是奉升泰山之神曰『天齊仁聖帝』。乃命馳道之東偏，直宸居之巽位，闢地經始，別建五嶽帝宮，以申崇尚之禮焉。……，遂志勒石，遍立於五嶽廟庭，從近臣之議也。是歲冬，並命使介，分詣諸嶽，……，越明年，詔五臣撰辭，各建碑於嶽廟。」〔註88〕這次修理「規劃盡妙，樂勤忘勞，逾年而成」，使得修整後的東嶽廟「棟宇加宏麗之狀，像設賁端莊之容」。但文中「別建五嶽帝宮」之語值得探討，對於東嶽廟來說，可能是擇地另建東嶽帝宮，也可能是重建東嶽廟使其達到帝宮的等級，以申崇尚之禮。從曾肇所撰《東嶽廟碑》中「天子親奉玉檢，登封降禪，禮成臨拜嶽祠，猶以為未足，

中華書局，1977 年，頁 2489。

〔註87〕晁迥、奉敕撰，《宋大中祥符六年東嶽天齊仁聖帝碑》//聶鈫，《光緒泰山道里記》，清光緒四年影印本。

〔註88〕晁迥、奉敕撰，《宋大中祥符六年東嶽天齊仁聖帝碑》//聶鈫，《光緒泰山道里記》，清光緒四年影印本。

又加天齊王以帝號，廟制祠具，與次俱升。」〔註89〕得知宋真宗在封禪泰山之後立即重修東嶽廟的原因——東嶽泰山王號升為帝號，廟制祠具與次俱升，以期達到其應有的祭祀建築等級。毋庸置疑，大中祥符五年這次東嶽廟修建活動是對原有嶽廟進行增擴，使其加封帝號後達到帝宮的崇祀之禮。

第二次是在哲宗紹聖四年（1097年）～徽宗建中靖國元年（1101年）之間對東嶽廟大規模的修繕。事見《玉海》云，「哲宗元符三年修東嶽廟，命會肇為碑，為殿三，曰嘉寧、蕃祉、儲祐矣。徽宗宣和而極盛，後災於金之大定，戊戌再災。」〔註90〕同時，在《曲阜集》中引宋人曾肇奉敕撰《東嶽廟碑》，其中詳細記錄這次修建的內容：

> 宋興百三十有八年，海內又安，符瑞畢至，哲宗皇帝推功神明，報禮上下，既作齊宮於南北郊，以追述神考，親祠天地之志，乃謂山川之神，五嶽最巨，而岱為其宗，面命守臣往視，廟貌撤而新之。詔京東路轉運司給其工費，以轉運使若判官一員護作。
>
> 先是魯人相率出財，為正殿，重門，頗極壯麗，而他殿若門、若廊制度庫隘，不足以稱。雖有囿遊而無亭觀，以待神御，乃因舊益新。南為臺門，一曰太嶽，為挾門二，曰錫符、錫羨。直太嶽為重門二。曰鎮安、靈貺。東西北為門各一。曰青陽、素景、魯瞻。中為殿三：曰嘉寧、蕃祉、儲祐、旁為殿堂二十有三、為碑樓四、後為殿亭五、以臨池籞殿曰神遊。飛觀列峙，修廊周施，總為屋七百九十有三區，繚以崇墉，表以雙闕，積工五十四萬有奇，用錢六千八百萬有奇，改作於紹聖四年六月，至今皇帝即位之明年，實建中靖國元年十月告成，前詔翰林學士臣肇為之記。〔註91〕

可以看出哲宗朝這次擴建是因舊益新，經過四年的修治使得東嶽廟的規模已有「屋七百九十有三區」〔註92〕，重門之制、中有三殿、碑樓殿亭、繚

〔註89〕曾肇撰，《曲阜集》，卷三 // 紀昀、永瑢等纂，《景印文淵閣四庫全書》，第一一○一冊，《集部》，四○，《別集類》，臺北：臺灣商務印書館股份有限公司，2008年。

〔註90〕唐仲冕，《乾隆岱覽》，卷第六，《岱廟》上，清嘉慶十二年刻本。

〔註91〕曾肇撰，《曲阜集》，卷三 // 紀昀、永瑢等纂，《景印文淵閣四庫全書》，第一一○一冊，《集部》，四○，《別集類》，臺北：臺灣商務印書館股份有限公司，2008年。

〔註92〕區、楹等皆為古時表示建築開間數目的量詞，見王貴祥等著，《中國古代建築基址規模研究·上編》，北京：中國建築工業出版社，2008年，頁163～164。

以崇墉，表以雙闕，使其形制大備。

第三次為徽宗宣和年間又一次增修東嶽廟，並於宣和四年（1123 年）修完，根據宣和六年宇文粹中所撰《重修泰嶽廟碑記》可知：

> 宣和四年九月，（1123 年），有司以泰嶽宮廟完成，奏功制詔。……念唐開元始封王爵，禮加三公一等，未足以對揚休應，遂偕五嶽咸升帝號。自是宮廟加修焉，獻加厚，……增治宮宇，隟牆外周，衆恩分冀，歸然如清都紫極，望之者知其為神靈所宅。凡為殿寢堂閣門亭庫館樓觀廊廡，合八百一十有三楹。〔註93〕

這次的擴建使得東嶽廟達到歷史上最大規模，殿寢、堂閣、門亭、庫館、樓觀、廊廡達到八百一十有三楹之多，較 22 年前的增修後的「793 區」還多出了 20 間，由此可以看出，宋徽宗繼承了先祖崇祀泰山的傳統，將東嶽廟的宮廟加修到了「神靈所宅」的宏偉宮廟。

之後，南宋高宗紹興七年（1137 年），「五月，命禮官舉嶽鎮海瀆之祀。」〔註94〕此時南宋王朝已經偏安江南，五嶽中僅有一處南嶽尚在南宋的統轄之內，其餘四嶽均在金人治下。金代雖是由少數民族立國，但在對嶽鎮海瀆的尊崇上，並不亞於中原漢族王朝。

4.1.2.3　金代岱廟之增損

金世宗大定四年（1164 年），「六月甲子，以雨足命有司祭謝嶽鎮海瀆於北郊，定祭四嶽五瀆禮。」〔註95〕《金史・禮志》也提到這一點：「大定四年，禮官言嶽鎮海瀆當以五郊迎氣日祭之，詔依典禮，以四至土旺日就本廟致祭其在他界者遙祀。立春祭東嶽於泰安州，……，其封爵並仍唐宋之舊。」〔註96〕說明金代祭祀五嶽之禮皆承唐宋之制，其封號並仍唐宋之舊。大定四年詔定四嶽五瀆禮，從側面說明在金人治下五嶽並不齊備，僅有四嶽致祭，仍在立春日祭東嶽於泰安州，對泰山的尊崇保持不變。

大定七年（1167 年），「或有言，前代都長安及汴洛，以太、華等山列為

〔註93〕唐仲冕，《乾隆岱覽》，卷第六，《岱廟下》，清嘉慶十二年刻本。

〔註94〕脫脫等撰，《宋史・高宗本紀》／秦蕙田撰，方觀承訂，《五禮通考》，卷四十七，《吉禮四十七・四望山川》，江蘇：江蘇書局，清光緒六年刻本。

〔註95〕脫脫等撰，《金史・世宗本紀》／秦蕙田撰，方觀承訂，《五禮通考》，卷四十七，《吉禮四十七・四望山川》，江蘇：江蘇書局，清光緒六年刻本。

〔註96〕脫脫等撰，《金史》，卷三十四，《志第十五・禮七》，北京：中華書局，1975年，頁 782。

五嶽。今既都燕，當別議五嶽。名時太常寺官或取嵩高疏：周都豐鎬以吳嶽為西嶽，范拱以為非，是議略曰，軒轅居上谷在恒山之西，舜居蒲阪在華山之北，以此言之未嘗據所都而改嶽祀也，後遂不改。」〔註97〕金代曾有過五嶽改祀的爭議，大定七年朝中有臣認為「今既都燕，當別議五嶽」，太常寺官以歷來「未嘗據所都而改嶽祀」，後遂不改。

大定十八年（1178年）東嶽廟發生火災，「六月三日，檢擬東嶽廟災，祭享事……，自虞舜至於成周以來，俱言望祭，不預廟之存亡也，不可謂火焚神像而廢泰山之祀，合依例差人臨時齋送祝板，前去致祭施行，蒙准呈。」〔註98〕從楊伯仁撰《大金重修東嶽廟碑》中也可看出東嶽廟這次火災的官方態度：「嶽鎮海瀆，名山大川，率命有司崇飾其廟貌，嚴寅其祀事。歲□親署，祝版遣驛，命守臣侍祠，皆首於岱宗。大定十八年，歲在戊戌春，岱廟災，雖門牆儼若，而堂室蕩然，主上聞之，震悼不已，俾治有司不戒之罪。」〔註99〕岱廟火災，使得堂室蕩然，金世宗聽說後震悼不已，治有司不戒之罪，並恭送祝版於嶽廟，隨後便開始對東嶽廟進行重建。同時，這也是歷代文獻中第一次將東嶽泰山祠廟稱為「岱廟」，後代皆相延這一稱謂。

大定二十一年（1181年），「正月十二日，奉敕旨東嶽宮，裏蓋來底，五大殿、三大門撰名。閏三月一日奏定：正殿曰仁安，皇后殿曰蕃祉，寢殿曰嘉祥，真君殿曰廣福，炳靈王殿曰咸明，外門曰配天，東門曰晨暉，西門曰圓景。大定二十二年（1182年），四月二十一日，以修蓋東嶽廟告成奏奉敕旨，令翰林侍講學士楊伯仁撰碑文。十月九日又左傳云山嶽配天取日之象取月之象，以中嶽、西嶽、北嶽重修廟宇，工畢，命待制黃久約修撰、趙攄應奉、黨懷英定撰各廟碑文。」〔註100〕可以得知，大定二十一年修廟之中，金世宗親自為岱廟五大殿、三大門命名。二十二年，東嶽廟重修工作完成，命翰林

〔註97〕王圻，《續文獻通考》//秦蕙田撰，方觀承訂，《五禮通考》，卷四十七，《吉禮四十七・四望山川》，江蘇：江蘇書局，清光緒六年刻本，此處為金大定禮官討論依新定燕都而別立五嶽，最後仍保持舊制不變。

〔註98〕張瑋，《大金集禮》，卷三十四//紀昀、永瑢等纂，《景印文淵閣四庫全書》，第一一〇一冊，《集部》，四〇，《別集類》，臺北：臺灣商務印書館股份有限公司，2008年。

〔註99〕楊伯仁，《大金重修東嶽廟碑》//唐仲冕，《乾隆岱覽》，卷第六，《岱廟下》，清嘉慶十二年刻本。

〔註100〕張瑋，《大金集禮》，卷三十四//紀昀、永瑢等纂，《景印文淵閣四庫全書》，第一一〇一冊，《集部》，四〇，《別集類》，臺北：臺灣商務印書館股份有限公司，2008年。

侍講學士楊伯仁撰碑文立於廟中。緊隨其後,金世宗又以「山嶽配天取日月之象」,同時重修中嶽、西嶽、北嶽各廟,如此一來,金國治下的四嶽嶽廟均同時得以重修。各嶽廟修造完畢之後均以岱廟之制,命官員分別撰碑以記重修之事。由此可以看出,東嶽泰山在五嶽中位於首位,且五嶽已經成為統一體系,一廟修其餘各廟皆修。有關大定年間重修岱廟的具體情形從大定二十二年楊伯仁撰《大金重修東嶽廟碑》即可得知:

> 彰德軍節度判官王元忠佐之,皆選能也。命馳驛以圖來上,入受訓誡,示之期約。且擇尚方良工偕往營之,出內帑錢以貫計者十有六萬,黃金以兩計者二百四十有六,及民之願出資呂助者幾十萬千,且運南都之材以足之,復詔其工役勿煩,吾民給以傭直,故皆悅而忘勞矣。二十一年辛丑冬告成,凡殿、寢、門、闥、亭、觀、廊、廡、齋、庫,雖仍舊制,加壯麗焉。詔謂:「格神之道,所貴致潔。」其當陽之像毋用漆塑,以涿郡白玉石為之。殿楹高敞,勿視蔽障,殿闥周□,設為儲胥,俾四方士民遠致奠獻者,皆遂其瞻禱之心,而無褻瀆之怠。廟之西南隅舊設舍館,賓客往來皆止焉,郡吏時率倡樂以娛之,……,或終夜歡嘩。詔以「神靈靜謐之宅,豈可使之污漫如此。」即其地更置廟庫,俾門禁加嚴,蓋所以崇肅敬也。〔註101〕

這次重修岱廟金世宗親發內帑錢以修之,應為敕建東嶽廟之發端。同時,世宗命令負責重修官員將重建廟圖奉上,並告其工程竣工日期,均體現了這次修廟充分得到皇帝重視,「且運南都之材以足之」,推知這次重修可能使用了金南京開封汴梁宮殿的建築構件,因此這必然是一次大規模的修建活動。待到二十一年修廟結束,雖仍舊制,加壯麗焉,「嶽廟殿廊共八百五十四間」〔註102〕,確實比宋徽宗宣和四年修完東嶽廟的規模還要宏偉壯闊,崇祀規制提高。正殿當陽之像,不用原來漆塑而以涿郡白玉石為之,使得泰山神像進一步崇高崇敬。在修廟中還取消位於廟中西南隅舍館,因其終夜歡嘩,

---

〔註101〕楊伯仁,《大金重修東嶽廟碑》//唐仲冕,《乾隆岱覽》,卷第六,《岱廟下》,清嘉慶十二年刻本。

〔註102〕「(大定)二十二年二月,兵部擬呈,嶽廟殿廊共八百五十四間,各設兵士三十人,依舊清衛指揮名稱,常穿日夜巡防,如有修造便充夫役,蒙批降。據請受錢糧招置分例,並於香火錢內支遣,餘並準行。」見張瑋,《大金集禮》,卷三十四//紀昀、永瑢等纂,《景印文淵閣四庫全書》,第一一○一冊,《集部》,四○,《別集類》,臺北:臺灣商務印書館股份有限公司,2008 年。

不敬神靈，於其地更置府庫，門禁加嚴，以崇肅靜，這些又都說明了金世宗對東嶽祠廟莊嚴肅穆的祭祀氛圍的追求，以妥嶽靈。

還有兩則筆記小說文獻，可以側面一窺金代東嶽廟的情形：南宋筆記小說《夷堅志》中《淑明殿馬》中：「完顏亮，正隆中泰安守貝實勒始到都歇，謁東嶽廟，遍禮群祠，至淑明寢殿，地有流血大驚，躬率從吏周行檢視，見後塑像一指折血淋漓弗止，……」〔註103〕說明北宋末年以及金代岱廟確有淑明後寢宮，且有塑像設置。

元好問撰《東遊略記》：「嶽祠在城中，大定十九年被焚，二十一年新廟成。又三十年，毀於貞祐之兵。今惟客省及誠享殿在耳，此殿是貯御香及御署祝版之所。」〔註104〕說明岱廟已在泰安城中，再一次確定了大定年間岱廟被焚之後重修之事，只是焚毀時間有一年的出入。之後三十多年後，即金宣宗貞祐年間（1213年後），岱廟又毀於戰亂之中。參考王貴祥先生《闕里孔廟建築修建史劄》一文，其中也提及「金宣宗貞祐二年（1214年），在山東、河北一帶有過一次大規模的蒙古兵禍，『時山東、河北諸郡失守，惟真定、清、沃、大名、東平、徐、邳、海數城僅存而已，河東州縣亦多焚毀』」〔註105〕一事，因此可以確定在貞祐二年（1214年），泰安岱廟再一次遭到嚴重的破壞。故元好問遊岱廟時，看到的應是一種兵亂焚毀後的淒涼景象，只剩下收貯御香及御署祝版的客省及誠享殿尚存，之前宋金重修的壯麗廟貌早已蕩然無存。

元至正十三年杜翶撰《東嶽別殿重修堂廡碑》中的記載可總結泰山岱廟自唐至金增擴的沿革：「岱宗有祠，實自唐始，宋大中祥符肇建今祠，大其制，一如王者居。其殿宇、門觀、長廊、迴閣，總八百一十有二楹，其內城西南隅有殿曰延禧，有堂曰誠明，繚以迴廊，別以庖湢，以待天子。行人銜王命以代祀者，至則奠香幣於殿，退齋於堂，垂思儲精，卜日涓吉，乃有事於東嶽天齊大生仁聖帝，示弗敢褻也。三百年來，嶽祠再廢再作，金季俶擾，復毀於寇，唯斯殿與堂獨存。」〔註106〕

〔註103〕洪邁撰，和卓點校，《夷堅志・甲》，卷一，北京：中華書局，2008年。
〔註104〕元好問，《東遊略記》//元好問，《遺山集》，卷三十四，清光緒十四年刻本。
〔註105〕參見王貴祥，《闕里孔廟建築修建史劄》//見清華大學建築學院，賈珺主編，《建築史（23）》，北京：清華大學出版社，2008年，頁72。
〔註106〕杜翶撰，《元至正十三年東嶽別殿重修堂廡碑》//金棨，《光緒泰山志》，清光緒二十四年刻本重修清嘉慶刻本。

　　這說明，泰山岱廟，肇自唐始，漢代泰山廟可能另在他址，宋大中祥符年間增擴廟制，使之如王者居，奠定了岱廟建築規制的基調。經過有宋一代的不斷修建，岱廟總建築規模共計八百一十多間，達到其修建歷史上的最大建築規模。之後，宋、金、元戰亂不止，嶽祠再廢再作，金季俶擾，復毀於寇，只剩下收奠香幣的延禧殿和作為齋堂的誠明堂尚存，與金人元好問所記「客省及誠享殿」稱謂不同，分析其建築功能都為收貯祭祀用品，應為相同建築，只是建築名稱不同。這樣岱廟災這數百年間的歷史沿革一目了然，宋金時期的重修活動為岱廟今後的發展延續奠定了堅實的基礎。

4.1.3　岱廟的全盛與穩定時期

4.1.3.1　元代岱廟之重修

　　元世祖於公元 1276 年滅南宋，自隋唐以來重新統一中國，其國土疆域之大為歷代之最，五嶽祭祀體系自宋金分治之後又得以恢復。同時，泰安岱廟的建設，也在元代趨於定型，並逐漸完善。考元代祭祀東嶽泰山之禮如下文獻所示：

　　元世祖中統二年（1261 年），制定元嶽鎮海瀆代祀之制：「自中統二年始，凡十有九處分五道，後乃以東嶽、東海、東鎮、北鎮為東道，中嶽、淮瀆、濟瀆、北海、南嶽、南海、南鎮為南道，北嶽、西嶽、后土、河瀆、中鎮、面海、西鎮、江瀆為西道，既而又以驛騎迂遠，復為五道道遣使二人，集賢院奏遣漢官，翰林院奏遣蒙古官，出璽書給驛以行。中統初，遣道士或副以漢官。」〔註 107〕

　　世祖至元三年（1266 年）夏四月，定歲祀嶽鎮海瀆之制：「正月東嶽鎮海瀆土旺日祀泰山於泰安州；……」〔註 108〕

　　世祖至元二十八年（1291 年），「正月，帝謂中書省臣言曰，五嶽四瀆祠事，朕宜親往，道遠不可，大臣如卿等又有國務，宜遣重臣代朕祠之。漢人選名儒及道士習祀事者，其禮物則每處歲祀。銀香盒一，重二十五兩。五嶽組金幡二，鈔五百貫；四瀆織金幡二，鈔二百五十貫，四海、五鎮，銷金幡二，鈔二百五十貫，至則守臣奉詔使行禮，皇帝登寶位，遣官致祭，降香幡

〔註 107〕宋濂，《元史》，卷七十六，《志第二十七‧祭祀五》，北京：中華書局，1976年。

〔註 108〕宋濂，《元史》，卷七十六，《志第二十七‧祭祀五》，北京：中華書局，1976年。

盒如前禮，惟各加銀五十兩，五嶽各中統鈔五百貫，四瀆四海五鎮各中統鈔二百五十貫，或他有禱禮亦如之。是年春二月加上東嶽為齊天大生仁聖帝，……」〔註109〕

元代開創了五嶽祭祀的另一種方式——遣官員或道士代替皇帝祭祀，代祀之制按照嶽瀆方位分為五路，祭品告文隆重豐厚，由此可以看出元代帝王對於五嶽的重視程度，不排除有政治方面的因素。元世祖至元二十八年（1291年），又一次加封五嶽帝號，封東嶽泰山為「齊天大生仁聖帝」，使得祭典又一次提高規格。然而岱廟建築在元代時的增修活動卻並不多見，僅見於元至正十三年杜翶撰《東嶽別殿重修堂廡碑》中的記載：

> 我世祖皇帝踐祚之七年，創構仁安殿，以妥嶽靈。其他則未遑然。歲時既深，日就摧壓，堂陛廊廡，咸非昔若。至正丁亥，歲值覃懷範君德清來提點廟祀，則曰國家為社稷生靈計，歲遣近臣代祀。……，遂疏謁諸好禮者，捐廩揮金，咸樂施弗愛。於是掄材召工，未閱歲，而殿堂廊廡燦然一新，又創新堂五楹，前軒後闥，高明虛敞，以待賓客；西為神庫，以歲天子賜物，總計若干楹。〔註110〕

說明，在元世祖即位7年後，即世祖至元三年（1266年），「創構仁安殿，以妥嶽靈」，考據明代文獻，元代創構的仁安殿應該就是岱廟正殿〔註111〕。而廟內其他建築則沒有得到修復，仍舊保持金末元初戰亂被毀時的狀態，幸存的延禧殿及誠明堂也非原貌，日漸頹廢。至正丁亥歲，即元順帝至正十三年（1352年），過了近百年才開始重修岱廟，說明岱廟建築並未因為加封泰山帝號而受到官方真正重視。至正朝的岱廟重修工作重點在修復幸存的延禧殿和誠明堂，「未閱歲，而殿堂廊廡燦然一新」，又創新堂五楹，前軒後闥，高明虛敞，以待賓客；西為神庫，以歲天子賜物，總計若干楹。經此一役，岱廟的客舍和神庫都得到增擴，其餘建築的情況不得而知，估計還是保持近百年來的破敗景象。

從原在延禧殿前，刻於元泰定鼠兒年（1324年）的《東嶽廟聖旨碑》中可看出其中端倪：「泰安州有的泰山東嶽廟住持提點通義守正淵靖大師張德璘

〔註109〕王圻，《續文獻通考》//秦蕙田撰，方觀承訂，《五禮通考》，卷四十七，《吉禮四十七·四望山川》，江蘇：江蘇書局，清光緒六年刻本。

〔註110〕唐仲冕，《乾隆岱覽》，卷第六，《岱廟下》，清嘉慶十二年刻本。

〔註111〕胡瑄、李錦，《弘治泰安州志》，明弘治元年刻本中提到：「東嶽廟一，……，中為正殿曰仁安」，依舊沿用元世祖創構仁安殿的稱謂。

先生每根底，執把行的聖旨與了也。這的每廟宇房院裏，使臣休安下者，鋪馬祗應休拿者，商稅地稅休與者，但屬他們的水土、園林、碾磨、鋪席，不揀甚麼他每的，休倚氣力奪要者。每年燒香的上頭得來的香錢對象，只教先生每收掌者。廟宇損壞了呵，修理整治者。這的每其間裏，不揀是誰，休入來休沮壞者。更這張德璘、梁道成的根底，聖旨與了也，無體例勾當行呵，他不怕那甚麼。聖旨。泰定年鼠兒年十月二十三日，大都有時分寫來。』」〔註112〕

　　由此可見，在元泰定帝泰定元年（1324 年）前後，泰山岱廟由道士提點，負責安排祭祀使臣休息，收掌每年得來的香錢對象，當廟宇損壞之時修理整治，已看不到原先宋金時期地方官府定期維護的規制，單憑道士之力來進行維護，必然是力小慎微，絕不會對整個岱廟「如王者居」的宋金遺址進行大規模修復，足見元代君主對東嶽泰山奉祀的敷衍態度，名義上加封帝號，實際上並沒有大規模的崇飾祠廟，不免有愚惑百姓之嫌。

4.1.3.2　明代岱廟之完備

　　明代開國之初，明太祖洪武二年（1369 年），朱元璋即在南京親謁嶽瀆之神，當年並派遣使者十八人恭奉香幣分祭嶽鎮海瀆：「太祖以嶽瀆諸神合祭城南，未有專祀，又享祀之所，屋而不壇，非尊神之道，禮官言，宜以嶽鎮海瀆及天下山川、城隍諸地祗合為一壇。……，皇帝躬省牲，至日服通天冠絳紗袍，詣嶽鎮海瀆，前行三獻禮，山川、城隍分獻官行禮。是年，命官十八人，祭天下嶽鎮海瀆之神帝，皮弁御奉天殿，躬署御名，以香祝授使者，百官公服送至中書省，使者奉以行黃金合貯香，黃綺幡二，白金二十五兩市祭物。」〔註113〕國（明）初，「建山川壇於天地壇之西，正殿七間祭太歲、風雲雷雨、五嶽、五鎮、四海、四瀆、鍾山之神。」〔註114〕此時，在京師南京城建山川壇於天地壇之西，正殿七間配祀五嶽，禮官認為五嶽祀典「未有專祀，且享祀之所，屋而不壇，非尊神之道，」宜以嶽鎮海瀆與天下山川合城隍諸地祗合為一壇祭祀。

　　太祖洪武三年（1370 年），朱元璋頒旨下令革去五嶽歷代封號，事見太祖

〔註112〕顧炎武撰，《山東考古錄》，清光緒八年影印本中錄有《錄元聖旨》條云：「《元史・泰定帝本紀》有即位一詔，文極鄙俚，蓋以曉其本國之人者。今嶽廟有二碑，其文亦然，可發一笑。」

〔註113〕張廷玉等，《明史》，卷四十九，《志第二十五・禮三・嶽鎮海瀆山川之祀》，北京：中華書局，1974 年，頁 1243。

〔註114〕申行時等，《大明會典》，卷八十五，北京：中華書局，1989 年。

御製《東嶽去封號碑》：

> 皇帝制曰：「磅礴東海之西，中國之東，參穹靈秀，生同天地，
> 形勢巍然。古昔帝王登之，觀滄海，察地利，以安民生。」祝曰：『泰
> 山於敬則致，於禮則宜。自唐始加神之封號，歷代相因至今。曩者
> 元君失馭，海內鼎沸，生民塗炭。予起布衣，承上天后土之命，百
> 神陰祐，削平暴亂，正位稱職，當奉天地，享鬼神，以依時統一人
> 民，法當式古。今寰宇既清，特修祀儀。因神有歷代之封號，予起
> 寒微，詳之再三，畏不敢效。蓋神與穹同始，靈鎮一方。其來不知
> 歲月幾何，神之所以靈，人莫能測；其職受命於上天后土，為人君
> 者何敢預焉。懼不敢加號，特以『東嶽泰山之神』名其名，以時祭
> 神，惟神鑒之。」〔註115〕

明太祖這條御旨是對五嶽唐宋以來加封帝王稱號的終結，僅以「東嶽泰
山之神」來祭祀泰山。這次改革的理由是太祖出身微寒，推翻元代統治，當
重新傚仿古制，以嶽靈為上天后土之職屬，不以人君來加封神靈，故革去
歷代封號，不難看出有其鼎建新朝祭禮、革除舊朝遺制的政治因素在其中的
影響。

33 年之後，明成祖永樂元年（1403 年），詔修東嶽廟〔註116〕，這是有明
一代第一次重修岱廟。其後的明代文獻如天順《明一統志》「永樂初重修」
〔註117〕、弘治《泰安州志》「國朝永樂初重為修理」〔註118〕，都印證了永樂
朝的這次重修活動，但其具體修建內容不得而知。明宣宗宣德三年（1427 年），
三月己亥東嶽泰山廟火。〔註119〕宣德朝東嶽廟發生的這次火災，估計對廟內
的建築損毀很大。

明英宗正統八年（1442 年），敕修嶽廟。引《大明會典》中記載：「正統

〔註115〕朱元璋撰，《明太祖御製東嶽去封號碑》//唐仲晃，《乾隆岱覽》，卷第六，《岱
　　　　廟下》，清嘉慶十二年刻本。
〔註116〕〔明〕汪子卿撰，周郢校證，《泰山志校證》，卷之二，《箋證》，合肥：黃山
　　　　書社，2006 年，頁 325。
〔註117〕李賢，萬安等纂修，《天順明一統志》//紀昀、永瑢等纂，《景印文淵閣四庫
　　　　全書》，第四七二冊，《史部》，二三〇，《地理類》，臺北：臺灣商務印書館股
　　　　份有限公司，2008 年。
〔註118〕胡瑄，李錦，《弘治泰安州志》，明弘治元年刻本。
〔註119〕張廷玉等，《明史》，卷四十九，《志第二十五‧禮三‧嶽鎮海瀆山川之祀》，
　　　　北京：中華書局，1974 年，頁 1243。

八年敕，凡嶽鎮海瀆祠廟，屋宇牆垣或有損壞，即命各該官司修理，合用物料酌量所在官錢內支給收買，或分派所屬殷實人戶備辦，於秋成時月起請夫匠修理。若嶽鎮海瀆廟宇焚毀不存，用工多者，布、按二司同該府官斟酌民力，量宜起蓋，仍先畫圖奏來定奪。凡修完應祀壇廟，皆選誠實之人看守，所司時加提督，遇有損壞，即依例整修，不許廢壞，仍令巡撫御史、按察司官按臨巡視。」〔註120〕之後的弘治《泰安州志》也記錄這次敕建東嶽廟的活動，「正統間奉敕重建」〔註121〕。英宗正統朝的這次敕建嶽廟，分為兩種情況來進行：若「祠廟屋宇牆垣或有損壞」的話，即命各官府於秋成時請夫匠修理；若「廟宇焚毀不存，用工多者，布政使、按察使二司同該府官斟酌民力，量宜起蓋，仍先畫圖奏來定奪」。對於岱廟來說，理應根據第二種情況來重修，15 年前宣德朝大火，可能對岱廟破壞很大，因此這是一次較大規模的重建工程，並畫圖上呈朝廷，足見其重視程度。

　　明英宗天順四年（1460 年）秋七月，岱廟又一次開始重修，經一年修理，於天順五年修廟完成，事見天順六年薛瑄撰《東嶽泰山之神廟重修碑》：

> 東嶽泰山之神，故有廟，在山之陽。朝廷有大典禮、大政務，則遣使告焉。廟屋既久，多圮漏弗治，先是守臣嘗奏請修建而未克底完。天順己卯（天順三年），泰安州復以其事達於濟南府，因以上請，詔允修葺。……復俾濟南府知府陳銓月一往以綜理焉。銓始至泰安，謂修葺嶽廟，固所以祗若朝命，致謹大神，然尤當以省民財、重民力為本。財匱民勞，事亦非可。因詢及守廟者，俱言數十年所集禮神之物甚富。遂遣人持市木之鉅細與其他修屋之不可缺者，及既合，而匠役皆在官之人，而農氓不知有役。銓既綜理有法，董役者亦用其意，不亟不徐，工日就緒。始事於天順庚辰秋七月，次年辛巳夏五月訖工，殿宇、周廊、門觀、繚垣，悉皆完備，不陋於前，不侈於後。咸願刻石，以記其事。……泰安州知州李琪修正殿；同知馮驥修鐘鼓樓、廊房；判官成誼孔希升修三門四角樓；……〔註122〕

　　這次修建東嶽廟先是在天順三年（1459 年）請旨修葺，濟南知府陳銓綜

〔註120〕申行時等，《大明會典》，卷一百八十七，廟宇，北京：中華書局，1989 年。
〔註121〕胡瑄，李錦，《弘治泰安州志》，明弘治元年刻本。
〔註122〕薛瑄撰，《明天順六年東嶽泰山之神廟重修碑》//唐仲冕，《乾隆岱覽》，卷第六，《岱廟下》，清嘉慶十二年刻本。

理修廟事物，利用十餘年間廟內所積香幣購買建造物料，於四年秋七月開工，五年夏五月竣工。修建後的效果是「殿宇、周廊、門觀、繚垣，悉皆完備，不陋於前，不侈於後」，正殿、鐘鼓樓、廊房、三門、四角樓等都分配給官員專門修理，從而使得岱廟逐漸恢復宋金時代建築規制。

明孝宗弘治十五年（1503 年），在天順重修約 43 年後，岱廟開始有明以來第四次重修工程，孝宗發內帑敕修東嶽廟，事見弘治癸亥年（弘治 16 年）《孝宗御製重修東嶽廟記》：

> 東嶽之廟，今偏於天下，其在泰山者為專祀。歷代所重，故廟之規制甲於他方，香火特盛。我祖宗列聖自國初以來，報祀惟謹，廟宇亦屢加修葺，然歷歲既久，風侵雨剝，棟宇□□，蓋瓦級磚與，夫丹□藻繪之飾，未免傾圮漫漶。宏治己未冬，敬承祖宗禮神之意，發內帑銀八千餘兩，並在廟積貯香錢，命山東鎮巡等官葺之。自壬戌冬，越明年夏，乃就。訖自三殿而下，若廊廡、若門垣等凡傾者以易，圮者以完，漫漶者以鮮以潔，金璧輝映，廟貌深嚴。〔註123〕

40 多年後，明世宗嘉靖年間岱廟災，之後重修，事見嘉靖四十二年（1562年）李欽《重修東嶽廟碑》：「時丁未年（即嘉靖 26 年，1546 年），廟災。僅存寢宮及炳靈、延禧二宮。越十五年，壬戌始興修，凡數十月告成，經費皆藉香帛。董其事者，濟南同知翟濤，岱史所具碑略如此。」〔註124〕同時，參考萬曆萬曆三十六年黃克纘《重修東嶽廟碑》中有載：「嘉靖丁未毀於回祿，猶請修廟於朝。……於是聚財鳩工，積十餘年乃復舊觀。從此小有修葺，不復請水衡錢矣」〔註125〕，從兩篇碑文中可知嘉靖 26 年，東嶽廟災，毀於回祿兵禍，這次災害的後果十分嚴重，「僅存寢宮及炳靈、延禧二宮」，即使岱廟大殿都已無存。15 年後，即嘉靖 44 年（1546 年）才開始興修岱廟，歷經十多個月完成，修廟的經費來源依然取自廟內香費，估計依然沒能修復岱廟全部受損建築。

明神宗萬曆年間，岱廟共兩次修復，一次是在萬曆 12 年（1583 年）至萬

〔註123〕朱祐樘撰，《明弘治癸亥孝宗御製重修東嶽廟記》//唐仲冕，《乾隆岱覽》，卷第六，《岱廟下》，清嘉慶十二年刻本。

〔註124〕李欽撰，《明嘉靖四十二年重修東嶽廟碑》//唐仲冕，《乾隆岱覽》，卷第六，《岱廟下》，清嘉慶十二年刻本。

〔註125〕黃克纘撰，《明萬曆三十六年重修東嶽廟碑》//唐仲冕，《乾隆岱覽》，卷第六，《岱廟下》，清嘉慶十二年刻本。

曆 13 年，「萬曆甲申，廟漸圮，於是左參政屠公請於兩院，得可，委濟南府通判張世臣董工作之役，泰安州吏目蘇天壽佐之，余至督視，益勤閱。乙酉（即萬曆 13 年，1584 年）秋八月告成，凡費金九百餘，不動民財，不勞民力，而大工就緒」〔註 126〕。而另一次修繕岱廟則在萬曆 33 年（1604 年）至萬曆 35 年，「適廟貌年久不葺，將至大壞，所需四千九百五十餘金，有司不能辦也。……爰命泰安州同知賀本昌、臨朐縣丞吳復金，專董其役，採石山麓，市木河濱，設埏陶覽，計直召佣，凡垣牆棟宇之圮者、頹者、蠹而折者、穿且漏者，悉易而新之。計所繕治為正殿者一、為宮者三、為小殿者二、為樓者七、為亭者二、為門者十一、為城者百堞，以及齋房、步櫚、神祠、客舍罔不修飾，金璧耀日，舳稜拂雲而廟貌煥然改觀焉。經始於乙巳十月，落成於丁未十二月。厥費頗巨，不可不記其始末。」〔註 127〕萬曆 33 年的這次修復無疑是明代歷次重修岱廟中最徹底的一次，正殿重新繕治，城牆、宮屋等其餘建築都得到重修，廟貌隨之煥然而改觀。有明一代，岱廟自永樂元年共經歷了七次修復，「嶽廟特仍其舊，時遣祠官致祭，壞則新之」〔註 128〕，至萬曆朝最後一次大修，岱廟建築形制大為完備。

　　明代的歷次重修工程，不僅修治了正殿、廊廡、牆闕等重要建築，還完善了岱廟中其他附屬建築，如萬曆十四年重修環詠亭，「按臺侍御毛□允行後項呈議，委濟南府通判桑東陽仍其舊址，復構亭宇，將韓、范、歐陽諸公姓名、手筆拂拭而維新之，先賢數百年遺跡，蓋重光焉，足以昭示將來，俾知所仰止云」〔註 129〕；抑或嘉、萬時期創構遙參亭，嘉靖 34 年《泰山志》中載「廟前有亭，曰遙參亭，前為遙參門，門之前為御街，宋東封警蹕之地，而實為廟之第一門也。舊榜曰草參門。門中有臺，臺再成，臺上有亭，亭重簷四面，十有六角，峻嶒綺麗。前榜曰「岱宗」，盛中丞秋林書，為嶽榜諸書之最。在昔有事於嶽者，先拜於亭而後入廟，故曰草參。今有司遇當祝釐於廟，罷則儀從由亭門而出，尤古之制也。亭今列屏鑒，方圓各一，高六尺許。鑒

〔註 126〕徐天贈撰，《明萬曆甲申重修岱廟紀略》//唐仲冕，《乾隆岱覽》，卷第六，《岱廟下》，清嘉慶十二年刻本。

〔註 127〕黃克纘撰，《明萬曆三十六年重修東嶽廟碑》//唐仲冕，《乾隆岱覽》，卷第六，《岱廟下》，清嘉慶十二年刻本。

〔註 128〕黃克纘撰，《明萬曆三十六年重修東嶽廟碑》//唐仲冕，《乾隆岱覽》，卷第六，《岱廟下》，清嘉慶十二年刻本。

〔註 129〕查志隆，《萬曆岱史》，明萬曆刻本。

前雕座置元君像，四方來謁頂廟者，亦先拜焉，故又曰遙參亭云」〔註130〕，另引清咸豐八年《重修遙參亭碑記》所載「遙參亭者，本與岱廟相連。唐宋以前名曰遙參門，凡有事於嶽者，必先於此瞻拜而後入，實岱廟中央之門戶也。前明因其規模狹隘，發帑興修，復加恢廓，奉元君像其中，始與廟隔。」〔註131〕，從而使得岱廟的建築形制更加完備，為之後的清代皇帝祈祀、駐蹕等活動奠定了基礎。

4.1.3.3　清代岱廟之定型

明清更替之後，有清一代祭祀泰山的祀典變得更加隆重，康熙、雍正、乾隆三朝均對岱廟進行多次修復，使得岱廟的建築規模和形制都達到最終的完備。康乾盛世，是封建時期的中國的一次發展盛世，亦是岱廟最後一個建設高潮時期。

同時，岱廟在這個時期的修建活動也與康、乾二帝頻繁南巡順路禮祀泰山、駐蹕岱廟有一定的關係。成書於乾隆五十八年的《岱覽》中概述了康、雍、乾三朝的岱廟修治活動：

> 我（清）朝康熙六年、十七年皆修治之，至雍正七年己酉，命內務府郎中丁皂保、赫達塞發帑督修，並及盤道等工，越九年辛亥乃竣。乾隆三十五年庚寅，頒帑十有九萬四千有奇，工部侍郎劉浩董其事役，不煩民而製臻，大壯儼然仙闕帝庭哉。〔註132〕

成書於乾隆五十五年《泰山述記》也可證明這期間的重修活動：

> 國朝康熙六年重修，神稱仍明之舊。康熙間，布政使施天裔重修，增飾壯麗，迥異前軌。雍正八年，奉旨重修。乾隆三十五年，發帑興修，廟貌益巍然矣。〔註133〕

由上可知，岱廟在康、雍、乾三朝大的重修活動有四：即康熙六年、康熙十七年、雍正七年、乾隆三十五年四次大修。其中明確可知，雍正、乾隆兩朝均為內府敕修的性質，前者由內務府派員督工興修，越兩年完成；後者則由乾隆頒巨額內帑由工部侍郎董其役，使得修後的岱廟「大壯儼然仙闕帝

〔註130〕汪子卿，《嘉靖泰山志》，明嘉靖三十三年刻本。

〔註131〕來秀撰，《清咸豐八年重修遙參亭碑記》// 唐仲冕，《乾隆岱覽》，卷第六，《岱廟下》，清嘉慶十二年刻本。

〔註132〕唐仲冕，《乾隆岱覽》，卷第六，《岱廟》上，清嘉慶十二年刻本。

〔註133〕宋思仁，《乾隆泰山述記》，清乾隆五十五年刻本。

庭」，足見其規模之雄偉壯麗，今之岱廟現存的形制與規模，應是這一時期重修之後確定下來的。

其中，康熙六年（1667 年）的岱廟大修活動可從朱彝尊所撰《重修泰安州東嶽修碑》中清楚其修建始末：

> 皇帝踐位之六年，躬攬大政告於海內名川，爰命秘書院學士宛平劉公修岱宗之祀，使旋尋奉命撫，東土既至，檄知州事林君修治，於是三司以下靡不率錢為助。採大木於江淮，由運河輦於廟，明年竣事，城之雉堞，殿之垣墉，戶之杖樞，土者為臺，木者為榭，鼓鐘之樓，齋福之所，奈窖窔楄、瓶甒罘罳，莫不畢治，穹碑斷碣，踣者復立，鬼物青紅，夾門左右，州之男女，遠方之人咸來觀覽，小大稽首，爰礱貞石，以書歲月。……，新門有伉，四阿重屋，亦有寢宮陳其牲玉，有蒼者壁，帝脝其容。……〔註134〕

這次重修工程由敕命秘書院學士監修，泰安知州主修，工程持續一年，一掃明末清初之際因戰亂、人禍〔註135〕導致岱廟荒蕪破敗的頹勢。

然而，就在這次修繕工程竣工的康熙七年（1668 年）六月，泰安發生大地震〔註136〕，剛剛修好的岱廟又一次遭遇極大地破壞，「彼時，周圍垣牆俱已攤（坍）塌，惟前面城上僅存五鳳樓三座。後載門一座，止存樑柱。東華門、西華門並城上門樓、四角樓僅存基址。大殿琉璃脊獸、瓦片、上層下層周圍橡板俱已毀壞，牆根俱已碎塌，檁枋俱壞大半，惟樑柱可用。後寢宮三座、鐘鼓樓、御碑樓、仁安門、配天門、三靈侯殿、太尉殿十一處，瓦片、牆垣俱已攤（坍）塌，橡板俱已殘毀，其樑柱檁枋堪用者十分之三。廊房百間，止有二十三間僅存樑柱，其餘七十七間僅存基址。炳靈宮一座，大門一座，

〔註134〕唐仲冕，《乾隆岱覽》，卷第六，《岱廟》上，清嘉慶十二年刻本。

〔註135〕施天裔撰，《清康熙十七年重修東嶽廟碑》//唐仲冕，《乾隆岱覽》，卷第六，《岱廟下》，清嘉慶十二年刻本中記「明之季，兵饑薦臻，四方祈報，由辟之氓，不至於是，崇宮□閣，縈於榛莽。風雨之所摧，鳥鼠之所竄，榱桷涅腐，丹碧渝敗，傾圮穢雜，實為神羞，守土者為所以更新之而不能也。」由此說明，明清交替之際，明朝已無暇管理岱廟廟祀，使其破敗不堪。

〔註136〕任弘烈，鄒文郁續修，康熙泰安州志，卷一，清康熙十年刻本中有載「康熙七年六月，……，泰安州十七日戌時忽有白氣衝起，天鼓忽鳴，地隨大震，聲如雷鳴，音如風吼，隱隱有戈甲之聲，或自東南震起，或自西北震起，勢若掀翻，樹皆仆地，食時方止。城垣房屋塌坍大半，城市鄉村人皆露處。……泰山頂廟鐘鼓皆自鳴有聲……。」說明這次泰安州地震強度很大，城內房屋坍塌大半，岱廟也不得幸免。

延禧殿一座，大門一座，僅存基址。經堂五間俱已塌壞。」〔註137〕，由此可見，岱廟在震後基本上損毀殆盡，一片殘垣敗瓦的景象比之前更甚。

震後，泰安地方官府積極重修岱廟，歷經十年，完成了岱廟歷史上規模最大的一次重修。時任山東左布政使的施天裔主持重修岱廟，從其撰寫的《重修東嶽廟碑》可知修建詳請：

> 天裔切念管繕之役，宜以時舉，以告撫君，以諏同列，僉曰可。武舉張子所存有智計，可任，進而俾之。量力程工，劑多寡，定期會，歲有所營，月有所構，以底於成。自殿、廡、齋、寢、門、塾、堂、□以至垣堞、樓觀，□為更新，迨夫榜題、銘刻、庭植之屬，咸釐整滌濯，俯仰瞻顧，耳目為易。……是役也，始於康熙戊申年（康熙七年，1668年）春二月，告成於康熙丁巳年（康熙十六年）夏五月。其出教倡始及捐俸贊成諸公，俱刻於後。〔註138〕

在這次大規模的重修岱廟工程中，「門前創建玲瓏石碑坊一座」〔註139〕，並且於康熙十五年重修遙參亭。〔註140〕另據《欽定大清會典則例》上記載：「康熙二十三年，詔直隸各省修理文廟銀照舊存留，以供修葺其五嶽五鎮四海四瀆，廟宇傾頹者，令該地方官修理以昭誠敬。二十八年，奉旨泰山祠宇，舊有儲備修葺工銀嗣後，著每歲分給東嶽廟、岱頂祠各二百兩，令守祠廟祝時加修葺，仍令山東巡撫稽察，毋使有司剋扣虛冒。三十四年諭，凡五嶽五鎮四海四瀆神廟有傾頹者，該地方官估計價直具奏修葺欽此。四十二年詔修嶽鎮海瀆廟宇如前諭。」〔註141〕說明康熙十七年岱廟大修之後，陸續又有幾次同時詔修各嶽廟的維修工程，在康熙二十八年，敕令每年分給岱廟二百兩以供修葺。之後，康熙五十三年，經上次大修36年後，岱廟「迨歲月既，丹臒漫漶，金璧剝落，棟宇傾頹，牆垣毀圮甚非」，於是山東各級官員捐資又一次重修岱廟，「乃命泰安州牧張五福，鳩工庀材，若殿、若宇、若堂、若廡、若舍、若僚、木者、石者、陶者、鈣者、丹堊而髹者，百度咸集，可仍仍之，

〔註137〕張所存撰，《康熙十七年重修岱廟履歷記事》//唐仲冕，《乾隆岱覽》，卷第六，《岱廟下》，清嘉慶十二年刻本。

〔註138〕施天裔撰，清康熙十七年重修東嶽廟碑》//唐仲冕，《乾隆岱覽》，卷第六，《岱廟下》，清嘉慶十二年刻本。

〔註139〕張所存撰，《康熙十七年重修岱廟履歷記事》//唐仲冕，《乾隆岱覽》，卷第六，《岱廟下》，清嘉慶十二年刻本。

〔註140〕朱麟兆撰，《康熙十五年重修遙參亭碑》，碑現存於岱廟遙參亭前。

〔註141〕允祹纂修，《欽定大清會典則例》，卷一百二十六，清二十七年刻本。

否則易之，甚者撤而增之。經始於五十一年十月，畢工於五十二年三月，至頂莫不煥然一新，計工費所需共捐俸銀四千三百八十兩零。」〔註142〕至此，岱廟在康熙朝已歷經三次大修，中間若干次小規模修葺，廟貌壯麗。

到了雍正朝，先於雍正二年御賜岱廟匾額〔註143〕，後於雍正七年（1729年）發內帑敕修岱廟，事見於雍正九年《重修泰安州神廟諭旨碑》：

> 東嶽泰山之神，歷代崇祀，……，其廟宇重修於康熙十六年，距今五十餘年矣。茲據署巡撫費金吾奏稱，廟宇盤路有傾圮頹□之□，□加繕葺，盤路亦當修整。著發內帑銀兩，命內務府郎中丁皂保、赫達塞前往督工，敬謹修理。務使廟貌輝煌，工程堅固，速行告竣，以副朕為民報享之至意，特諭。雍正九年歲次辛亥十月孟冬吉旦。〔註144〕

可見，雍正七年這次修繕泰山神廟的工程，山上山下廟宇盡皆修理，歷經兩年完成，使得岱廟「廟貌輝煌、工程堅固」。

乾隆三十五年，岱廟又一次迎來大的維修活動，適逢「歲庚寅（乾隆）為朕六十慶辰，至辛卯（乾隆）恭逢聖母皇太后八旬萬壽，……，將作擴而新之。其歲月詳嶽頂記中，以是廟為太常宿縣之所。」〔註145〕具體重修過程可見監督修廟的內務府大臣劉浩撰於乾隆三十六年《重修碑文》：

> 乾隆三十三年夏四月，額駙馬福隆安奉旨進香，回奏山頂各廟傾圮頹落，特命臣劉浩前往會同撫臣，詳細勘祐興修。臣浩星赴東省，會同撫臣富尼漢登岱，相度山頂，碧霞宮並乾坤亭七處碑碣扁對，下及岱廟與廟前之遙參亭歲久悉露頹形，均蒙敕修，敬謹入奏。
>
> 乾隆三十四年春，臣浩面奉溫綸，秉虔赴泰，會同撫臣富明安，庀材鳩工，則吉興作，敬慎經營，共期仰副。聖天子崇重泰嶽神祇

〔註142〕蔣陳錫撰，《康熙五十三年重修嶽廟碑記》// 唐仲冕，《乾隆岱覽》，卷第六，《岱廟下》，清嘉慶十二年刻本。

〔註143〕清世宗撰，《世宗憲皇帝朱批諭旨》，卷二十四上中記載了清雍正二年御賜泰山廟匾額的經過，「雍正二年五月二十六日，山東巡撫臣陳世倌謹奏，為恭報領奉御書匾額事。本年五月十七日臣在濟寧州地方家人齎捧御書泰山廟、碧霞元君，匾額二幅到。臣隨恭設香案，叩頭祇領，即送至濟南精選良工，敬謹鐫製俟鐫製工竣。臣親詣泰山，齋沐恭懸，另行繕本，奏報合先具摺。」

〔註144〕清世宗撰，《雍正九年重修泰安州神廟諭旨碑》// 唐仲冕，《乾隆岱覽》，卷第六，《岱廟下》，清嘉慶十二年刻本。

〔註145〕清高宗撰，《乾隆三十五年御製重修岱廟碑記》// 唐仲冕，《乾隆岱覽》，卷第六，《岱廟下》，清嘉慶十二年刻本。

之至，意距乾隆三十五年殆幾兩載，凡神像大殿以及各殿宇、廊廡、門垣全行拆倒，新修次第，具舉丹腹藻繪，輪奐一新，茲庚寅歲冬月之吉，大工告成。仰見廟貌，巍巍聿新孔固。而山頂碧霞宮諸殿亭，悉皆翬飛於雲表，迤邐於峰迴疊翠之中。明歲鑾駱經臨，躬親殷薦，行見我皇上特舉崇祀之盛典，廣為庶兆之鴻恩，猗歟盛矣。臣等共相核計統用帑銀十九萬四千有奇，將以工竣會，奏告成。實屬萬世無疆之休用。謹拜手颺言，述修岱廟始末如右，而岱頂碧霞宮等八處，亦俱附著於斯云。〔註 146〕

此次維修工程，「凡神像大殿以及各殿宇、廊廡、門垣全行拆倒，新修次第，具舉丹腹藻繪，輪奐一新」，足見此次重修規模之大，誠意之精，今之岱廟所存建築多是這次重修之後所遺之物。

康乾兩朝，皇帝南巡途中多次駐蹕岱廟，地方官員修建行宮、駐蹕亭等來滿足皇帝宮室暫居所需之用。據清乾隆《欽定南巡盛典》：

岱廟在泰安府治之西。雍正七年敕修，極為閎麗。西偏有環詠亭，歷代題詠甚富，東有漢柏，黛色霜皮，亭亭矗立。乾隆三十五年遵旨重修。丕增式廓。御製碑文，奎章炳耀。撫臣復於此恭構行殿數楹，皇上省方秩祀胥，於是乎憩適焉。〔註 147〕

之後，岱廟的維修工程就是小規模進行的：「嘉慶十九年奉敕修理正殿。〔註 148〕咸豐八年重修遙參亭，凡有正殿、配殿以及廓、廡、庭、除，罔不修飾整齊，遂使氣象焜耀，煥然改觀焉。是工始於丁巳十二月，落成於戊午春三月。」〔註 149〕光緒七年，泰安知府曹澍修岱廟遙參亭前雙龍池。〔註 150〕因此可知，從現存岱廟遺構來看，乾隆朝之後的幾次修繕僅僅是局部的維修，沒有大規模的改建工程，更沒有觸及既有的廟殿規制，因此，現存岱廟仍然保持著乾隆三十五年重修後的基本格局與面貌。

〔註146〕劉浩撰，《於乾隆三十六年重修碑文》//唐仲冕，《乾隆岱覽》，卷第六，《岱廟下》，清嘉慶十二年刻本。

〔註147〕高晉、薩載、阿桂等纂修，《欽定南巡盛典》，卷八十三 // 紀昀、永瑢等纂，《景印文淵閣四庫全書》，第六五九冊，《史部》，四一七，《政書類》，臺北：臺灣商務印書館股份有限公司，2008年。

〔註148〕徐宗幹，《道光泰安縣志》，清道光八年刻版重修。

〔註149〕來秀撰，《清咸豐八年重修遙參亭碑記》//唐仲冕，《乾隆岱覽》，卷第六，《岱廟下》，清嘉慶十二年刻本。

〔註150〕曹澍澄撰，《光緒七年雙龍池記碑》，被現存於遙參亭前雙龍池前側。

圖 4.3　清嘉慶時代岱廟建築布局圖

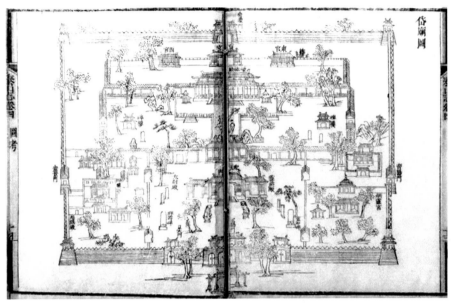

（圖片來源：清嘉慶《泰山志》）

4.1.4　小結

綜上所述，依據歷史文獻和歷代學者的研究考證，可以基本明確山東泰安岱廟的修建歷史脈絡，即東嶽泰山廟始建於兩漢，增擴於南北朝，唐武后或開元間始移至今址，延至宋真宗東封泰山，升嶽神為帝，至此宋金時期形制大備，並於金代始稱「岱廟」，最後於元、明、清三代定型，隨著達到整個建築群發展的最高潮，現存岱廟為清代歷次大修後的遺存。

4.2　南嶽廟的歷史沿革

南嶽廟位於「衡山赤帝峰麓，南嶽古鎮北端，為中國五嶽嶽廟之一。廟坐北朝南，佔地面積約 12 萬平方米，建築面積約 3.2 萬平方米，其中古建築面積約為 1.25 平方米。」[註151] 歷史上的南嶽廟也曾叫過「司天霍王廟」[註152]、「南嶽衡山祠」[註153] 等，數千年來都是官方祭祀和百姓上香朝聖的

〔註151〕湖南省南嶽管理局，《南嶽衡山文化遺產調研文集（內部資料）》，衡陽，2008年，頁 80。
〔註152〕李沖昭，《南嶽小錄》，唐咸通撰，司天霍王廟，在嶽觀前，唐初建。
〔註153〕《唐書‧地理志》：衡山縣有南嶽衡山祠。

壇廟所在，為「我國南方現存規模最大、保存最完整的古建築群。」〔註154〕

圖 4.4　南嶽廟衛星鳥瞰圖

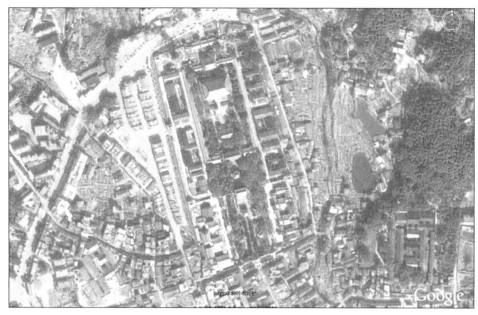

（圖片來源：Google Earth 衛星圖片）

　　關於衡山南嶽廟歷史沿革的研究，已有相關單位和多位學者做過相關研究，具有代表性的成果包括：湖南省南嶽管理局的《南嶽衡山文化遺產調研文集》〔註155〕、郭黛姮先生的《中國古代建築史（第三卷）宋、遼、金、西夏建築》〔註156〕、張齊政先生的《南嶽寺廟建築與寺廟文化》〔註157〕、曹春平先生的《中國古代禮制建築研究》〔註158〕。筆者試圖將目前所能收集到的有關南嶽衡山及南嶽廟的文獻資料匯總起來，將其歷史沿革的脈絡一一梳理。

〔註154〕湖南省南嶽管理局，《南嶽衡山文化遺產調研文集（內部資料）》，衡陽，2008年，頁80。

〔註155〕湖南省南嶽管理局，《南嶽衡山文化遺產調研文集（內部資料）》，衡陽，2008年，頁80。

〔註156〕郭黛姮，《中國古代建築史（第三卷）》宋遼金西夏建築，北京：中國建築工業出版社，2003年，頁152～153。

〔註157〕張齊政，《南嶽寺廟建築與寺廟文化》，廣州：花城出版社，1999年。

〔註158〕曹春平，《中國古代禮制建築研究》（博士學位論文），南京：東南大學建築學院，1995年。

圖 4.5　南嶽廟現狀鳥瞰圖一

（圖片來源：湖南省南嶽管理局《南嶽衡山文化遺產調研文集》）

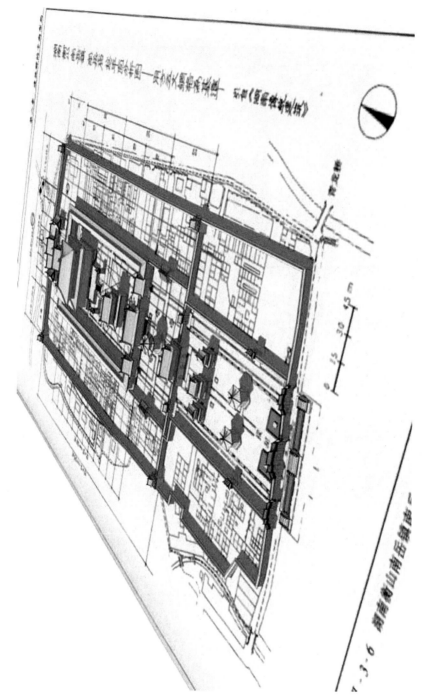

圖 4.6　南嶽廟現狀鳥瞰圖二

（圖片來源：筆者自繪；底圖：傅熹年《中國古代城市規劃、建築群布局及建築設計方法研究》）

4.2.1　南嶽廟的創建與發展時期

南嶽有祀，始於有虞氏。清光緒《重修南嶽志》有載：「唐虞，五載一巡狩，柴望秩於山川，為壇邪？為廟邪？不可得而詳矣。後世禮嚴廟饗，迄未知建自何年？」〔註159〕而南嶽廟建自何時，創始階段廟制如何，建在哪裏均不得而知。

所幸五嶽自古以來致祀不斷，歷來為文人學者重視其濫觴淵源，因此史料浩瀚，眾說紛紜，遍查目前收集到的文獻資料，關於南嶽廟的創建時間說法有二：

晉代建廟說：

清人李鳳枝在其《重修嶽廟記》中有記：「衡州府之為衡，由衡嶽得名也。衡嶽祠宇，或云創始於晉，古蹟湮沒不可復考。」〔註160〕李鳳枝推測南嶽衡山祠廟，可能始創於晉，但是遺址無存，可信度不大。

隋代建廟說：

大多數學者及地方志編纂官員均認同此說〔註161〕，《南嶽記》：「漢書郊祀志云，祀南嶽於潛山，後遂以潛為南嶽，隋文帝復移於今所；」〔註162〕宋陳田夫撰《南嶽總勝集》中《敘嶽祠》中記載：「廟貌本在祝融峰上，隋氏遷下，便於祭祀。卜古太真觀而建，今據祝融峰上之左基址存焉。」〔註163〕以上均說明，南嶽廟原在祝融峰頂，隋文帝將廟有山上遷於山下，利用古太真觀的基址改建為嶽廟，便於山下望祀衡山，同時祝融峰頂舊廟依然保留。

《元和郡縣志》中也記載了南嶽祠廟早期情形：「南嶽宮，四面皆絕，人獸莫至，漢武帝移於江北霍山，隋文帝復移於今所」，這裡所提到的南嶽宮應為創始時期的南嶽廟，位於四面峭壁的峰頂，人跡罕至。

同時，山下立廟祭祀也更符合隋代禮制祭祀嶽瀆的要求，文帝「開皇十四年閏十月，詔東鎮沂山、南鎮會稽山、北鎮醫無閭山（山遠則遙祀）、冀州鎮霍山，並就山立祠」。〔註164〕嶽鎮海瀆均屬山川之神統一的祭祀體系，其設

〔註159〕李元度，《重修南嶽志》，清光緒刻本。
〔註160〕李鳳枝，《重修嶽廟記》//李元度，《重修南嶽志》，卷六，《祠廟》，清光緒刻本。
〔註161〕李沖昭撰，《唐咸通南嶽小錄》，陳田夫撰，《宋南嶽總勝集》，《光緒湖廣通志》，《光緒重修南嶽志》等均有此說。
〔註162〕李元度，《重修南嶽志》，清光緒刻本。
〔註163〕陳田夫撰，《宋南嶽總勝集》。
〔註164〕魏徵、長孫無忌等撰，《隋書·禮儀志》//秦蕙田撰，方觀承訂，《五禮通考》，卷四十七，《吉禮四十七·四望山川》，江蘇：江蘇書局，清光緒六年刻本。

廟祭祀的特點應基本一致。

唐初，「建司天霍王廟，開元十三年，建南嶽真君祠」〔註165〕。唐咸通李沖昭所撰《南嶽小錄》中詳細記載了隋唐時期的南嶽祠廟情況：

> 司天霍王廟，在嶽觀前，去觀百餘步，今以南方屬火，配神曰祝融，玄宗封為司天王，以配夏享。有廟令司人，本廟在祝融峰上，隋代還移，廢華藪觀而建立，今祝融峰頂有石廟基存焉。

> 真君廟，在嶽觀之東五十餘步，本與司天王同廟各殿，開元中，司馬天師上言：五嶽洞天，各有上真所治，不可以皿□之神同享零祀，既協聖旨，爰創清廟是嶽也。啟夏之際，潔齋致醮，兼度道士五人長備焚修灑掃。……

> 衡嶽觀，在華蓋峰下。案舊碑：晉太康八年，徐真人靈期、鄧真人郁之建置；梁天監三年，周真人靜真，再加弘葺；武帝賜三百戶莊田充基業；至隋大業八年，詔請蔡天師法濤、李天師法超在觀焚修，興行教法，其衡州府庫田疇雜物，並賜觀資用；……〔註166〕

這段記載中，可知此時華蓋峰下，即衡嶽山腳下已有三座南嶽祠宇，即唐初始建的司天霍王廟、玄宗時應天台道士司馬承禎之請敕命五嶽皆建的真君祠〔註167〕，以及晉人便於華蓋峰下始建的道觀──衡嶽觀。

文中司天霍王廟和南嶽真君祠均以衡嶽觀為座標原點，相距不遠，司天霍王廟為本在祝融峰頂的舊廟遷建而來，依前面材料分析，「該廟依據古太貞觀基址而建，玄宗開元年間封南嶽神為司天王」〔註168〕，其廟必然於舊址增擴，即為現存南嶽廟廟址所在，不再變遷。而後建的真君祠原本是司天霍王廟中另外一殿，後遷出擴建，自成一區，形象地說明了隋唐時期南嶽祭祀備

〔註165〕李瀚章，曾國荃等，《光緒湖南通志》，清光緒十一年刻本中記載：唐初建司天霍王廟。

〔註166〕李沖昭撰，《唐咸通南嶽小錄》，南京：江蘇古籍出版社，2000年。

〔註167〕王欽若，《冊府元龜》，卷五十三，《帝王部》，尚黃老：玄宗開元十九年正月壬戌，置五嶽真君祠廟各於嶽下，選德行道士數人焚香灑掃焉。初司馬承禎隱於天台，微至京師，承禎因上言，五嶽神祇皆是山林之神，非真正之神也。五嶽皆洞府，各有上清真人降任其職，山川風雨陰陽氣序是所理焉，冠冕章服佐從神仙皆有名數，請立齋祠之所，帝從其言。因敕五嶽各置真君祠一所，其形象、制度，皆令承禎推按道經創意為之。

〔註168〕劉昫，《舊唐書·玄宗本紀》，北京：中華書局，1975年：天寶五載春，正月封中嶽為中天王，南嶽為司天王，北嶽為安天王，天下山水名稱或同義且不經，多因於里諺，宜令所司，各據圖籍改定。

受隆崇，祠宇不斷增多，其影響力在不斷擴大，為後世的發展奠定了基礎。

4.2.2　南嶽廟的全盛與穩定時期

　　宋代是南嶽廟進入全盛時期的時代，有宋一代，是中國禮制建築發展的鼎盛時期之一〔註169〕，宋太祖、太宗、真宗，重修各種儀禮制度，頻繁地過往祭祀、醮告，在真宗朝達到高潮，封禪泰山、祭祀后土、親謁西嶽廟、用事嵩山，定祀南嶽衡山，南嶽廟達到了極大的增擴。

　　宋建隆四年，太祖「遣給事中李昉致祭。建隆六年，始定南嶽常祀。」〔註170〕開國之初即遣官祭祀南嶽，之後明確南嶽祭祀定在湖南衡山，了卻千年南嶽之爭。不久之後，宋太祖即於開寶九年七月，詔修南嶽廟〔註171〕，嶽廟得到大的修復。

　　宋真宗大中祥符四年，「命工部侍郎薛映、給事中錢惟齋玉冊，加封司天昭聖帝，後以景明后配祀。」〔註172〕大中祥符五年，「建南嶽後殿，仗衛齊整，繪畫尤精並於南嶽大殿後建後殿」。〔註173〕於是南嶽衡山之神，由王升為帝，其地位無以復加。其建築形制也就「仿擬辰宮」，〔註174〕達到南嶽廟發展的高潮。

　　宋人陳田夫撰寫的《南嶽總勝集》中的《敘嶽祠》記載：「嶽廟，在紫蓋峰南，下喜陽峰之西，集賢峰之東，吐霧面其南，軫宿距其北。周圍二三里，約八百餘間，千杉翠擁，萬瓦煙生。一水三期，群峰四合。靈壽潤水，九湍三疊，下注烏石，繞赤帝峰分支東流」。〔註175〕可以看出宋時南嶽廟的恢弘壯麗，其建築規模已經達到八百多間，與此時的東嶽泰山岱廟基本上一致，同樣達到帝宮的規格。

〔註169〕郭黛姮，《中國古代建築史（第三卷）》宋遼金西夏建築，北京：中國建築工業出版社，2003 年，頁 131。

〔註170〕李瀚章、曾國荃等，《光緒湖南通志》，卷七十三，《典禮三‧祀典二》，清光緒十一年刻本。

〔註171〕馬端臨，《文獻通考》，卷八十三，《郊社考十六‧祀山川》//秦蕙田撰，方觀承訂，《五禮通考》，卷四十七，《吉禮四十七‧四望山川》，江蘇：江蘇書局，清光緒六年刻本。

〔註172〕脫脫等撰，《宋史》，卷一百二，《志第五十五‧禮五‧吉禮五‧嶽瀆》，北京：中華書局，1977 年，頁 2489。

〔註173〕李元度，《重修南嶽志》，清光緒刻本。

〔註174〕劉熙，《衡山縣志》，卷三，《祠廟》，明弘治刻本。

〔註175〕陳田夫，《宋南嶽總勝集》，清光緒三十三年刻本。

宋金對峙時期，南宋偏安江南，「紹興七年岱、華、嵩、恒皆陷於金」，〔註176〕五嶽嶽廟之中唯一只有南嶽廟尚在漢人手中，彌足珍貴。紹興二十五年，廟火；淳熙二年，復火。

清光緒《重修南嶽志》中詳細介紹了由元及清南嶽廟的修廟沿革：

> 元至正八年修；明成化六年、嘉靖二十一年、萬曆十五年，累修；

> 光緒《湖南通志》：「順治五年，廟火」；乾隆《衡山縣志》：「順治五年，正殿燬於兵，像亦隨之；乃就嘉應門為殿，造神像居焉；康熙乙酉年重建。」

> 康熙四十四年，巡撫趙申喬奉敕修，四十七年，御製碑文並御書匾額二，一曰「光輔紫宸」、一曰「永峙南維」；

> 雍正十年，巡撫趙宏恩奉敕修，御書匾額曰「功弘育物」；

> 乾隆十六年，巡撫楊錫紱奉敕修，御書匾額曰「靈曜南雲」；《舊志》

> 嘉慶九年，邑紳劉盤、歐陽班等呈請捐修，巡撫阿林保以聞，御書匾額曰「宅南標極」；

> 道光二十一年，巡撫吳其濬奉敕修；

> 同治三年，巡撫惲世臨奏明飭各州縣捐貲重修；十二年，正殿火。〔註177〕

清代共進行六次大的重修，但是廟制上仍然沿襲明代，規模與舊制相準。但建築裝飾更趨華麗多彩。光緒重修後，《南嶽志》記載南嶽廟，「前後直深一百二十五丈，左右橫廣分為兩截，後截五十七丈八尺有餘，前截四十六丈三尺有餘，」〔註178〕與乾隆《南嶽志》記載完全吻合。按現在米尺換算，計佔地面積 78680 餘平方米。建築規模與現存南嶽大廟基本相同。

南嶽廟自唐虞望秩，歷漢而晉，由來已久。規模不大，僅一門一殿而已。廟本在祝融峰上，至隋代遷於現址。隋唐伊始，南嶽廟擬然王宮，規格雖高，但其規模仍然遊仙，南嶽廟處在初創階段，北宋勅封帝號以後，廟如王宮帝闕，進入鼎盛時期。歷元明而清，數十次維護與重修，卻仍然崇制如初，規模與舊制相準。清中葉以後，建築藝術與技術進一步發展，獲得許多新的成

〔註176〕徐化溥，《恒嶽釋疑》//桂敬順，《乾隆恒山志》，清乾隆二十八年刻本。
〔註177〕李元度，《重修南嶽志》，清光緒刻本。
〔註178〕李元度，《重修南嶽志》，清光緒刻本。

就。特別是琉璃瓦的廣泛使用，更把南嶽廟推上中國古代建築藝術的巔峰，使之成為我國南方古代建築最重要的代表作。翻開塵封的歷史，那些德垂千古的建設者，仍然讓人肅然起敬。那些價值連城的殿宇，凝結者數十代人的智慧和辛勞，至今閃耀著奪目的光輝。南嶽廟維護重修次數之多、規格之高、規模之大、耗費之巨、工程之難，影響深遠。

圖 4.7　清光緒時代南嶽廟建築布局圖

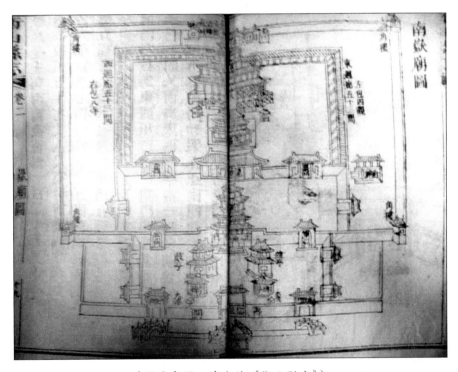

（圖片來源：清光緒《衡山縣志》）

4.2.3　小結

　　綜上所述，通過梳理歷史文獻和綜合諸多學者的研究考證，發現南嶽廟的歷史沿革比較明確，在歷史上發生過廟址遷建，由最初的衡山主峰極頂致祭，隋時前往衡山腳下現存廟址，山上一處、山下一處，兩座嶽廟至今都保存完好。

　　同時，基本明確了南嶽衡山南嶽廟的修建歷史脈絡，即始建於隋代以前，隋文帝改祀南嶽於湖南衡山，即遷嶽廟於山下便於望祭之處，唐初始建司天霍王廟，確定南嶽廟建立。及至唐宋封王號、升帝號，廟制恢弘，達到整個

建築群發展的最高潮。之後戰亂頻發，嶽廟受到破壞，歷經元明增修，終於明、清兩代定型，現存南嶽廟即為清代歷次大修後的遺存，尚存個別明代建築單體。

4.3　西嶽廟的歷史沿革

　　西嶽廟，又稱「華嶽廟」，是歷代封建帝王祭祀華嶽神靈的禮儀性建築群，位於今華陰城東 2.5 公里處，南距華山 7.5 公里。西嶽廟歷史悠久，源遠流長，是一座規模壯麗、莊嚴肅穆的宮殿樓閣式古建築群，「四周繚以城牆，堅固異常，遠遠望之，正是灝靈宮宇所在。」〔註 179〕

　　西嶽廟「始建於西漢武帝，今之西嶽廟更建於南北朝時期，至今已有一千六百年左右的歷史，廟域由初創時的近十八畝，歷經唐宋金元明的擴拓，發展到清代達 186 畝（不含影壁至月城之間面積）。」〔註 180〕

圖 4.8　西嶽廟衛星鳥瞰圖

（圖片來源：Google Earth 衛星圖片）

〔註 179〕華陰市地方志編纂委員會編，《華陰縣志》，北京：作家出版社，1995 年，頁665。

〔註 180〕陝西省考古研究院、西嶽廟文物管理處，《西嶽廟》，西安：三秦出版社，2007年，頁 2。

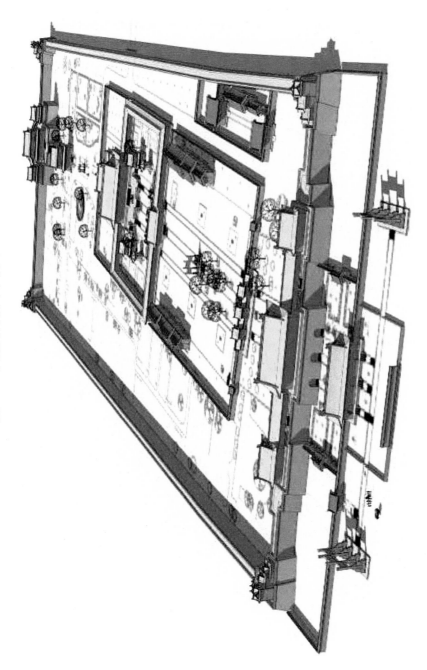

圖 4.9　西嶽廟現狀鳥瞰圖

（圖片來源：筆者自繪）

　　關於西嶽廟歷史沿革的研究，已有多位學者和相關單位做過相關研究，具有代表性的成果包括：陝西省考古研究院、西嶽廟文物管理處編纂的《西嶽廟》〔註181〕、韓理洲先生的《華山志》〔註182〕、侯衛東先生的《西嶽廟建築研究》〔註183〕、潘谷西先生的《中國古代建築史（第四卷）元、明建築》〔註184〕等。筆者試圖將目前所能收集到的有關西嶽廟的文獻資料匯總起來，將其歷史沿革和梳清楚。

　　嶽廟建廟緣自何時？建於何地？與其他嶽廟一樣都成為歷史之謎。由古至今，官方祭祀和文人遊覽不斷，留下眾多文獻資料得以研究西嶽廟之濫觴，不過，由於時間過於久遠，遺址破壞殆盡，無從具體考證。

　　所幸 20 世紀末期，隨著西嶽廟大修，陝西省考古研究院、西嶽廟文物管理處積極展開的西嶽廟考古發掘工作發現了大量的線索，對於研究現存西嶽廟到底始建於何時、各個朝代廟址具體方位以及不同歷史時期嶽廟的建築規制都能提供大量的直接證據，值得對其考古發掘報告《西嶽廟》這一巨著進行研究。

4.3.1　西嶽廟的創建與發展時期

　　關於西嶽廟的創建時間，歷來大多數學者都持為建自「西漢武帝說」，諸多歷史文獻均記載這種說法。

　　明嘉靖《陝西通志》云：「西嶽華山，自虞舜西狩，三代以降，莫不有祀，然皆不廟，置祠自漢武帝始。自是歷代重修，各有碑記」。〔註185〕

　　清乾隆二十七年《華嶽志》載：「古者望祀，壇而不宇，後世易之以廟。自漢以還，代有肇造，……，西嶽廟在縣東五里，自舜西巡狩，三代以降，莫不有祀，然皆不置祠。置祠自漢武帝始，靈帝光和二年樊毅修廟並亭」。〔註186〕

〔註181〕陝西省考古研究院、西嶽廟文物管理處，《西嶽廟》，西安：三秦出版社，2007年。

〔註182〕韓理洲，《華山志》，西安：三秦出版社，2007年。

〔註183〕侯衛東，《西嶽廟建築研究》//張馭寰、郭湖生主編，《中華古建築》，北京：中國科學技術出版社，1990年，頁295～317。

〔註184〕潘谷西，《中國古代建築史·第四卷·元明建築》，北京：中國建築工業出版社，2001年，頁138～139。

〔註185〕趙廷瑞，《陝西通志·土地二·山川上》，明嘉靖二十一年刻本。

〔註186〕姚遠翱，《華嶽志》，卷三，祠宇清乾隆二十七年刻本。

最可為證者，是東漢延熹八年所刻《西嶽華山廟碑》中載：

> 孝武皇帝（劉徹）修封禪之禮，思登假之道，巡省五嶽，禋祀
> 豐備。故立宮其下，宮曰「集靈宮」，殿曰「群仙殿」，門曰「望仙
> 門」。仲宗之世，重使使者持節祀焉，歲一禱而三祠。後不承前，至
> 於亡新，浸用丘虛，訖今垣址營兆猶存。
>
> 建武之元，事舉其中，禮從其省；但使二千石以歲時往祠。……，
> 然其所立碑石，刻記時事，文字靡滅，莫能存識。延熹四年七月甲
> 子，弘農太守安國亭侯汝南袁逢掌華嶽之主位，應古制，修廢起
> 頹，……，勒銘斯石，垂之於後。其辭曰：……，在漢中葉，建設
> 宇堂。山嶽之守，是秩是望。……。〔註187〕

碑文中提到漢武帝巡省五嶽，於山下立集靈宮、群仙殿以及望仙門，及至東漢初年，宮廟殘毀，即命官員重修，並樹碑刻文以記之。

綜上文獻記載，西嶽廟或者西嶽祭祀祠廟創自西漢武帝之說，自古至今已被多數史家認可。不過文中所提「集靈宮」是否就是現存西嶽廟的前身，還是有不少方家質疑。

清代咸豐學者蔣湘南在其所撰的《華嶽圖經》一書中對這一問題進行了專門的探討，共提出此說五點不足信之處：

> 華嶽廟，在華陰縣東五里，始建不知何時。《陝西通志》以為
> 漢武帝者。因《漢書·地理志》及《三輔黃圖》皆有武帝集靈宮在
> 華陰縣，而後，漢延熹八年，《華山廟碑》更有「孝武皇帝巡省五
> 嶽，立宮其下，曰集靈宮」之語，尤為可據也。然此說實不可信。
> 何也？
>
> 集靈宮所在之地，見於《水經注·渭水篇》云：「敷水又北逕
> 集靈宮西」，敷水今在華陰縣西三十里，其三十里內有黃酸水、仙穀
> 水、長澗水、大澗水，皆見於《水經注》，南出華山，北入渭河，與
> 敷水各流而不相混，是今之水道與《水經注》所載之水道並無遷徙
> 之變也。酈氏（酈道元）明言「敷水逕集靈宮西」，是北魏時漢集靈
> 宮故址，猶可尋見，必不是今嶽廟之地。如是，今嶽廟則《水經
> 注》應云：「長澗水逕集靈宮西」，而不必指之為敷水矣。其不足信
> 者一也。

〔註187〕張維新，《華嶽全集》，卷三，明萬曆刻本。

漢華陰縣故城，在今縣城外東南五里，直今嶽廟之正南，而漢武帝拜嶽壇在今縣城外東南隅，唐太宗修為鎮嶽靈仙寺，後改為勝會院，明成化二年又改為昭光寺者也。拜嶽壇既在山之正北，為武帝祭望之所，何必又立集靈宮於山之東北、與拜嶽壇異地、且在五里之內乎？其不足信者二也。

《水經注·河水篇》之言：登華山也，曰下廟、曰中祠、曰南祠，明明指言三處，而皆不稱之為集靈宮之故址。《水經注》：「自下廟歷列柏南行十一里，東回二里至中祠，又西南出五里至南祠，謂之北君祠。諸欲升山者，至此皆祈禱焉。」南祠在山麓，中祠在南祠之東北五里，下廟在中祠之北十一里。今自廟市西南行至山麓正十五里，是今之嶽廟，即《水經注》之所謂下廟也。唐《封神號冊文》曰：「神之祠在黃神谷口，漢元光初遷於官道北」。黃神谷者，漢仙人黃蘆子棲真之所在。華山之東五里，與《水經注》所云「西南出五里者」相合，是《水經注》所指之中祠，即唐《冊》所稱「黃神谷口之祠」。則官道北之廟為《水經注》所云之下廟，又為今之嶽廟無疑矣。《水經注》呼之為下廟，而不言為何人所建，且與「敷水所逕之集靈宮」相隔三十里，而謂今嶽廟即漢集靈宮乎？其不足信者三也。

且唐《冊》謂「漢元光初遷於官道北」者，其說亦誤。元光者，漢武帝第一次改元之號也。武帝用事華山，在元封元年，——見《漢書·本紀》，並非元光初年。拜嶽壇立於華山下，則三十里外之集靈宮乃武帝巡行之離宮，欲藉嶽靈以懷集仙人，故殿曰存仙殿，門曰望仙門也。漢人誤以集靈宮為祀嶽神之宮，唐人遂附會之，以官道之北廟為漢武所遷之廟。至《華陰縣志》承之，直謂今嶽廟即漢之集靈宮，建於元光初者，不知元光初至元封元年尚隔二十五年，豈有建廟於畿內遲至二十五年而後秩祀者乎？其不足信者四也。

且武帝之集靈宮不止華陰一處，長安亦有集靈宮矣。——見《西漢宮闕名》。大概與飛廉桂館同為俟神之地，原非以祀華嶽，故桓譚作《集靈宮賦》自言從孝武帝出祀甘泉河東道，經華陰集靈宮，知武帝所造，以懷集仙人王喬、赤松子等。譚是時年少為郎，值武

帝好神仙之時，扈從出祀，其賦中何無一語及於華山？亦無一字及
於祭祀也？是必非武帝祀嶽之宮明矣。而後人直以今嶽廟當之，其
不足信者五也。

　　《漢書・地理志・華陰縣下》班氏自注云：「太華山在南，有
祠；豫州山，集靈宮，武帝起。」所云「集靈宮，武帝起」者，即
《水經注》「敷水所逕之集靈宮」也。其上文云「太華山在南，有祠」，
應是《水經注》所言之「南祠，諸欲升山者，至此皆祈禱」之地也。
中間夾以「豫州山」一語，蓋本周禮豫州之鎮而言，以注明華陰為
雍州境也。而華陰又有武帝之集靈宮，故下文又特著之。明明以華
山祠與集靈宮分為兩地，原非謂集靈宮為華山之祠，烏得謂今之嶽
廟為集靈宮哉？

　　南祠與中祠不知何時所建，其址今亦不可考。若下廟當是東漢
建武以後，因武帝之拜嶽壇而移於東者。《延熹碑》云：建武之元，
事舉其中，禮從其省；但使二千石以歲時往祠。其有風旱，禱請祈
求，靡不報應，自是以來百有餘年，有事西巡，輒過享祭。

　　蓋新莽以後，壇址邱墟，東漢遣官致祭，因別建一望祭之所，
傳之久矣，遂以為集靈宮之故址也。然則謂今之嶽廟為《水經注》
之下廟，則可謂為武帝之集靈宮固不可矣。〔註188〕

結合《西嶽廟》考古發掘報告，此次在西嶽廟內沒有發現兩漢時期的建
築基址和文化堆積，〔註189〕進而明確集靈宮位置在華山主峰以西約 15 公里
左右的羅夫河（即敷水）東岸附近，更指出西漢時期的「集靈宮」很可能
是武帝建造的祈仙之所和行宮所在，與「西嶽廟」是同時期建造在華山下的
兩座性質不同、位置相距較遠的建築物，二者之間不存在相承與發展之關
係。〔註190〕

同時，蔣湘南文中所引《水經注・河水篇》之言：

　　登華山也，曰下廟、曰中祠、曰南祠，明明指言三處，而皆不
稱之為集靈宮之故址。《水經注》：「自下廟歷列柏南行十一里，東回

〔註188〕蔣湘南，《華嶽圖經》，清咸豐元年刻本。
〔註189〕陝西省考古研究院、西嶽廟文物管理處，《西嶽廟》，西安：三秦出版社，2007
　　　年，頁 510。
〔註190〕陝西省考古研究院、西嶽廟文物管理處，《西嶽廟》，西安：三秦出版社，2007
　　　年，頁 511。

－141－

二里至中祠，又西南出五里至南祠，謂之北君祠。諸欲升山者，至
此皆祈禱焉。」南祠在山麓，中祠在南祠之東北五里，下廟在中祠
之北十一里。今自廟市西南行至山麓正十五里，是今之嶽廟，即《水
經注》之所謂下廟也。〔註191〕

明確指出下廟即為今之西嶽廟所在，《西嶽廟》考古發掘報告中也支持蔣
湘南的這種分析，今之西嶽廟，西距縣城約 2.5 公里，南距華山東山口（即黃
埔峪口）約五公里，與上文中所載的「下廟在中祠之北十一里」之說基本相
符，而且下廟距華山主峰最遠，望祭效果最佳，因此認為今之西嶽廟一帶，
即為所謂的「所在地」。

同時，西嶽廟在諸多歷史文獻中也被提及「遷廟」事宜，現存西嶽廟所
在地並非始建時的基址。通過梳理文獻發現，有關遷廟時間的記載有以下
幾條：

一、唐先天三年《華山之神封金天王懿號冊》中：「神之祠在黃神谷口，
漢興光初遷於官道北，建立宮殿庭，祀事牲器視三公之禮焉」。〔註192〕

二、清乾隆《華陰縣志》載：「《魏書‧禮志》稱：文成皇帝即位三年正
月，遣有司謁華嶽，修廟立碑。數十人在山上，聞虛谷若有音聲，聲中稱萬
歲。蓋是時遷廟於官道北而以下廟為望秩之地矣」。〔註193〕

三、清初王宏《撰募修萬壽閣疏》中記載：「故有廟，在黃神谷。自魏興
光初，遷官道北，今之灝靈宮是也。」〔註194〕

四、《西嶽廟》考古發掘報告，通過對西嶽廟進行發掘，發現「在今之西
嶽廟內發現的時代最早的廟址，其創建時代的上限不會早於北魏太武帝定西
安、平關中之年。在今廟內發現的時代最早的嶽廟創建時代的下限不會晚到
西魏。據以上考證判定，在今廟內發現的時代最早的西嶽廟遺址，當是北魏
太武帝神元三年（公元 431 年）以後，孝武帝永熙三年（公元 534 年）以前
創建的」。〔註195〕

〔註191〕蔣湘南，《華嶽圖經》，清咸豐元年刻本。

〔註192〕唐先天三年，《華山之神封金天王懿號冊》// 王處一，《西嶽華山志》，金大定
　　　　癸卯撰。

〔註193〕陸維烜、李天秀，《乾隆華陰縣志》，清乾隆五十九年刻本。

〔註194〕姚遠翱，《華嶽志》，卷三，《祠宇清》，乾隆二十七年刻本。

〔註195〕陝西省考古研究院、西嶽廟文物管理處，《西嶽廟》，西安：三秦出版社，2007
　　　　年，頁 509～510。

綜上所述，考據史籍，發現漢代皇帝的年號中並無「興光」這一年號，可能文中記載有誤或者此篇文章有誤，還需進一步印證。不過，參考西嶽廟考古發掘報告，得以明確了今之西嶽廟內發現的時代最早的廟址，當是北魏文成帝興安三年從故址前鑒於此的廟址。〔註196〕

由上文中確定了西漢武帝時始創西嶽祠廟、又經北魏中遷廟於今西嶽廟址，西嶽廟的起源問題基本得以解決。在這期間的東漢時期以及魏晉南北朝時期，均為華山西嶽廟的擴展階段，延至隋代，各朝各代均為帝王祭祀之所，修繕不斷。清咸豐《華嶽圖經》詳細介紹了這一時期各代修廟記錄：

> 其續修之可考者，以延熹四年為始，即《袁逢華山廟碑記》。
>
> 光和二年，又修之，《樊毅修華嶽廟碑記》。
>
> 晉太康八年，又修之，《水經注》：太康八年，弘農太守河東魏叔始為華陰令，河東裴叔恂役其逸力，修立壇廟，夾道樹柏，訖於山陰。
>
> 北魏興安三年，又修之。《魏書·禮志》：文成皇帝即位三年，正月遣有司詣華嶽，修廟立碑。
>
> 西魏大統七年，又修之。《於瑾修廟碑》
>
> 隋大業十年，又修之。《隋書·禮儀志》：祀華嶽，築壇於廟側。〔註197〕

4.3.2　西嶽廟的全盛與穩定時期

隋唐兩代，西嶽廟進入一個快速發展的時期，由於西嶽廟位於西都長安和東都洛陽的通衢官道北側，隋唐兩代帝王不斷親謁嶽廟。隋大業十年，煬帝祭祀華山，在西嶽廟側築壇祈禱。

及至唐玄宗即位，「乙酉歲生，以華嶽當本命。先天元年七月正位、八月封華嶽神為金天王」。〔註198〕開元十二年十一月庚申，玄宗「幸東都，至華陰，上制文勒碑立於通衢。舊路在嶽北，因是移於嶽南，而北廟獨顯」。說明，此時西嶽廟為了更方便玄宗祭祀西嶽，遂將原在廟北的官道移至廟南，因此

〔註196〕陝西省考古研究院、西嶽廟文物管理處，《西嶽廟》，西安：三秦出版社，2007年，頁555。

〔註197〕蔣湘南，《華嶽圖經》，清咸豐元年刻本。

〔註198〕脫脫等撰，《宋史》，卷一百二，《志第五十五·禮五·吉禮五·嶽瀆》，北京：中華書局，1977年，頁2489。

西嶽廟處於東西通衢大道的北側，更顯得地位隆崇。

唐開成元年，西嶽廟又得到修葺。《李商隱修嶽廟碑記》云：「開成元年九月戊戌，遣元舅侍中太宰、征東大將軍遼西常英冠，將軍禮部尚書、河內公荀尚，立節將軍安定侯、值勤侯尼須，薦以三特，建立殿貌，造作碑闕，遮使神安其居」。〔註199〕

延至宋代，太祖建隆二年，「廟貌特加修建，闡舊規而從新制，起偉陋而為顯敞，土木之制，盡其壯麗。」〔註200〕真宗封禪泰山畢，「改元大中祥符元年，並於第二年，修西嶽廟。」〔註201〕大中祥符四年二月，「祀汾陰，車駕至潼關，遣官祭西嶽。用太牢備三獻禮，庚午親謁嶽廟，群臣陪位，廟垣內外

圖 4.10　清乾隆時代西嶽廟建築布局圖

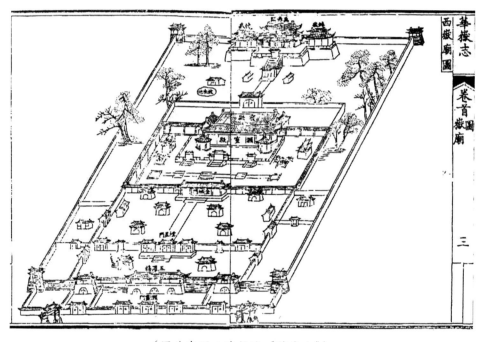

（圖片來源：清乾隆《華嶽志》）

〔註199〕李商隱，《唐開成修華嶽廟記》//姚遠翱，《乾隆華嶽志》，清乾隆二十七年刻本。

〔註200〕《宋修西嶽金天王廟碑銘》//姚遠翱，《乾隆華嶽志》，清乾隆二十七年刻本。

〔註201〕王應麟，《玉海》，卷一百二，//秦蕙田撰，方觀承訂，《五禮通考》，卷四十七，《吉禮四十七·四望山川》，江蘇：江蘇書局，清光緒六年刻本中記載「祥符二年三月乙丑，修西嶽廟」。

列黃麾仗，遣官分祭廟內諸神，加號嶽神為順聖金天王」。〔註202〕由此之後，西嶽同其他四嶽一道升為帝號，其祠廟必然也會相應的升格，進行必要的擴修。

金大定二十二年四月二十一日，「以修蓋東嶽廟告成奏奉勅旨，令翰林侍講學士楊伯仁撰碑文。十月九日又左傳雲山嶽配天取日之象取月之象，以中嶽、西嶽、北嶽重修廟宇，工畢，命待制黃久約修撰、趙攄應奉、黨懷英定撰各廟碑文」。〔註203〕說明，金大定朝以東嶽廟修廟竣工，以其為榜樣，命同修西嶽廟、北嶽廟和中嶽廟，在其疆域內對五嶽中四嶽廟進行修繕，從中可見金主對五嶽祭祀的重視。

明、清兩代時西嶽廟發展的全盛時期，綜合文獻可發現明代共有八次修繕活動，清代共有四次大修，奠定了西嶽廟的現狀形制和建築規模。

4.3.3　小結

綜上所述，通過梳理歷史文獻和綜合諸多學者的研究考證，基本明確了華陰西嶽廟的修建歷史脈絡，即始建於西漢武帝之時，又經北魏中遷廟於今西嶽廟址，歷經隋唐增祀、改移官道、真宗親謁嶽廟，廟制得到不斷地拓展，又有金、元兩代帝王的敕修，延至明清達到整個建築群發展的最高潮、歷經地震、戰亂，隨毀隨修，廟制定型，現存西嶽廟即為清代同治、光緒兩次大修後的遺存，尚存個別明代建築單體。

4.4　曲陽北嶽廟的歷史沿革

曲陽北嶽廟為明末清初改祀前的祭祀古北嶽大茂山的壇廟所在，位於河北省曲陽縣西部，宋代和明代是其發展的高峰期，清代移祀山西之後多有損毀，已和一般嶽廟的規模布局多有不同。

關於北嶽恒山及曲陽北嶽廟歷史沿革的研究，已有多位學者做過相關研究，具有代表性的成果包括：薛增福、王麗敏先生的《曲陽北嶽廟》〔註204〕、

〔註202〕脫脫等撰，《宋史》，卷一百二，《志第五十五·禮五·吉禮五·嶽瀆》，北京：中華書局，1977 年，頁 2489。

〔註203〕張瑋，《大金集禮》//《景印文淵閣四庫全書》，648 冊，臺北：臺灣商務印書館，1983 年。

〔註204〕薛增福、王麗敏，《曲陽北嶽廟》，石家莊：河北美術出版社，2000 年。

張立方先生的《五嶽祭祀與曲陽北嶽廟》〔註205〕、宋寅先生的《五嶽祭祀建築研究》〔註206〕、潘谷西先生的《中國古代建築史（第四卷）元、明建築》〔註207〕、曹春平先生的《中國古代禮制建築研究》〔註208〕。筆者試圖將目前所能收集到的有關曲陽北嶽廟的文獻資料匯總起來，希望能將其建築的歷史沿革做一個串聯和分析，將曲陽北嶽廟建築歷史發展梳理清楚。

圖 4.11　曲陽北嶽廟衛星鳥瞰圖

（圖片來源：Google Earth 衛星圖片）

〔註205〕宋寅，《五嶽祭祀建築研究》（碩士學位論文），天津：天津大學建築學院，1989年。

〔註206〕張立方，《五嶽祭祀與曲陽北嶽廟》// 文物春秋，1993 年第 4 期，頁 58〜62。

〔註207〕潘谷西，《中國古代建築史（第四卷）元明建築》，北京：中國建築工業出版社，2001 年，頁 138〜139。

〔註208〕曹春平，《中國古代禮制建築研究》（博士學位論文），南京：東南大學建築學院，1995 年。

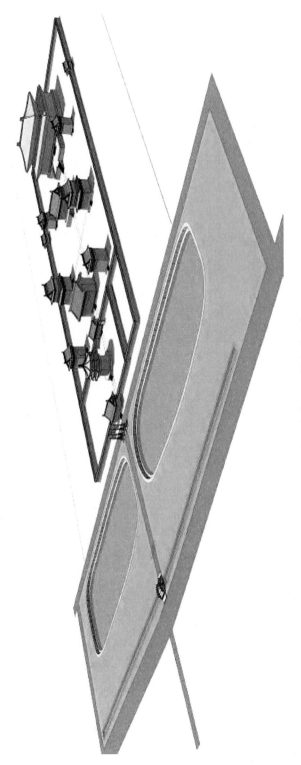

圖 4.12　曲陽北嶽廟現狀鳥瞰圖

（圖片來源：筆者自繪）

4.4.1 曲陽北嶽廟濫觴之探討

古恒山一名大茂山，在曲陽西北，宋遼以山脊為界。自明代起北嶽恒山始指山西渾源今恒山。自明弘治朝至清初順治朝，發生了持續 150 多年的晉冀恒山之爭，爭論的焦點是何處才是恒山祭祀的正統。

北魏酈道元《水經注》中載：

> 滱水又東，又會長星溝。溝在上曲陽縣西北長星渚。渚水東流，又合洛光水。水出洛光涓，東入長星水，亂流，東徑恒山下廟也。漢末喪亂，山道不通，此舊有下階神殿，中世以來，歲書法族焉。晉魏改有東西二廟，廟前碑、闕、壇場相列焉。

> 其水東徑上曲陽縣故城北，北嶽牧朝宿之邑也。古者天子巡狩，常以歲十一月至於北嶽，諸侯皆有湯沐邑，以自齋潔。周昭王南征不還，巡狩禮廢，邑郭仍存。秦罷井田，因以立縣。縣在山曲之陽，是曰曲陽。有下，故此為上矣，王莽之常山亭也。〔註209〕

後之學者多引用此段文獻來探討北嶽祠廟之濫觴。

恒山北嶽廟可能初創於渾源恒山，或者古北嶽大茂山，在先秦時期已有祠廟設置，秦漢時期、秦皇漢武均來北地之祭北嶽，之後魏晉時期日益隆崇，《魏書》和《水經注》均有記載，北魏時期北嶽廟與北魏都城平城很近，可能會有經常祭祀和修繕活動。

4.4.2 曲陽北嶽廟的全盛與穩定時期

河北曲陽北嶽廟，始建於北魏宣武帝景明、正始年間〔註210〕，歷經唐宋元明，直到清初一直都是官方和民間祭祀北嶽恒山的廟壇所在，建築規模宏大，大殿巍峨壯觀。從劉敦楨先生在 1935 年《河北省西部古建築調查記略——曲陽縣北嶽廟》中的調查隨筆中即可看到曲陽北嶽廟的歷史沿革：

> 曲陽，自漢武帝以來，至清初順治間，前後千七百餘年，為歷代遙祀北嶽的地點。不過現在北嶽廟的位置在文獻上，只能追索至唐代為止。唐以前者，全屬不明，尤以北魏前，縣治不在今處，更無法窮究。廟在縣城西南隅，據《縣志》：舊有東、西、南三門，規

〔註209〕《恒山志》標點組，《恒山志》，清乾隆刻本，太原：山西人民出版社，1986年。

〔註210〕《恒山志》標點組，《恒山志》，清乾隆刻本，太原：山西人民出版社，1986年。

模異常宏巨。其南門亦稱神門，就是縣城的西南門，西門亦即縣城
的西門。自神門以內，有牌坊、大門、敬一亭、凌霄門、三山門、
鐘樓、鼓樓、飛石殿、德寧殿、望嶽亭等，共占面積二頃六十餘
畝，見明刻《北嶽廟圖》。自清世祖順治十七年，改北嶽祀典於山西
渾源州後，此廟遂歸廢棄。現在廟址一部，蕩為民據，僅德寧殿保
存稍佳，其餘門殿，或全圯，或經後代改修，因陋就簡，不是原來
情狀。〔註211〕

　　由以上資料可知，曲陽北嶽廟在明代中後期北嶽改祀前正是其建築制度
最完善的階段。清代多有重修記錄，但礙於財力所限，均是小的維修之舉，
至清末光緒朝，曲陽北嶽廟僅存大殿、三門、碑亭、御香亭等等單體建築，
明代興盛廟貌基本不存。（圖 4.13）

圖 4.13　清光緒時代曲陽北嶽廟建築布局圖

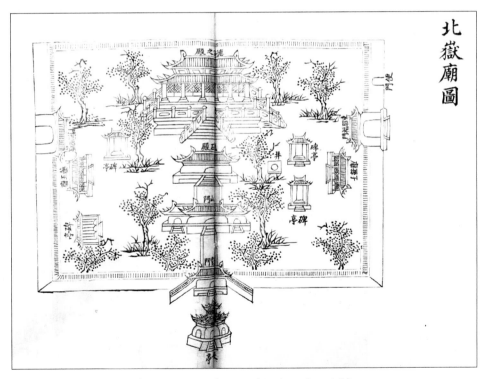

（圖片來源：清光緒《重修曲陽縣志》）

〔註211〕劉敦楨，《河北省西部古建築調查記略》//中國營造學社（編），《中國營造學
　　社彙刊》，北京：知識產權出版社，2006 年第 5 卷第 4 期，頁 43。

4.4.3　小結

綜上所述，通過梳理歷史文獻和綜合諸多學者的研究考證，基本明確了古北嶽大茂山曲陽北嶽廟的修建歷史脈絡，即始建於北魏期間，隨曲陽城遷往新址，另建新廟。及至唐宋封王號、升帝號，廟制恢弘，達到整個建築群發展的最高潮。之後戰亂頻發，嶽廟受到破壞，歷經元明增修，終於明、清兩代定型，明末清初發生的晉冀北嶽之爭，對曲陽北嶽廟影響很大，已無力進行修復，遂廟貌大損。現存曲陽北嶽廟即為清代歷次大修後的遺存，正殿德寧之殿為元代創建的建築單體，保留至今，彌足珍貴。

4.5　渾源北嶽廟的歷史沿革

4.5.1　渾源北嶽廟的創建與發展時期

明以前，北嶽恒山奉祀在河北曲陽，主祭之處為曲陽北嶽廟，奉祀對象為河北大茂山，渾源北嶽廟廟祀不詳，經前面章節的分析，可能渾源北嶽廟為北魏時期的恒山上廟，因戰亂，山道不通，才改祀於河北曲陽。

北魏酈道元《水經注》中載：

> 滱水又東，又會長星溝。溝在上曲陽縣西北長星渚。渚水東流，又合洛光水。水出洛光涓，東入長星水，亂流，東徑恒山下廟也。漢末喪亂，山道不通，此舊有下階神殿，中世以來，歲書法族焉。晉魏改有東西二廟，廟前碑、闕、壇場相列焉。〔註212〕

清順治十八年張崇德等撰《恒嶽志》中明確記載了渾源北嶽廟的歷史沿革：

> 古祭山除地為壇，不立廟，立廟而祭非禮也。
> 恒山嶽廟創自元魏太武帝太延元年，於宣武帝景明元年乃災。
> 唐武德間復建，唐末頹圮。
> 金復建，天會、大定間重修，金末廟毀於亂兵。
> 元復建，元末復毀。
> 明洪武中，都指揮周立復建。（有記）
> 成化初，都御史王世昌檄知州關宗重修。（有記）

〔註212〕《恒山志》標點組，《恒山志》，清乾隆刻本，太原：山西人民出版社，1986年。

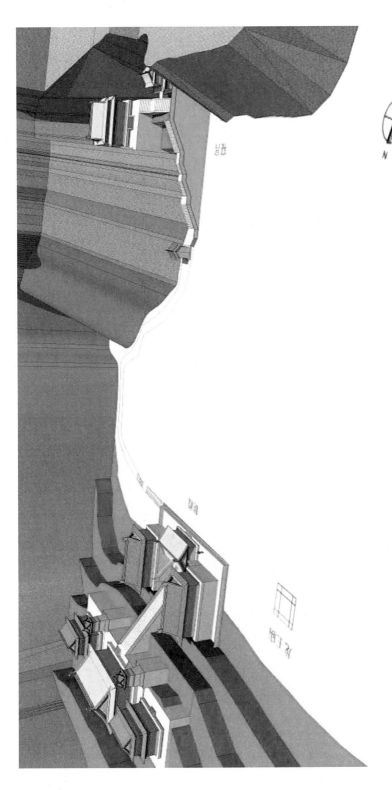

圖 4.14　渾源北嶽廟建築布局圖

（圖片來源：作者自繪）

弘治初，知府閻鉦檄知州董錫重修。（有碑銘）

二十四年，奉敕擴修，都御史劉宇行視，以古廟狹隘，度地中峰之陽，建朝殿、廡門，規制始□，改古廟為寢宮。〔註213〕

即在北魏時期，北嶽廟遷往河北曲陽祭祀，渾源北嶽廟即陷入停頓，歷代皆被被戰火損毀，沒有得到相應的維修和重視，直到明代北嶽之爭開始，才由山西地方官員開始修葺。

4.5.2　渾源北嶽廟的全盛與穩定時期

清乾隆《恒山志》中云：

宏治十四年，敕擴建，都御史劉宇以古廟狹，度地中峰之陽，建朝殿，改古廟為寢宮。古廟在巔，邃廣若窨，中空若窟。兩翼山削如壁，去殿五丈許。左翼自前折而右，如障不接；右翼者才丈許，如箭□；爰建門焉。門內建小廡。廡前二丈為殿臺。臺狹不克容陛。然結構窈窕，殊類化工。寢宮奉嶽神曁配，小廡曁門祀康太尉。朝殿去宮一里。（《通志》）〔註214〕

明代大同地方官馬文升《請釐正祀典疏》：

我朝洪武初定，嶽、鎮、海、瀆之神，削去歷代褒加之帝號，正可為萬世之法。獨北嶽猶祭於帝都之南，非其故封之山，誠為闕典。臣非禮官，考據未真，但繫國家重事，不可不為釐正，乞敕禮部再加詳考。如臣所言為是，明白具奏，行移山西並大同巡撫官員，俟時年豐稔，措置錢糧於渾源州恒山舊址去處，修蓋北嶽神祠，務在不奢不隘。若舊殿猶存，不必從新蓋造，止可修葺。工完之後，有司具奏，更乞敕翰林院撰文，勒石曁廟，以垂永久。今後凡祭北嶽之神，於此行禮，庶數百年之闕典，得以正於今日，而我朝之盛事，亦可昭於後世矣。〔註215〕

清順治《恒嶽志》中詳細介紹了有明一代對渾源北嶽廟的修繕工作：

明洪武十三年，修恒山嶽廟，時龍虎將軍周立出鎮雲中。因盛夏不雨，麩麥不收，入秋淫雨洊至，禾□黑，三冬不雪。乃捐貲修

〔註213〕張崇德，《順治恒嶽志》，清順治十八年刻本。

〔註214〕《恒山志》標點組，《恒山志》，清乾隆刻本，太原：山西人民出版社，1986年。

〔註215〕馬文升，《請釐正祀典疏》∥桂敬順，《乾隆恒山志》，清乾隆二十八年刻本。

茸焉。(記載《文志》)

　　成化四年，都憲王世昌修恒山嶽廟。(記載《文志》)

　　六年，大同總兵官征西寇，親禱於廟。(舊有碑記，今廢)

　　嘉靖三十三年十二月，兵備副使楊順討礦賊，禱於嶽，悉平之。(舊《州志》)

　　三十五年，詔於恒山求元芝，有司得十二本進焉。(敕在曲陽廟，文載《文志》)

　　萬曆二十七年，遣內監白忠齋道大藏經置恒山。(敕卷藏九天，文載《文志》)〔註216〕

　　　圖 4.15　渾源北嶽廟與北嶽恒山的建築布局圖

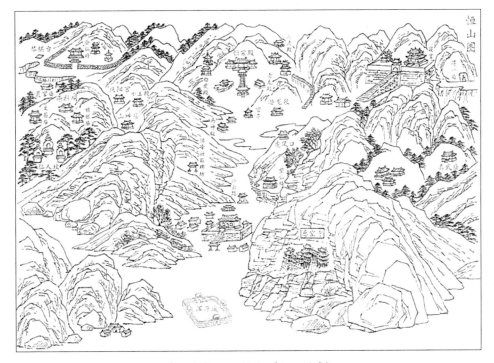

（圖片來源：乾隆《恒山志》）

明正德《恒山記》云：

　　北嶽在渾源州之南，紛綴典籍，《書》著其為舜北巡狩之所，為恒山。《水經》著其高三千九百丈，為元嶽。《福地記》著其周圍

〔註216〕張崇德，《順治恒嶽志》，清順治十八年刻本。

一百三十里，為總元之天。

予家太行白岩之旁，距嶽五百餘里，心竊慕之，未及登覽，懷
想者二十餘年。至正德間改元，奉天子命，分告於西蕃園陵鎮瀆，
經渾源。去北嶽僅十里許，遂南行至麓，其勢馮馮熅熅，恣生於
天，縱盤於地。其胸蕩高雲，其巔經赤日。

其上，路益險，登頓三里，始至嶽頂。頹楹古像，余肅顏再
拜。廟之上有飛石窟，兩岸壁立，豁然中虛。相傳飛於曲陽縣，今
尚有石突峙，故歷代凡升登者，就祠於曲陽，以為亦嶽靈所寓也。
然歲之春，走千里之民，來焚香於廟下，有禱輒應，赫昭於四方。
如此，豈但護松柏然哉！余遂題名於懸崖，筆詩於碑及新廟之廳
上。〔註217〕

4.5.3　小結

綜上所述，通過梳理歷史文獻和綜合諸多學者的研究考證，基本明確了
山西渾源恒山北嶽廟的修建歷史脈絡，北魏時期北嶽廟遷往河北曲陽祭祀，
渾源北嶽廟即陷入停頓，歷代皆被戰火損毀，沒有得到相應的維修和重視，
直到明代北嶽之爭開始，才由山西地方官員開始修葺。

從明中葉開始，一直到清初順治十七年，何處為北嶽恒山的祭祀之處，
一直都在爭論，最後山西渾源一方勝出，北嶽移祀到山西渾源，曲陽嶽廟保
留，同時，山西恒山上也開始興工營建新的廟祀所在。

4.6　中嶽廟的歷史沿革

中嶽處於五嶽之中，地位隆崇，在五嶽之中僅次於東嶽泰山，其祠廟必
然也是規模宏大，為歷代帝王所重視。經過文獻梳理，可知中嶽廟早期和
其他嶽廟一樣，可能僅為壇壝之設，並無廟祀。歷經漢、北魏、唐各代君主
的敕建和重修，在宋金時期達到建設高潮，並於清代乾隆朝大修後廟制穩定
下來。

4.6.1　中嶽廟的創建與發展時期

清康熙三十五年景日昣《嵩嶽廟史》中概括了中嶽廟的歷史沿革：

〔註217〕喬宇，《明正德恒山記》//桂敬順，《乾隆恒山志》，清乾隆二十八年刻本。

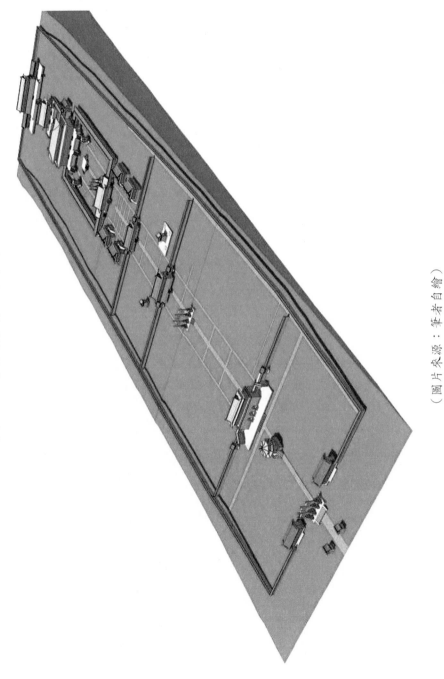

圖 4.16　中嶽廟現存建築佈局圖

（圖片來源：筆者自繪）

嵩嶽自開闢至今，閱幾盛衰矣。嵩下之祠無有有無，遷徙不常，或茂草待圮，或踵事增華，又閱幾盛衰矣。〔註218〕

明萬曆四十年傅梅撰《嵩書》中對中嶽廟的設廟起源進行了考證：

卷之三　壇廟四　中嶽廟：

在太室東南黃蓋峰下，去縣八里。莫祥始創之年。

按：漢武帝詔曰：「其令祠官加增太室祠。」自武帝以前已先有祠，帝特加增耳。

又按：唐韋行儉《廟記》云：「元魏徙廟於嶽之東南。」若謂元魏以前廟在別所者，今廟正南神道數十步，有古石門，隸書銘詞雖泐，尚可讀，內有「聖朝肅齊，眾庶所尊」等語。銘後刻云：「元初五年四月，陽城長左馮翊、萬年呂常始造作此石門。」按：元初，漢安帝時年號。觀此，則廟不自元魏始，明矣。歷代各有重修碑文，規制弘敞，松柏森蔚，為一方寺觀之冠。〔註219〕

圖4.17　中嶽廟建築布局圖

（圖片來源：網絡圖片）

〔註218〕景日昣，《嵩嶽廟史》，卷之三 // 嵩嶽文獻叢刊（4），鄭州：中州古籍出版社，
　　　　2003年，頁17。
〔註219〕傅梅，《萬曆嵩書》，明萬曆四十年刻本。

　　得出結論，中嶽在漢武帝是已有祠廟太室祠，並非始於北魏遷廟，且有漢太室神闕佐證，似乎可得一說。

　　關於中嶽廟的創始時間，又有一說，即北魏遷廟說：

　　清乾隆五十二年洪亮吉、陸繼萼等撰《登封縣志》中記載：

> 　　《一統志》：在登封縣東，嵩山神蓋峰下；
>
> 　　《河南府志》·唐韋行儉廟記：謂元魏徙廟於嶽之東南，即金黃久約所謂：「舊有廟在東南嶺上者也。」行儉謂元魏徙廟，而黃以為莫知其經始，記文偶□耳。至黃謂魏太安徙於神蓋山，韋則不及。合觀二記，則元魏兩徙廟也。初徙於東南嶺上，又徙於神蓋山，所謂東南嶺者，今廟玉案嶺也。所謂神蓋山者，今廟東黃蓋峰也。又峻極中峰上，傳為元魏中嶽廟遺址，是元魏於兩徙廟外又嘗建廟山上矣，可備一說。〔註220〕

　　劉敦楨先生在其《河南省北部古建築調查記》中記到：

> 　　出登封城東門，八里抵中嶽廟，折南半里，即至漢太室祠石闕。據《史記·封禪書》，太室祠的祀典，似始於秦：秦併天下，令祠官所常奉天地名山大川鬼神，……，自崤以東，名山五，大川祠二。曰太室，太室嵩高也。……，
>
> 　　其後漢武帝元封元年登太室山，聞萬歲聲，命增祀三百戶，疑當時此廟應位於山上。《縣志》謂漢武帝時，始移至現在中嶽廟南，證以少室、啟母二闕，凡闕之所在，即是祠廟所在地點，似其說尚為可信，故文本亦稱為漢太室祠石闕。〔註221〕

4.6.2　中嶽廟的全盛與穩定時期

　　清康熙嵩山學者景日昣在《嵩嶽廟史》〔註222〕一書中對中嶽廟的歷史沿革詳加考證：

> 　　中嶽廟，舊在東南嶺上。年祀綿邈，莫知其經始之由。（見金黃久約碑）

〔註220〕陸繼萼、洪亮吉，《乾隆登封縣志》，清乾隆五十二年刻本。

〔註221〕劉敦楨，《河南省北部古建築調查記》// 中國營造學社（編），《中國營造學社彙刊》，北京：知識產權出版社，2006 年第 6 卷第 4 期，頁 56。

〔註222〕景日昣，《嵩嶽廟史》，卷之三 //《嵩嶽文獻叢刊（第四冊）》，鄭州：中州古籍出版社，2003 年，頁 17。

漢武帝元封元年，令祠官加增太室祠，詔以三百戶，封太室奉祠，命曰崇高。

靈帝仍改崇高為嵩高。

魏太武帝太延元年，立廟於嵩嶽上。

按：嵩山中峰舊僅元武一祠，武帝禮登之後，唐人於此立豐山碑。上有天池、玉井，下有石室，蓋最勝處。乃求嶽廟之殘碣半字，杳不可得，蓋魏廟之廢久矣。

竊謂嶽以山重，而祠居山趾，山上無棲神之所，非制也。康熙辛未，幸好義者仿舊制再築之，登斯山也仰止有地矣。

太安中，徙中嶽廟於神蓋山。（見金黃久約碑）

按：嵩山二十四峰無神蓋山。今廟後黃蓋峰絕頂有廟三楹，登其上遠眺，嶽廟全勢在目，境據最勝，或一地而古今異名與？

魏徙廟於嶽之東南。（見唐韋行儉《記》）

按：此云徙廟於嶽之東南。今嶽廟在太室東南黃蓋峰下，去縣七里，正其地也。然謂元魏始徙，則元魏以前廟在別所矣。今廟正南神道數十步有古石門，隸書銘詞雖泐尚可讀，內有「聖朝肅齊，眾庶所尊」等語銘，後刻云：「元初五年四月，陽城長左馮翊、萬年呂常始造作此石門。」按：元初，漢安帝時年號，據此則廟不自元魏始明矣。

唐武后垂拱四年，改嵩山為神嶽。封其神為「中天王」，配為「天靈妃」。

按：嵩山之稱神，其有封號配妃自此始。夫武曌牝晨狐媚，輒以污穢之詞侮黷神嶽。雖登封典隆，尊禮有加，聰明正直之神其吐之乎！並封其配，尤為不經。

萬歲通天元年，尊神嶽天中王為「神嶽天中神帝」，天靈妃為「天中黃后」。

開元初，改卜建廟於嵩山之東麓。（見金《黃久約碑》）

按：廟南石闕銘上泐元初年號，則嶽廟之建於嵩東麓也，自漢已然，所從來遠矣。唐韋行儉記云徙自元魏，金黃久約記雲改自開元，庶拾（屬實）不確，遂樹千古疑案。嵩下古碑甚多，廟傳既久，五代以上半碣無存，致好古者無從核實，可噫也。

開元十八年，命祀嵩山以王禮，仍封嶽神為「天中王」，再飾祠宇。

申漢南元戎滎陽鄭公，崇飾中嶽中天王廟，自中天王洎夫人，纓緯冕服，首飾步搖，間以金翠。（韋行儉《記碑》）

按：此碑不載世代年號，作記者韋行儉唐人，故書唐也。漢南元戎滎陽鄭公，不略名當有所諱也，然而名不傳矣。唐垂拱、開元間，正神號曰天中王，此稱中天王，想亦臨文之誤耶。

登封縣令李方郁，奉河南尹府庫十萬修中嶽廟。（李方郁記碑）

按：此碑亦不載世代年號，河南尹姓名病闕（缺）。李方郁，唐人也，故書之。

宋太祖乾德元年，製嶽神衣冠劍履。

按：神嶽之有衣冠劍履始此。今時廟會四方進香，競獻神袍，仿此意也。

乾德二年，宋留守侍中差軍將孫禧，又差登封鎮將郭武等，重修中嶽廟行廊一百餘間，飾以丹青，繪之部從，載松植木。（駱文蔚撰碑）

按：嶽廟古柏百餘株，蒼蔚覆兩序，大俱數抱。自東南來者，四十里遙見青蔭蓊蘙，碧瓦輝映，氣佳哉！高嶽藉色，神之樓也。疑是數百年物，而碑無可考。……

開寶六年，敕修中嶽中天王廟，詔縣令兼廟令，尉兼廟丞。（盧多遜記碑）

真宗大中祥符四年，加上中嶽尊號曰「中天崇聖帝」，中嶽后曰「正明后」。命翰林官詳定儀注及冕服制度，崇飾神像之禮。（王曾撰碑）

大中祥符六年，命中使增修中嶽中天崇聖帝廟殿，造碑樓等共八百五十間，移塑尊像及裝修新舊功德畫壁等，共四百七十所。（陳知微撰碑）

金世宗大定十四年，敕修中嶽廟，十八年六月告成。廟制規模小大廣狹、位置像設悉仍其舊。為屋二百三十八間。其西齋廳以待每歲季夏遣使祭祀之次舍，不與焉。（黃久約撰碑）

按：夏正、季夏在未土行正位也。嵩嶽填星，旺在鶉火，因而祀之為當其時。金人可謂有禮矣。

金正大五年，邑宰蒲察公重修中嶽廟，一遵向日制度而潤色之。三濬寒泉，六植僕碑。（李子樗撰碑）

元世祖至正二十八年，加上中嶽為「中天大寧崇聖帝」。

明太祖洪武三年，詔去其前代所封名號，嵩山稱中嶽嵩山之神。

嘉靖壬戌年，縣令劉汝登、屬縣經歷李元實修黃中樓，表以重臺，覆之重屋，改名曰「天中閣」。（朱衡撰碑）

崇禎十四年三月，大殿毀於火，兩廡俱燼。

皇清順治十年，邑民王貢募修，規制煥然一新。〔註223〕

4.6.3　小結

綜上所述，通過梳理歷史文獻和綜合諸多學者的研究考證，發現中嶽廟的歷史沿革比較明確，即始建於漢代以前，北魏時遷廟於現址，但具體廟祀最初立於何處還存在爭論。及至唐宋封王號、升帝號，廟制恢弘，宋金兩朝不斷修造中嶽廟，使其達到整個建築群發展的最高潮。之後戰亂頻發，嶽廟受到破壞，歷經元明增修，終於明、清兩代定型，現存南嶽廟即為清代歷次大修後的遺存，尚存宋代建築布局和規模。

4.7　本章小結

綜上所述，依據歷史文獻和歷代學者的研究考證，可以基本明確山五嶽嶽廟的修建歷史脈絡，即漢代已有祠廟之設：泰山宮、西嶽集靈宮、嵩山太室祠、東漢建太室闕；北魏遷廟、建廟：泰山下廟、西嶽廟（考古發掘報告北魏遺址）、北嶽廟、中嶽廟三遷廟址；隋遷南嶽廟；

唐代敕修：高宗、武后封禪泰山、武周封禪嵩山、玄宗封禪泰山、欲封禪華山，因嶽廟災而罷封；

宋代敕修：太祖、太宗敕修、真宗封禪泰山、五嶽加帝號、親謁西嶽廟、醮告於嵩山，五嶽嶽廟規模隆崇、形制完備，為發展最高潮階段；

〔註223〕景日昣，《嵩嶽廟史》，卷之三 //《嵩嶽文獻叢刊（第四冊）》，鄭州：中州古籍出版社，2003 年，頁 17。

金代敕修：大定，宋金元戰亂不斷，各嶽嶽廟均受到極大的破壞；規模和形制降低；

元代敕修五嶽嶽廟：至元時期加封帝號；

明代：洪武去五嶽封號、正統敕修、嘉靖、萬曆各廟均詳加修繕，嶽廟復興；

清代：康乾光三朝均有大的修繕，尤以康熙朝最盛，三發詔旨敕修嶽廟；

通過前面六節的分析，對照各個時期五嶽嶽廟修建的歷史文獻資料，整理出歷代同時修建嶽廟的記錄如表 4.1、表 4.2 所示：

表 4.1　五嶽嶽廟歷史沿革小結

嶽　　廟	濫　　觴	增　　擴	高　　潮	穩　　定
岱　　廟	兩　　漢	北魏／唐移今址	宋、金	元、明、清
南嶽廟	隋移廟	唐建司天霍王廟	宋	元、明、清
西嶽廟	漢武帝	北魏遷廟於今址	唐宋金元	明、清
曲陽北嶽廟	北魏遷廟址	唐	宋	明、清
渾源北嶽廟	北魏之前			明、清
中嶽廟	西漢以前	北魏遷廟於今址	宋、金	元、明、清

由上表可知，五嶽嶽廟歷史沿革的特點：

1、漢代已有祠廟之設；

2、北魏對於嶽廟來說，是一個關鍵的增擴和遷建時期；

3、唐宋兩代，封禪、祭祀，五嶽加王號、帝號、五嶽嶽廟規模隆崇、形制完備，為發展最高潮階段；

4、金元兩代敕修，宋金元戰亂不斷，各嶽嶽廟均受到極大的破壞；規模和形制降低；

5、明代：正統敕修、嘉靖、萬曆各廟均詳加修繕，嶽廟復興；

6、清代：康乾光三朝均有大的修繕，尤以康熙朝最盛，三發詔旨敕修嶽廟。

表 4.2　歷代同時修五嶽嶽廟次數記錄

朝　代	岱　廟（次）	南嶽廟（次）	西嶽廟（次）	曲陽北嶽廟（次）	渾源北嶽廟（次）	中嶽廟（次）
漢	1		3			1
晉			1			
北魏	1		2	2		2
北周			1			
隋	2	1	1			
唐	3	2	2	3	1	4
五代	2			1		
北宋	7	7	5	6		5
金	1		2	1	2	5
南宋		4				
元	2	4	1	1	1	1
明	8	4	7	2	4	5
清	8	6	5	5		6
民國		1		1		
總計	35	29	30	22	9	29

　　由表 4.2 可知，五嶽嶽廟除了渾源北嶽廟創製較晚外，其餘五座嶽廟均得到了 30 次左右的修繕活動，可見總修廟次數各廟相差不多；還可發現，宋、明、清三代是嶽廟修廟次數最多的三個時間段，從側面體現出這三代帝王對五嶽嶽廟的重視。

　　元世祖至元年間也是同時敕修五嶽嶽廟的關鍵時期，五次修廟工程均為皇家敕建，時間先後為：岱廟、中嶽廟、曲陽北嶽廟、西嶽廟和南嶽廟，由此也可看出五嶽嶽廟體系中帝王重視的程度不一。具體情況如表 4.3 所示。

表 4.3　元世祖至元間同時修繕五嶽嶽廟記錄

	岱　　廟	南嶽廟	西嶽廟	曲陽北嶽廟	中嶽廟
至元三年 1266 年	我世祖皇帝踐祚之七年，創構仁安殿，以妥嶽靈				
至元五年 1268 年					今聖上出內府之財，修歷代之典，經營締構者三歲，適峻極之殿成
至元七年 1270 年				世祖受命，肇新祠宇。今大殿牓文為至元七年題建，疑修祠時為之。	
至元 十六年 1287 年			以嶽祠幾雨將騫，內出鈔萬八千鏹為完葺費。三年易弊而新		
至元 二十年 1283 年		至元二十年詔，行中書省考舊鼎建，越若干年大殿成。			
文獻出處	元至正《東嶽別殿重修堂廡碑》	元《明善敕賜南嶽昭聖萬壽宮碑》	元姚燧《太華真隱褚君傳》	元至正《代祀恒嶽記》光緒《重修曲陽縣志》	
修建方式	敕建	敕建	敕建	敕建	敕建

第 5 章　五嶽嶽廟基址規模的尺度分析

本章為五嶽嶽廟建築基址規模與其相應的禮制等級研究的專題。由五嶽嶽廟的相關規制和歷史隆興的時代出發，按年代分為兩個階段：宋金元時期以及明清時期，依此兩段時間劃分分別對五嶽嶽廟建築群的基址規模進行文獻梳理和比較分析，主要從內容將涉及建築群用地規模劃定的規則與類似規模等級的建築群基址規模的分布規律，院落大小及正殿規制與建築所有者身份等級的關係等問題。

通過以上研究，試圖闡明五嶽嶽廟這一五嶽祭祀建築群等級形制之間的整體關聯，找出五嶽嶽廟基址規模的特點和規律，更深入的理解國家政治格局和禮制等級約束下的嶽廟建築群的整體狀況。

中國古代建築史研究中，一般將建築群按照宮殿、衙署、祠廟、寺觀等類型進行分類，分類的依據主要是用途。王貴祥先生在《「五畝之宅」與「十家之坊」及古代園宅、里坊制度探析》一文中討論了中國古代的建築群的共同特徵，提出「住宅是中國古代建築的基本原型」的概念。〔註1〕如果從禮制系統的等級角度思考，以上所述的建築群都可以按照其所有者的身份，以「宅」的概念納入同一個參照體系，這使得一種整體視角的建築群等級研究稱為可能。在「宅」的概念下，按照其所有者的地位，可以對建築群進行佔地規模與正殿等級的總體考察。

〔註1〕 王貴祥，《「五畝之宅」與「十家之坊」及古代園宅、里坊制度探析》//賈珺，《建築史（第21輯）》，北京：清華大學出版社，2005年，頁144～156。

5.1 岱廟基址規模的尺度分析

泰安岱廟，又稱「東嶽廟」，在歷史上一個相當長的時期內還曾稱為「岱宗祠」、「岱嶽祠」、「泰山廟」等，作為奉祀東嶽泰山之神的祠廟，既是國家官方祭祀建築群，同時又是道教聖地和當地百姓進香祈福之所。

圖 5.1　岱廟建築形制分析圖

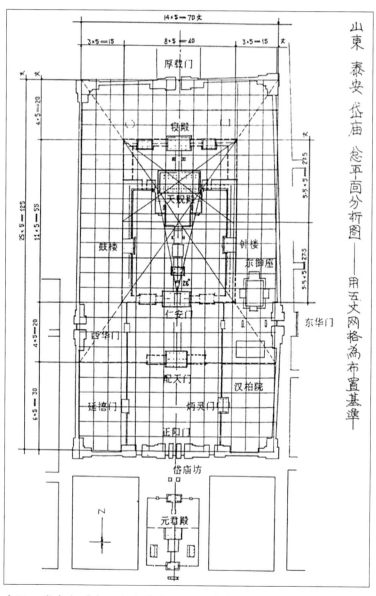

（圖片來源：傅熹年《中國古代城市規劃、建築群布局及建築設計方法研究》）

　　現存的岱廟整座建築群坐北朝南，「平面呈南北長、東西窄，南北長 406 米，東西寬 237 米，總面積 96222 平方米，約合一百六十餘畝。」〔註2〕其中並不含遙參亭院落的佔地面積，「遙參亭為二進院，南北長 66.2 米，東西寬 66 米。」〔註3〕

　　傅熹年先生在《中國古代城市規劃、建築群布局及建築設計方法研究》一文中對岱廟現狀平面圖利用「方格網」法進行了數據分析，認為岱廟是「用方 5 丈的網格為基準布置的。按北宋 1 尺長 0.305m 計，畫方 5 丈的網格，在平面圖上核驗，可見廟區外牆東西寬各占 14 格，南北深占 25 格。廟內前院南北深占 6 格，即 30 丈；配天門左右橫牆至主殿院南牆深 4 格，即 20 丈；主殿院東西寬占 8 格，為 40 丈，南北深占 11 格，為 55 丈；主殿院北距北廟牆 4 格，即 20 丈，東西距東西廟牆各 3 格，為 15 丈。這些整齊的格數表明建築布置和網格是有密切的呼應關係的。」〔註4〕（圖 5.1）

5.1.1　宋、金、元

　　宋元時期的歷史文獻中缺乏明確的尺度記載，僅有總建築規模，及整個建築群的房屋總數，只能粗略得出宋金時期岱廟的佔地規模。（表 5.1）

表 5.1　宋金元時期岱廟建築基址規模的變遷

年代	嶽廟基址規模	文獻出處	備註
北宋建中靖國元年	先是魯人相率出財，為正殿，重門，頗極壯麗，而他殿若門、若廊制度庳隘，不足以稱。……，飛觀列峙，修廊周施，總為屋七百九十有三區，繚以崇墉，表以雙闕，積工五十四萬有奇，用錢六千八百萬有奇，改作於紹聖四年六月。至今皇帝即位之明年，實建中靖國元年十月告成，前詔翰林學士臣肇為之記。	宋《曲阜集》	總為屋七百九十有三區
元至正十三年	岱宗有祠，實自唐始，宋大中祥符肇建今祠，大其制，一如王者居。其殿宇、門觀、長廊、迴閣，總八百一十有二楹。	元《東嶽別殿重修堂廡碑》	總八百一十有二楹

〔註2〕劉慧，《泰山岱廟》//朱正昌總主編，《山東文物叢書·建築》，濟南：山東友誼出版社，2002 年，頁 72。

〔註3〕劉慧，《泰山遙參亭》//朱正昌總主編，《山東文物叢書·建築》，濟南：山東友誼出版社，2002 年，頁 69。

〔註4〕傅熹年，《中國古代城市規劃、建築群布局及建築設計方法研究·上冊》，北京：中國建築工業出版社，2001 年，頁 40。

從宋元得到兩條關於岱廟的建築規模的材料，可知，岱廟整個建築群的總建築間數為 800 間左右，達到相當大的規模。

5.1.2 明、清

明清更替之後，有清一代祭祀泰山的祀典變得更加隆重，康熙、雍正、乾隆三朝均對岱廟進行多次修復，使得岱廟的建築規模和形制都達到最終的完備。（圖 5.2）

圖 5.2 明代岱廟建築規模示意圖

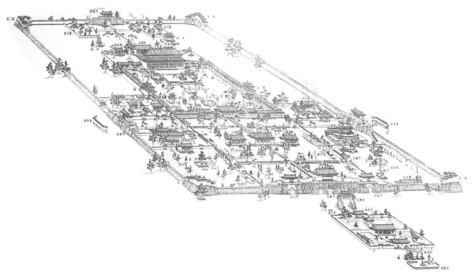

（圖片來源：泰安岱廟文物管理處《岱廟示意圖》）

康乾盛世，是封建時期的中國的一次發展盛世，亦是岱廟最後一個建設高潮時期。同時，岱廟在這個時期的修建活動也與康、乾二帝頻繁南巡順路禮祀泰山、駐蹕岱廟有一定的關係。（表 5.2、圖 5.3）

表 5.2 明清時期岱廟建築基址規模的變遷

年　代	嶽廟基址規模	文獻出處	備　註
明弘治元年	東嶽廟一在州城西北隅，宋大中祥符間創建。金大定間鼎砌磚城，周圍二里，高二丈。	弘治泰安州志	周圍二里
明嘉靖	廟制：堞城，高二丈，周三里，城門有八。	嘉靖岱史	周三里
康熙十年	廟制：堞城，高二丈，周三里，城門有八。	康熙泰安州志	周三里

乾隆 二十五年	亭北為廟城，牆高三丈，周三里，南五門，中為嶽廟門，左右為掖門。	泰安府志	周三里
乾隆 三十八年	北為廟城堞，方三里，高三丈，門八。	泰山道里記	方三里
乾隆 三十九年	東嶽坊北為廟城，周三里，高三丈，有奇門凡八。	泰山圖志	周三里
乾隆 五十五年	岱廟在泰安府北，城內之西偏基，分城內地四分之一，宏廓壯麗，儼然帝居。 廟制：堞城高三丈，周三里，城基厚兩丈餘，城上柏樹大者二三尺圍，開八門。	泰山述記	分城內地四分之一周三里
嘉慶	岱廟，在郡城內西北，繚以雉堞，周三里，高三堵。	岱覽	周三里
嘉慶	東嶽坊北為廟城，周三里，高三丈，有奇門凡八。	泰山志	周三里
道光八年	配天門南為正陽門，廟四面為城，甃以磚石，高三丈，周三里，城門有八。	道光泰安縣志	周三里

圖 5.3　乾隆岱廟建築圖

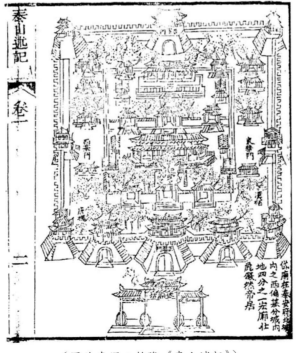

（圖片來源：乾隆《泰山述記》）

　　由上表可知，明清時期的泰山岱廟除了第一條史料——明弘治《泰安州志》中的基址規模是「周圍二里」〔註5〕，其餘的十條史料都提出岱廟的佔地規模是「周圍三里」，可見「周圍三里」應當確實是明清時期岱廟的基址規模，通過之前章節的分析，岱廟於明代建築布局和布局就已定型，城垣繚繞，不會輕易變更其廟址，因此，「周圍三里」應該是一個值得確信的數字。

　　在表中乾隆五十五年的《泰山述記》中提出：「岱廟在泰安府北，城內之西偏基，分城內地四分之一，宏廓壯麗，儼然帝居」。〔註6〕

　　結合清康熙十年《泰安州志》中「城池」一節中，關於泰安城的規模為：

　　　　州舊為土城，金大定二年，久多崩圮，如丘可徑，池堙可塗。

　　嘉靖癸未，臺省鑒正德辛未之患，議設守國，乃檄濟南通判王雲興，

　　版鐘為石。城七里六十步。〔註7〕

　　由上可知，泰安城佔地七里六十步，岱廟分城內四分之一的用地，實為一座宏偉的壯麗祠廟，泰安城周的「七里六十步」的四分之一，約合於周三里，看來岱廟在明清時的基址規模確信無疑。

5.2　南嶽廟基址規模的尺度分析

　　傅熹年先生在其研究中，對南嶽廟平面圖上作進一步分析，發現「南嶽廟也是以方5丈的網格為基準布置的。按北宋尺長0.305m畫方5丈網格，在平面圖上核驗，廟牆範圍東西寬13格，南北深19格，為65丈×95丈；廟內的主殿院東西寬7格，南北深12格，為35丈×60丈。主殿院北距北廟牆3格，為15丈，南距南廟牆為4格，即20丈，東西距東西廟牆各占3格為15丈。正殿和南面的御書樓之南北中線都基本和橫向網格重合。如從廟之四角樓處畫對角線，其交點恰在露臺的正中。如就主殿院四角畫對角線，則其交點在露臺上的偏北處。若自此交點畫橫線分主院為南北兩部分，再分別畫對角線求其南北中分線，則正殿恰在北半部的中心，而御書樓也基本位於南半的中心處，其情形和岱廟主殿院正殿居於北半部中心相同。」〔註8〕（圖5.4）

〔註5〕胡瑄，李錦，《弘治泰安州志》，明弘治元年刻本。

〔註6〕宋思仁，《乾隆泰山述記》，清乾隆五十五年刻本。

〔註7〕任弘烈修，鄒文郁續修，《康熙泰安州志》，清康熙十年刻本。

〔註8〕傅熹年，《中國古代城市規劃、建築群布局及建築設計方法研究·祭祀建築》，北京：中國建築工業出版社，2001年，頁41。

圖 5.4　南嶽廟建築形制分析圖

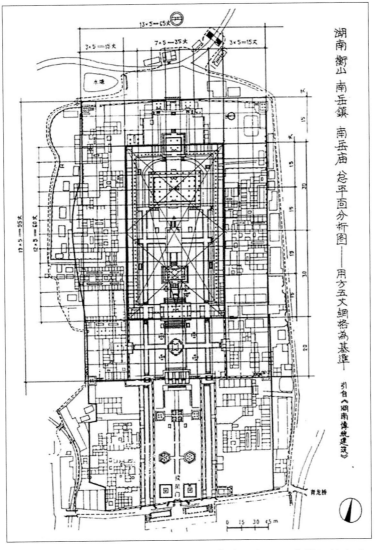

（圖片來源：傅熹年《中國古代城市規劃、建築群布局及建築設計方法研究》）

5.2.1　宋、金、元

宋陳田夫撰《南嶽總勝集》中記載了宋大中祥符時期南嶽廟的佔地規模：

> 嶽廟，在紫蓋峰南，下喜陽峰之西，集賢峰之東，吐霧面其南，
> 軫宿距其北。周圍二三里，約八百餘間。〔註9〕

〔註 9〕陳田夫，《宋南嶽總勝集》，清光緒三十三年刻本。

　　可知南嶽廟在送愛的基址規模是周長「二三里」，總建築規模是八百多間，與同時期的岱廟規模相類似。

5.2.2　明、清

　　清乾隆高自衛撰《南嶽志》載（圖5.5）：

> 南嶽廟，在赤帝峰下，坐壬向丙，前後直深一百二十五丈左右，橫廣分兩截，後截五十七丈八尺有奇，前截四十六丈三尺有奇。〔註10〕

圖5.5　清康熙南嶽廟圖

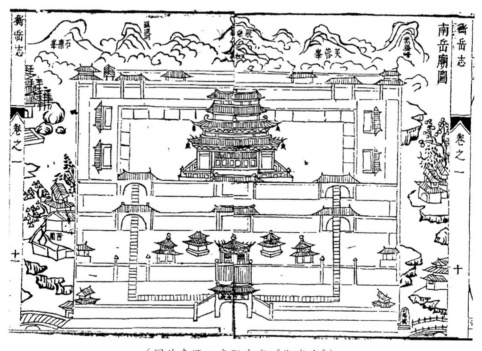

（圖片來源：康熙朱衰《衡嶽志》）

　　清光緒李元度撰《重修南嶽志》卷二《圖說》中載：

> 南嶽廟，在赤帝峰下，坐壬向丙，前後直深一百二十五丈左右，橫廣分兩截，後截五十七丈八尺有奇，前截四十六丈三尺有奇。〔註11〕

〔註10〕高自位，曠敏本，《乾隆南嶽志》，清乾隆十八年刻本。
〔註11〕李元度撰，《重修南嶽志》，清光緒刻本。

　　明確得知，衡山南嶽廟在清代的基址規模是：南北長 125 丈，前後東西分兩截：57.8（後）／ 46.3（前），南嶽廟自清末至今基址規模基本未變，經過分析現狀南嶽廟總平面圖，並參考傅熹年先生分析《南嶽廟圖》〔註 12〕可知，其具體尺寸為：前半部分為 46.3 丈×30 丈，後半部分為 57.8 丈×95 丈，周長合為 366 丈，佔地面積為 114.7 畝。按現在米尺換算，計佔地面積 78680 餘平方米，建築規模與現存南嶽大廟基本相同。

5.3　西嶽廟基址規模的尺度分析

　　西嶽廟始建於西漢武帝，今之西嶽廟「改建於南北朝時期，至今已有一千六百年左右的歷史，廟域由初創時的近十八畝，歷經唐宋金元明的擴拓，發展到清代達 186 畝（不含影壁至月城之間面積）。」〔註 13〕（圖 5.6）

5.3.1　南北朝

　　前面章節中基本明確了西漢武帝時始創西嶽祠廟、又經北魏中遷廟於今西嶽廟址，西嶽廟的起源問題基本得以解決。在這期間的東漢時期以及魏晉南北朝時期，均為華山西嶽廟的擴展階段。

　　通過西嶽廟考古工作得知，「南北朝時期廟址位於今嶽廟內的金城門至灝靈殿後 13 米處，平面布局略呈平行四邊形，坐北朝南，北偏東 13 度。廟域東西寬 111、南北長 108 米，總面積 11988 平方米，合今 18 畝。」〔註 14〕（圖 5.7）

5.3.2　隋、唐

　　隋唐兩代，西嶽廟進入一個快速發展的時期，由於西嶽廟位於西都長安和東都洛陽的通衢官道北側，隋唐兩代帝王不斷親謁嶽廟。隋大業十年，煬帝祭祀華山，在西嶽廟側築壇祈禱。

〔註 12〕傅熹年，《中國古代城市規劃、建築群布局及建築設計方法研究》，北京：中國建築工業出版社，2001 年，頁 32。從圖 II-3-6 湖南衡山南嶽鎮南嶽廟總平面分析圖中，可知南嶽廟後半部分南北長度為 95 丈，因光緒《衡山縣志》中南北長總計為 125 丈，因此前半部分為 30 丈。

〔註 13〕陝西省考古研究院、西嶽廟文物管理處，《西嶽廟》，西安：三秦出版社，2007 年，頁 510。

〔註 14〕陝西省考古研究院、西嶽廟文物管理處，《西嶽廟》，西安：三秦出版社，2007 年。

圖 5.6　歷代西嶽廟形制平面圖

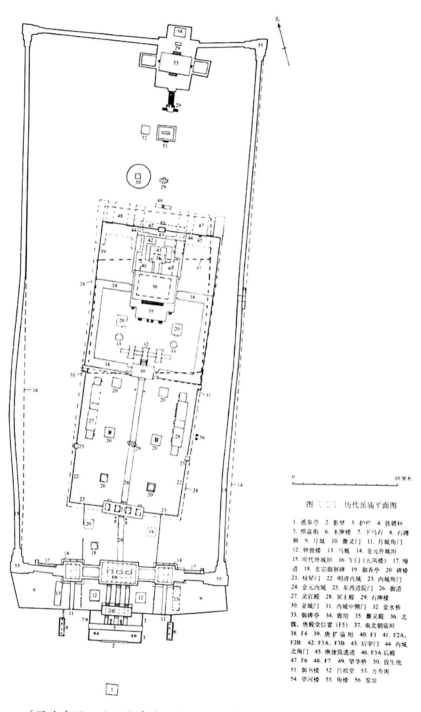

（圖片來源：陝西省考古研究院、西嶽廟文物管理處《西嶽廟》）

圖 5.7　南北朝西嶽廟形制平面圖

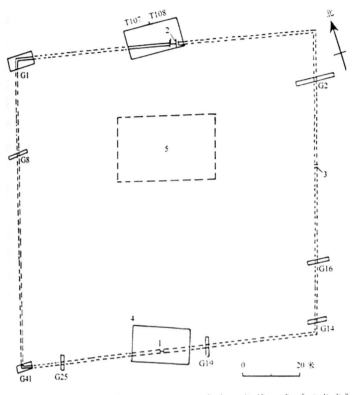

（圖片來源：陝西省考古研究院、西嶽廟文物管理處《西嶽廟》）

　　及至唐玄宗即位，「乙酉歲生，以華嶽當本命。先天元年七月正位、八月封華嶽神為金天王」。〔註15〕開元十二年十一月庚申，玄宗「幸東都，至華陰，上制文勒碑立於通衢。舊路在嶽北，因是移於嶽南，而北廟獨顯」。說明，此時西嶽廟為了更方便玄宗祭祀西嶽，遂將原在廟北的官道移至廟南，因此西嶽廟處於東西通衢大道的北側，更顯得地位隆崇。

　　此依發現的唐代擴拓的西垣長度復原，「廟宇形制由原來的方形擴展為長方形，南北長約 147、東西寬 111 米，佔地面積約 16317 平方米，合 24.5 畝。依據發現的西垣長度計算，唐代至少將廟域向北擴大了 6.5 畝。」〔註16〕（圖5.8）

〔註15〕脫脫等撰，《宋史》，卷一百二，《志第五十五・禮五・吉禮五・嶽瀆》，北京：中華書局，1977 年，頁 2489。
〔註16〕陝西省考古研究院、西嶽廟文物管理處，《西嶽廟》，西安：三秦出版社，2007年。

圖 5.8　唐代西嶽廟形制平面圖

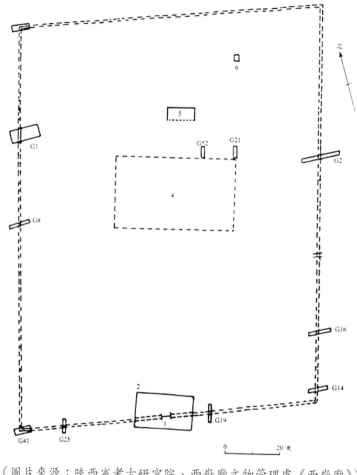

（圖片來源：陝西省考古研究院、西嶽廟文物管理處《西嶽廟》）

5.3.3　宋、金、元

延至宋代，太祖建隆二年，「廟貌特加修建，闡舊規而從新制，起俾陋而為顯敞，土木之制，盡其壯麗。」[註17]真宗封禪泰山畢，改元大中祥符元年，並於第二年，修西嶽廟。[註18]大中祥符四年二月，「祀汾陰，車駕至潼關，遣官祭西嶽。用太牢備三獻禮，庚午親謁嶽廟，群臣陪位，廟垣內外列黃麾仗，遣官分祭廟內諸神，加號嶽神為順聖金天王」。[註19]由此之後，西嶽同

〔註17〕宋建隆《宋修西嶽金天王廟碑銘》。
〔註18〕《玉海》中記載「祥符二年三月乙丑，修西嶽廟」。
〔註19〕《宋史・帝紀・禮志》。

其他四嶽一道升為帝號，其祠廟必然也會相應的升格，進行必要的擴修。

通過考古試掘得知，「宋代廟垣遭到嚴重破壞，殘留的遺跡不多。根據這次發現的廟垣殘跡，廟域位於今廟內中部，其位置與明清時期的內城大體相同。……宋代的嶽廟東垣南端在明清內城東垣外側 1.3 米處，北端在明清內城東垣外側 2.3 米處，西垣南端約在明清內城西垣之西 3.1 米處，南垣約在明清內城南垣以南 3.4～4.6 米處，北垣可能在明清內城北垣以北 20 米左右處。依此復原，宋代廟垣平面布局呈長方形，北端東西寬約 122 米，南端東西寬約 113 米，南北長約 290～291 米，總面積約 34133.8 平方米，約合今 51.2 畝。方向北偏東 17 度。」〔註20〕（圖 5.9）

通過考古發掘可知，「金元時期的西嶽廟外城布局和規模與現存的明代外城基本相同，其布局呈窄長方形，南北長約 518.4 米，東西寬約 207～230 米，面積約 113270.4 平方米，合 170 畝。方向北偏東 8 度。」〔註21〕（圖 5.10）

5.3.4　明、清

明、清兩代時西嶽廟發展的全盛時期，綜合文獻可發現明代共有八次修繕活動，清代共有四次大修，奠定了西嶽廟的現狀形制和建築規模。

明代有關西嶽廟建築基址規模的文獻如下：

明成化十八年周洪謨《重修西嶽廟記碑》有載：

> 國（明）朝歷聖御天，因事祭告，……，第以承平百年。又逾一紀，棟宇瓦堲，日浸腐敝。鎮守太監覃平公，都御史程公宗輩，奏允重修。……，經始於成化己亥秋，落成於壬寅夏。前為堂，後為室，其間貫以縱屋，連棟者五。左為神廚，右為神庫。堂之前，左右為廊，凡八十四尺，其間為重門。重門之內，有御香亭，古今碑石羅列於左右，西有屋一區，以樓道流。重門之外，又為臺門，建重屋其上，巽坤維皆有角樓。大率為屋凡一百八十七間。所費不貲，且完且美。……〔註22〕

〔註20〕陝西省考古研究院、西嶽廟文物管理處，《西嶽廟》，西安：三秦出版社，2007 年。

〔註21〕陝西省考古研究院、西嶽廟文物管理處，《西嶽廟》，西安：三秦出版社，2007 年。

〔註22〕周洪謨，《明成化十八年重修西嶽廟記碑》∥李榕，《道光華嶽志》，清道光刻本。

圖 5.9　宋代西嶽廟形制平面圖

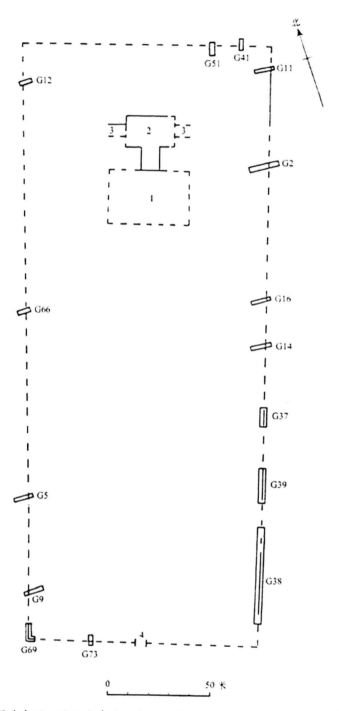

（圖片來源：陝西省考古研究院、西嶽廟文物管理處《西嶽廟》）

圖 5.10　金元時期西嶽廟形制平面圖

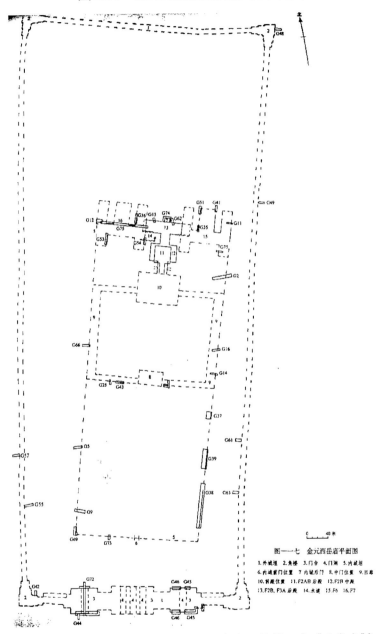

（圖片來源：陝西省考古研究院、西嶽廟文物管理處《西嶽廟》）

明嘉靖二十年夏言重《重修嶽廟碑記》云：

　　廟有正殿五楹，殿後寢堂各二楹，前為欞星門，七座門頭，五
座國朝碑樓，一座則任君因舊而增葺之也。已圯而重建者：左右司

房九座，鬱壘殿二座，歷代碑樓、東西旱船各二座。外為樓櫓，聯
以角樓，間凡二百有奇，則今趙君成之也。前後費凡二千金，皆
取於廢寺及黃河灘地之稅，潼關匭賦罰鍰。秦王重其事，亦助白
金。〔註23〕

明嘉靖四十一年瞿景淳《重修西嶽廟碑記》載：

嘉靖四十一年癸亥冬，陝西重修嶽廟成。……，工之始興，實
自壬戌仲夏一日，閱二年始成。自寢殿以及門亭，凡二百一十二
（間），費金凡一萬二千二百有奇。〔註24〕

明嘉靖《陝西通志》中載西嶽廟基址規模：

周圍蕭牆凡三百七十四丈。〔註25〕

明萬曆張維新《重修西嶽廟碑記》：

先是灝靈角樓遭回祿頹阤，比歲廟宇為霖潦所齧，丹艧剝落，
咸次第修舉。由殿寢、御香亭、神廚齋所漸於金城諸門、灝靈諸
樓，周圍環除，約二百餘櫓。〔註26〕

明萬曆王九疇《華陰縣志》：「周圍蕭牆凡三百七十四丈。」〔註27〕

由此，明代西嶽廟的基址規模有明確的尺度記載，城垣周長為三百七十
四丈且總體建築規模維持在兩百間左右。（圖5.11）

據明嘉靖四十一年《重修廟記》碑記載，「乙卯冬，西土震動，嶽廟傾
圮。」〔註28〕通過這次發掘得知，「現存的西嶽廟外城，是地震以後復建的，
其布局和規模與金元時代的外城基本相似，也與明代萬曆年間繪製的嶽廟圖
基本相符。外城平面形制呈窄長方形，東垣長516.2米，西垣長520.6米，南
垣長207米，北垣長230米，面積約113270.4平方米，合170畝。」〔註29〕
（圖5.12）

〔註23〕夏言重，《明嘉靖二十年重修嶽廟碑記》//李榕，《道光華嶽志》，清道光刻
　　　本。
〔註24〕瞿景淳，《明嘉靖四十一年重修西嶽廟碑記》//李榕，《道光華嶽志》，清道光
　　　刻本。
〔註25〕趙廷瑞，《嘉靖陝西通志》，明嘉靖二十一年刻本。
〔註26〕張維新，《明萬曆重修西嶽廟碑記》//李榕，《道光華嶽志》，清道光刻本。
〔註27〕王九疇、張毓翰，《萬曆華陰縣志》，明萬曆四十二年刻本。
〔註28〕瞿景淳，《明嘉靖四十一年重修西嶽廟碑記》//李榕，《道光華嶽志》，清道光
　　　刻本。
〔註29〕陝西省考古研究院、西嶽廟文物管理處，《西嶽廟》，西安：三秦出版社，2007
　　　年。

圖 5.11　明嘉靖時期西嶽廟形制平面圖

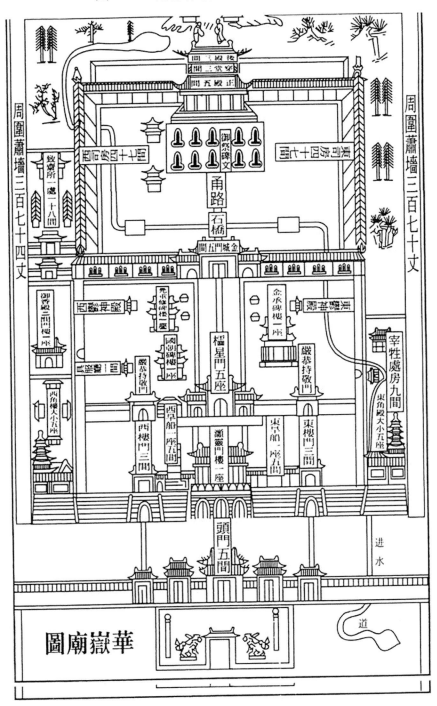

（圖片來源：嘉靖《陝西通志》）

圖 5.12　明代晚期西嶽廟形制平面圖

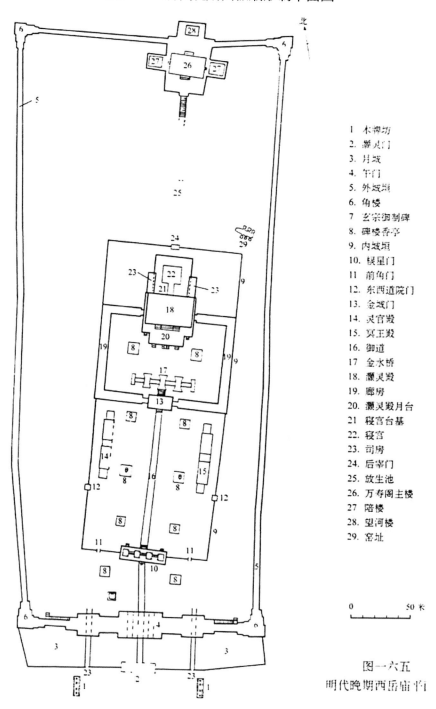

1. 木牌坊
2. 灝靈門
3. 月城
4. 午門
5. 外城垣
6. 角樓
7. 玄宗御制碑
8. 碑樓香亭
9. 內城垣
10. 欞星門
11. 前角門
12. 東西道院門
13. 金城門
14. 灵官殿
15. 冥王殿
16. 御道
17. 金水橋
18. 灝靈殿
19. 廊房
20. 灝靈殿月台
21. 寢宮台基
22. 寢宮
23. 司房
24. 后宰門
25. 放生池
26. 万壽閣主樓
27. 陪樓
28. 望河樓
29. 窯址

0　　　　50 米

圖一六五
明代晚期西岳廟平面

（圖片來源：陝西省考古研究院、西嶽廟文物管理處《西嶽廟》）

　　清代有關西嶽廟建築基址規模的文獻如下：

　　清乾隆陸維垣、許光基修《華陰縣志》中記載：「周圍蕭牆凡三百七十四丈。」〔註30〕

　　清咸豐元年蔣湘南撰《華嶽圖經》中載：「於是規制宏麗，稱其山川。廟前列坊二，中為灝靈門，繞以周垣，角樓四翼，計其地占今尺方十里許也。」

　　廟制：正殿六楹，寢殿四楹，兩翼司房八十餘間。階下鐘鼓樓各一，中竹檻二，池二泓。前為金城門，再為櫺星門，其外左碑亭，右香亭，牌樓七。又前臺門五，上有樓，連珠亦五，宏敞瑰瑋，可以眺指三峰。最後魚池一大泓，近創修藏經閣，搏基甫就。

　　周圍蕭牆凡三百七十四丈。

圖 5.13　清代中期西嶽廟形制平面圖

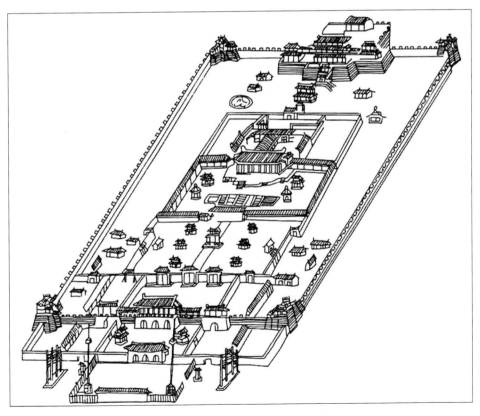

（圖片來源：乾隆《華陰縣志》）

〔註30〕陸維烜、李天秀，《乾隆華陰縣志》，清乾隆五十九年刻本。

圖 5.14　清代西嶽廟形制平面圖

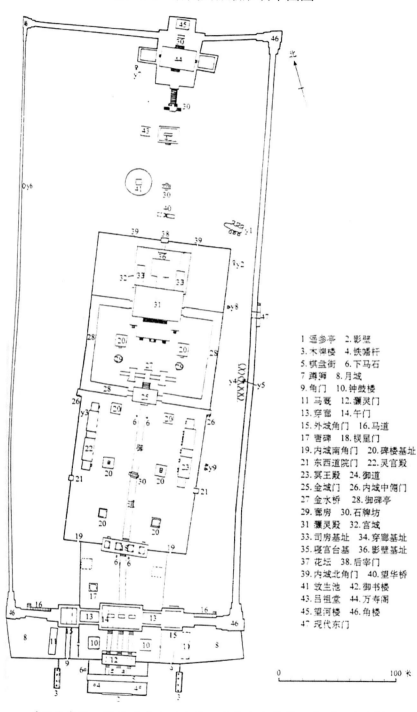

1. 遙參亭　2. 影壁
3. 木牌樓　4. 鐵旗杆
5. 棋盤街　6. 下馬石
7. 蹲獅　8. 月城
9. 角門　10. 鐘鼓樓
11. 馬厩　12. 灝靈門
13. 穿宮　14. 午門
15. 外城角門　16. 馬道
17. 唐碑　18. 欞星門
19. 內城南角門　20. 碑樓基址
21. 東西道院門　22. 靈官殿
23. 冥王殿　24. 御道
25. 金城門　26. 內城中闕門
27. 金水橋　28. 御碑亭
29. 寢房　30. 石牌坊
31. 灝靈殿　32. 宮城
33. 司房基址　34. 穿廊基址
35. 寢宮台基　36. 影壁基址
37. 花壇　38. 后宰門
39. 內城北角門　40. 望華橋
41. 放生池　42. 御書樓
43. 呂祖堂　44. 万壽閣
45. 望河樓　46. 角樓
47. 現代東門

0 _____ 100 米

（圖片來源：陝西省考古研究院、西嶽廟文物管理處《西嶽廟》）

廟外樹兩楔綽，南對又有亭，用以備樂，蓋真稱巍然宇內矣。
（《縣志》）

西嶽廟極壯麗，土臺之上有樓，凡一百七十楹。其中樓特高
大。正與嶽對。

樓北為廟之盡處，垣上有臺，高六十丈，東西二十丈，南北十
九丈，上起層樓，並建小閣，以藏道經。〔註31〕

由上可知，清代基於明代的基址規模沒有大的變動，保持一致，多出
一種新的數據說法，即為佔據用地面積為「今尺方十里許也」。〔註32〕（圖
5.13）

在明代的基礎上，「外城南端增月城，有東南西城垣，東西城垣北與外城
南垣相接，平面布局呈橫長方形，東垣長 23.1 米，西垣長 32.1 米，南垣長 154.6
米，面積 4276 平方米，約合 6.4 畝。」〔註33〕（圖 5.14）

5.4　曲陽北嶽廟基址規模的尺度分析

劉敦楨先生在《河北省西部古建築調查記略》中介紹了曲陽北嶽廟的大
致情形（圖 5.15）：

曲陽，自漢武帝以來，至清初順治間，前後千七百餘年，為歷
代遙祀北嶽的地點。不過現在北嶽廟的位置在文獻上，只能追索至
唐代為止。唐以前者，全屬不明，尤以北魏前，縣治不在今處，更
無法窮究。

廟在縣城西南隅，據《縣志》：舊有東、西、南三門，規模異
常宏巨。其南門亦稱神門，就是縣城的西南門，西門亦即縣城的西
門。自神門以內，有牌坊、大門、敬一亭、凌霄門、三山門、鐘樓、
鼓樓、飛石殿、德寧殿、望嶽亭等，共占面積二頃六十餘畝，見明
刻《北嶽廟圖》。〔註34〕

〔註31〕蔣湘南，《咸豐華嶽圖經》，清咸豐元年刻本。

〔註32〕蔣湘南，《咸豐華嶽圖經》，清咸豐元年刻本。

〔註33〕陝西省考古研究院、西嶽廟文物管理處，《西嶽廟》，西安：三秦出版社，2007
年。

〔註34〕劉敦禎，《河北省西部古建築調查記略》//中國營造學社（編），《中國營造學
社彙刊》，北京：知識產權出版社，2006 年第 5 卷第 4 期，頁 43。

圖 5.15　曲陽北嶽廟現狀平面圖

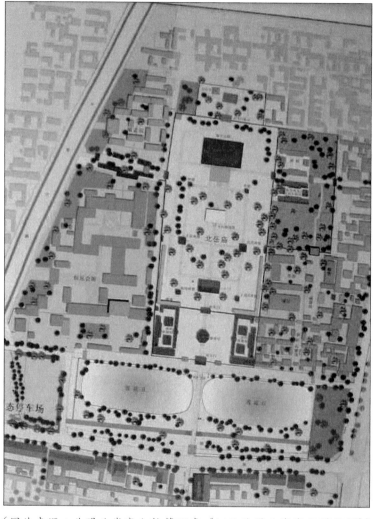

（圖片來源：曲陽北嶽廟文物管理處《河北曲陽北嶽廟保護規劃》）

5.4.1　明

　　歷史上的曲陽北嶽廟規模宏大，約占曲陽縣城一半之多。明嘉靖丙申年杜承文《重修北嶽廟題名記》中記載：

　　　　中山之曲陽，舊有北嶽恒山廟，其來遠矣。縣制五里十三步而廟居半焉，其規制大勢亦甚，宏偉壯麗，歷年既久，風雨鳥鼠之患滋甚，洪惟我明天子御極以來，聿興禮樂，凡天下之明神，皆崇祀典、新廟宇，大復先王禮神之道，北嶽之重修與焉。……始於嘉

靖乙未之秋，訖於丙申冬十月，而膚功奏成矣。〔註35〕

說明中曲陽北嶽廟占整個曲陽縣城面積一半之多，如下圖 5.16 所示：

圖 5.16　明洪武曲陽北嶽廟平面圖

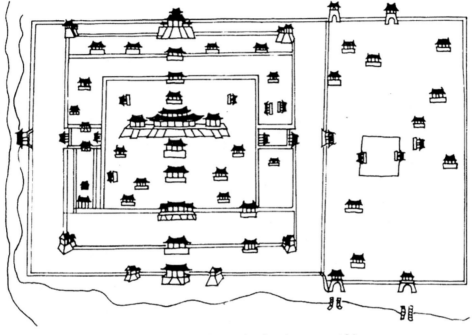

（圖片來源：洪武十四年《北嶽恒山之圖》）

明嘉靖二十六年周寅所撰《明北嶽廟圖記》（圖 5.17）中詳細記載了立碑動機、時代背景和保護曲陽北嶽廟的目標，寄希望能將北嶽廟具體佔地規模詳盡地鑴刻於碑中，以警後世。

> 恒山居五嶽之一，而雄峙於渾，云其廟於曲陽也，歷年既久，
> 自唐以來，圖志記刻，舉無所考焉。世說大舜巡狩，有飛石殞於曲
> 陽，因建祠柴望焉，此傳之者云耳也。嘉靖壬寅春，寅奉命尹茲土，
> 始至，謁恒祠，遂徧觀之時繕修未遠，殿廊門廡，規制宏大，而彩
> 繪壯麗，獨昭福門圮傾，朝嶽門坊為風雨所摧折，厥明年咸修葺之。
> 繼而增樹濬井，設守廟之戶數家，悉蠲（免除）其役，以專所事，
> 俾無畋而薪者。

〔註35〕杜承文，《明嘉靖丙申年重修北嶽廟題名記》//薛增福、王麗敏，《曲陽北嶽
　　　　廟》，石家莊：河北美術出版社，2000 年。

圖5.17 明嘉靖26年《北嶽廟圖》碑

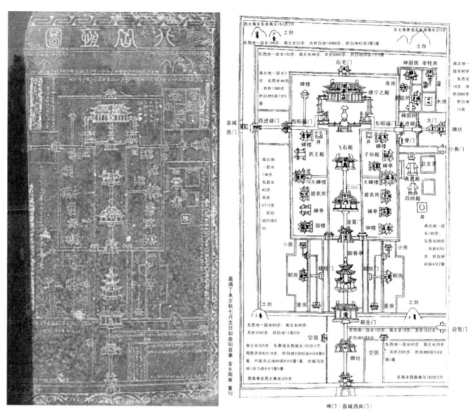

（圖片來源：左為現存嶽廟嘉靖圖碑，右圖示意圖為筆者自繪）

　　於是焉，丙午歲戶科河南陳公論飛石之誣，奏罷曲陽廟祀，仍舉於渾源州之恒山，以曲陽非恒山之所在，正祀典而擴土宇，亦正論也。上下其議，邑人恐遂毀茲廟而無所禱焉，時寅以考績復任，父老舉以告因慰之曰：今之議罷廟之祀，而非毀廟之制也，其罷廟之祀也，乃朝廷秩祀之典，而非有司之常祭也。蓋神在天地間如水之行地，無弗在焉，飛石可誣而神不可誣也。曲陽無北嶽之山，而乃北嶽方位之地也。自嶽祠於此也，……，夫嶽為之久而神之福曲陽之吏民也深，假使秩祀雖廢而常祭猶存，嶽靈自在也，奚謂無所禱耶。

　　但廟之址在於邑城之西內，南西北三面俱距城之垣，而東臨居民，日改月易，牆垣傾頹，或有假罷祀之說以侵之者，因繪圖於石陰，並記廟之器物、基址丈數、閒田之畝，可田可□□，每歲計其

所獲，復擇其人以掌之少，有損壞資以修理，一以省財用，一以崇廟貌。〔註36〕

根據明嘉靖《北嶽廟圖碑》中的建築用地尺度，現羅列如下，其中有部分數據可能有誤，先參照下表：

西北角至東南角長 193 步 2 尺；

東北角蕭牆至東南角長 323 步；

東西地一段長 194 步，南北長 52 步，共折 10080 步，折白地 42 畝 3 釐 3 毫；

東西地一段長 150 步，南北長 46 步，共折 6900 步，折白地 28 畝 7 分 5 釐；

南北地一段長 3 步，東西長 46 步，共折 1380 步，折白地 5 畝 7 分 5 釐；

南北地一段長 80 步，東西長 16 步，共折 2880 步，折白地 12 畝；

南北地一段長 136 步，東西長 42 步，共折 5712 步，折白地 25 畝 8 分；

南北地一段長 190 步，東西長 89 步，共折 9701 步，折白地 40 畝 4 分 2 釐；

東西地一段長 10 步，南北長 40 步，共折 3240 步，折白地 13 畝 5 分；

東西地一段長 102 步，南北長 16 步，共折 1632 步，折白地 6 畝 8 分；

西南角至西北角長 325 步；

東西地一段長 92 步，南北長 25 步，共折 2300 步，折白地 9 畝 5 分 8 釐 3 毫；

東南至西南角為 193 步 2 尺；

南北長 325 步，東蕭牆至西城長 193 步 2 尺，周圍共折 62516 步，折白地二頃六十畝四分八釐六毫；即 260.486 畝；內廟共佔地 84 畝 6 分 5 釐 1 毫，即 84.651；餘城溝田地一頃七十五畝八分三釐

〔註36〕周寅，《嘉靖二十六年北嶽廟圖記》//何出光，《萬曆北嶽廟集》，明萬曆十八年刻本。

五毫，即 175.835 畝。〔註37〕

在碑中，負責丈量的人將北嶽廟廟域分為 9 區，首先在碑中北嶽廟外垣內側四角分別記下各自東西、南北總長度，其次按照自西向東、自上而下的將廟域的 9 區分別標注。筆者在對碑上數據整理的時候，發現碑中有 5 處尺寸記載存在問題，現將圖碑中具體尺寸數據以及校勘後的內容羅列如下表 5.3 所示：

表 5.3　嘉靖 26 年《北嶽廟圖》碑所載建築規模尺寸及部分內容校勘

位　　置	東西長度	南北長度	面　　積	面積折合畝數	內容校勘
西北角至東南角（有誤）	193 步 2 尺				位置應為「西北角至東北角」
東北角蕭牆至東南角		323 步			
西南至西北角		325 步			
東南至西南角	193 步 2 尺				
廟域 1	194 步	52 步	10088 步	42 畝 3 釐 3 毫	
廟域 2	150 步	46 步	6900 步	28 畝 7 分 5 釐	
廟域 3	46 步	3 步（有誤）	1380 步	5 畝 7 分 5 釐	南北長度應為 30 步
廟域 4	16 步（有誤）	80 步	2880 步	12 畝	東西長度應為 46 步
廟域 5	42 步	136 步	5712 步	25 畝 8 分	
廟域 6	89 步	190 步（有誤）	9701 步	40 畝 4 分 2 釐	南北長度應為 109 步
廟域 7	80 步（有誤）	40 步	3240 步	13 畝 5 分	東西長度應為 81 步
廟域 8	102 步	16 步	1632 步	6 畝 8 分	
廟域 9	92 步	25 步	2300 步	9 畝 5 分 8 釐 3 毫	

〔註37〕周寅，《嘉靖二十六年北嶽廟圖碑》，現存曲陽北嶽廟德寧之殿月臺下。

合　計	東蕭牆至西城長193步2尺	南北長325步	62516步	二頃六十畝四分八釐六毫；內廟共佔地84畝6分5釐1毫；餘城溝田地1頃75畝8分3釐5毫	

（資料來源：嘉靖《北嶽廟圖》碑）

由上表數據可知，碑上所刻廟址尺寸可謂詳盡，其大致內容與現今的古建測繪圖如出一轍，當時北嶽廟佔地規模在圖碑中一目了然，進一步反映了明嘉靖時期曲陽保護北嶽廟的良苦用心。

還可由此看出，明代中晚期北嶽廟的南北長為 325 步，東西長為 193 步 2 尺，周長為 1036.8 步，即周 2 里 316.8 步，面積合 261.90 清營造畝。

5.4.2　清

明末清初，北嶽恒山改祀山西渾源，曲陽北嶽廟的基址遭到當地百姓的蠶食，佔地面積逐漸縮小。

清康熙劉師峻撰《曲陽縣新志》有載：

> 殿後皆香火隙地。明崇禎十五年，知縣楊音奉支令居民楊家鳳等八家認地為業，共分地三十九畝九分九釐，將築民居，以定城廓。別買鄭計會等地四十九畝於城外，以酬香火，其後拘於堪輿家言，又復中正。清順治十三年，知縣葛綏誠恐日久侵蝕，立石於內記之。〔註38〕

清光緒《重修曲陽縣志》云：

> 原刻廟南北長三百二十五步，東蕭牆至西城長一百九十三步二尺，周圍共折六萬二千五百一十六步，折白地二頃六十畝四分八釐六毫。內廟共佔地八十四畝六分五釐一毫。餘城溝田地一頃七十五畝八分三釐五毫。〔註39〕

說明清代曲陽北嶽廟在明代的基礎上，有所減小。

〔註38〕劉師峻，《康熙曲陽縣新志》，清康熙十一年刻本。
〔註39〕周斯億、董濤，《光緒重修曲陽縣志》，清光緒三十年。

5.5　中嶽廟基址規模的尺度分析

　　傅熹年先生在《中國古代城市規劃、建築群布局及建築設計方法研究》一文中採用「方格網」法，對中嶽廟總圖進行分析，發現它是「用方 5 丈的網格為基準布置的。廟創建於北宋，按北宋尺長 0.305m 計，5 丈為 15.25m。以此長度畫方格網，在圖上比對，可以看到廟區東西寬占 11 格，南北深占 25 格，為 55 丈×125 丈；廟內主殿院東西寬 5 格，南北深 12 格，為 25 丈×60 丈，都是很完整的數字。主殿峻極殿前殿庭東西寬占 4 格，南北深占 6 格，為 20 丈×30 丈。庭院中的路臺、東西亭、下三門內的鐵人臺等，都位於格中。這些現象證明建築之布置和網格有密切的應和關係。在廟的主殿院四角間畫對角線，其交點正落在主殿峻極殿前月臺的前緣處。這現象在以後將要探討的岱廟、孔廟中都存在。故也應是祠廟建築的通用布置方法。」〔註40〕（圖 5.18）

5.5.1　宋、金

　　宋陳知微大中祥符六年《增修中嶽中天崇聖帝廟碑》：

　　　　尊崇顯號，增葺殊庭，備物以致嚴，祈禳而庇俗，帝王之精意
　　　也。……，夙存廟貌，多歷歲時。厥制未隆，斯民何仰。……，因
　　　崇祀事，周覽庭除。露奏以聞，冀加修葺。況升名帝籍，早奉於徽
　　　章；列像神臬，載嚴於恭館。……

　　　　大中祥符紀號之六年癸丑歲季夏月，以至會同四嶽，森列群
　　　神。環像設於迴廊，赫威容於福地。嚴警巡之次，蓋法周廬；敞齋
　　　宿之宮，爰茲潔志。……，至乙卯歲季夏月，載歷炎涼，厥功告畢。
　　　增修殿宇，並創造碑樓等，共八百五十間；移塑尊像，及裝修新舊
　　　功德壁畫等，共四百七十所。至矣哉！薦興雲構，載擁神休。真介
　　　福之奧區，乃集靈之遼宇也。〔註41〕

　　宋駱文蔚乾德二年《重修中嶽廟記》：

　　　　嵩高嶽者，名高祀典，位冠中央。……，國家祭享之外，留守
　　　祈禱之暇，每至清明屆侯，媚景方濃。千里之遙，萬人斯集。歌樂

〔註40〕傅熹年，《中國古代城市規劃、建築群布局及建築設計方法研究·祭祀建築》，
　　　　北京：中國建築工業出版社，2001 年，頁 40。
〔註41〕陳知微，《大中祥符六年增修中嶽中天崇聖帝廟碑》//景日昣，《康熙嵩嶽廟
　　　　史》，清康熙三十五年刻本。

圖 5.18　中嶽廟建築形制分析圖

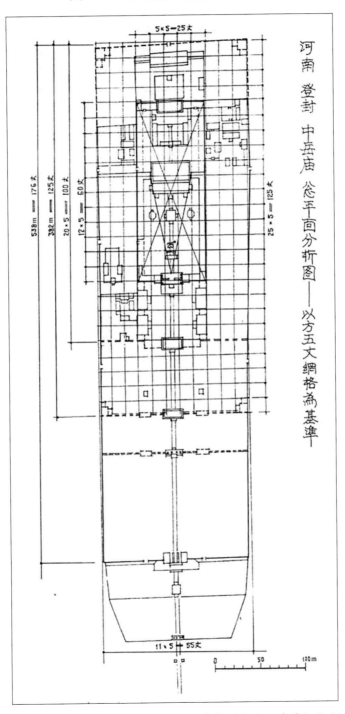

（圖片來源：傅熹年《中國古代城市規劃、建築群布局及建築設計方法研究》）

震野，幣帛盈庭。陸海之珍，咸聚於此。……，於是選彼公人，監之於廟。未逾期月，所獻寶貨幣帛，充溢廊廡。仍令掌綰，佇俟修崇。……，擇彼梓人，臻其必葺。雜用二十三處，行廊一百餘間，莫不飾以丹青繪之。部從栽松植木，去故就新。……，時乾德二年八月十五日記。〔註42〕

清康熙三十五年　景日昣康熙《嵩嶽廟史》：

大中祥符六年，命中使增修中嶽中天崇聖帝廟殿，造碑樓等共八百五十間，移塑尊像及裝修新舊功德畫壁等，共四百七十所。——陳知微撰碑。

金世宗大定十四年，敕修中嶽廟，十八年六月告成。廟制規模小大廣狹、位置像設悉仍其舊。為屋二百三十八間。其西齋廳以待每歲季夏遣使祭祀之次舍，不與焉。——黃久約撰碑。〔註43〕

清康熙景日昣撰《說嵩》卷之四中記載：

古廟弘敞非常，金承安碑圖廊房八百餘間，碑樓七十餘所，可以想見其盛。今雖壯麗稍減，規模猶存。其制一準朝寢。王者崇堂定居，象取亢氐。亢為疏廟外朝；氐四星，為露寢之居。亢氐之神，位於鎮星。中嶽當鶉火墟，而東域適為亢氐分野，應法象以崇廟貌，禮也。〔註44〕

由以上可知，在宋金時期，兩代帝王對中嶽廟不斷進行修繕與擴建，使得中嶽廟的建築規模達到宏大的規模，基本上保持在八百多間左右，與同時期的岱廟、南嶽廟建築規模一致。（圖5.19）

5.5.2　明、清

中嶽廟坐北朝南，現狀地勢北高南低，落差37米。整個廟院南北長650米，東西寬166米，面積約十萬多平方米。〔註45〕

明成化楊守陳《中嶽廟碑》中詳細記載了明代中嶽廟的用地規模：

〔註42〕駱文蔚，《宋乾德二年重修中嶽廟記》//葉封，《康熙嵩山志》，清康熙十五年刻本。

〔註43〕景日昣，《康熙嵩嶽廟史》，清康熙三十五年刻本。

〔註44〕景日昣，《康熙說嵩》，清康熙間刻本。

〔註45〕王雪寶，《中嶽廟》，鄭州：河南人民出版社，1987年，頁3。

圖 5.19　《大金承安重修中嶽廟圖》碑

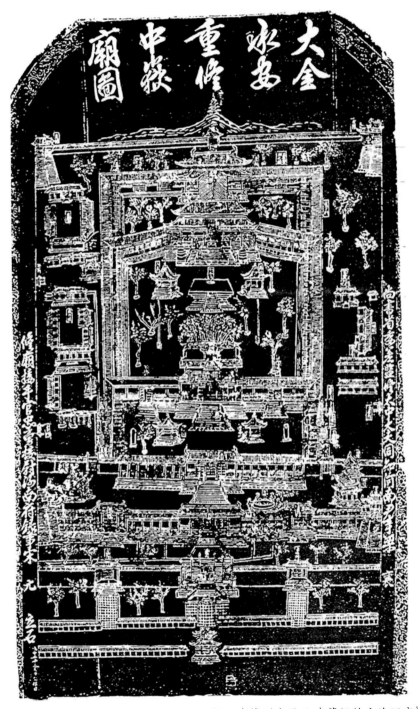

（圖片來源：傅熹年《中國古代城市規劃、建築群布局及建築設計方法研究》）

中嶽在今河南府登封縣，治東八里許，東曰太室，西曰少室，而總名為嵩山，又曰嵩高。以其在四方之中而高，故云耳。漢武帝嘗登太室，從官在山上，聞有言萬歲，問上上不言，問下下不言。乃令祠官增太室祠，以山下戶凡三百，封崇高，為之奉邑，獨給祠，復無有所與。自後廟祀不絕，或傳像如人。至唐封為中天王，宋進封中天崇聖帝。逮我太祖高皇帝（朱元璋），詔為嶽鎮海瀆。

廟在太室黃蓋峰下。舊殿若九子，若四嶽者。凡十有六區，與碑樓及亭，及廚庫，門，總七百五十五間，皆宏偉壯麗。元末兵荒之後，僅存百數間，餘皆隳矣。存者累歲風雨震凌，寢殆於敝，惟寢殿七間尤甚。殿中有像，蓋國初木主雖設，而像不忍毀也。成化丁酉大風雨，寢殿之瓦墜幾盡，榱桷亦多撓崩，獨像儼然。而上鮮庇覆，旁無蔽遮，雨沾日炙，且岌乎相壓矣。庚子之歲，古雄侯君觀仕賓，以進士知登封縣事，謁廟，至寢殿拜瞻神像，惻然傷之。輒欲重構，而縣政方敝，歲又大祲，不可以勞費，但補漏支傾而已。又明年，政通歲稔，民大信之，乃率僚吏，瞻顧經營。適縣治築垣，得埋錢數萬緡，或者以為神助。因用之購財傭匠，悉撤寢殿，而重構之，如舊間數，且加壯偉。其餘亦皆繕葺可久。經始於壬寅五月朔，至癸酉十二月望日畢工。〔註46〕

清康熙景日昣撰《嵩嶽廟史》〔註47〕中詳細記載了各個建築單體的尺寸（表5.4）：

表5.4　清康熙中嶽廟建築基址規模匯總

區　域	建築名稱	規模尺度
蕭牆內核心庭院	峻極殿	殿方圍三百六十尺，周天數也。……殿外為臺，方二百一十六尺，當乾之策陽數配天也。
	寢殿	方圍二百五十尺
	生賢亭	方圍一百七十尺
	東廡、西廡	各四十二間

〔註46〕楊守陳，明成化年間，《中嶽廟碑》//景日昣，《康熙嵩嶽廟史》，清康熙三十五年刻本。

〔註47〕景日昣，《康熙嵩嶽廟史》，清康熙三十五年刻本。

	峻極門	門方圍二百八十尺
蕭牆內正殿外	外三門	方圍二百七十尺
	崇聖門	方圍二百七十尺
	東嶽殿、西嶽殿、南嶽殿、北嶽殿	四殿俱方圍一百五十尺
	神庫	磚墉高十二尺，圍一百六十尺
蕭　牆	堞城	周三百二十丈
	天中閣	門臺高三十尺，方圍二百三十尺
	遙參亭	亭方圍一百四十尺
	垣周	今之廟制，古制也，其規畫各有取義。垣周三百二十丈，三天兩地也，三二相合是為五數。直上徑一百丈，大衍之數五十，因而重之；土之成數十，十其十也；《河圖》之數五十五，《洛書》之數四十五，天地之全數也。

（資料來源：康熙《嵩嶽廟史》）

5.6　五嶽嶽廟的基址規模研究綜述

　　通過上述文獻的梳理工作，大致明確了五嶽嶽廟基址規模在歷代變遷的情況，發現宋金時期是五嶽嶽廟最為隆崇的階段，岱廟、南嶽廟和中嶽廟的總建築規模均保持在八百間左右。之後金元紛爭，嶽廟時常遭到戰火殘毀，建築規模隨之縮小。明代中後期，特別是嘉靖、萬曆兩朝是嶽廟的發展黃金時期，各嶽嶽廟均得到較好的重修或重建機會，奠定了現存五嶽嶽廟最終整體的基址規模。

　　本節將重點放在嶽廟整體基址規模的比較分析以及嶽廟核心院落的佔地規模的研究上，把握住這兩個重要方面，從而明晰五嶽嶽廟整體的基址規模特徵。（圖 5.20）

　　由於渾源北嶽廟位於北嶽恒山半山腰上，因地勢險峻無法形成像其他嶽廟的整體建築規模，其佔地規模與其他嶽廟相比不具備可比較性，故在本節尺度規模分析中不考慮渾源北嶽廟，只對岱廟、南嶽廟、西嶽廟、曲陽北嶽廟和中嶽廟進行比較分析。

圖 5.20　五嶽嶽廟總平面圖匯總

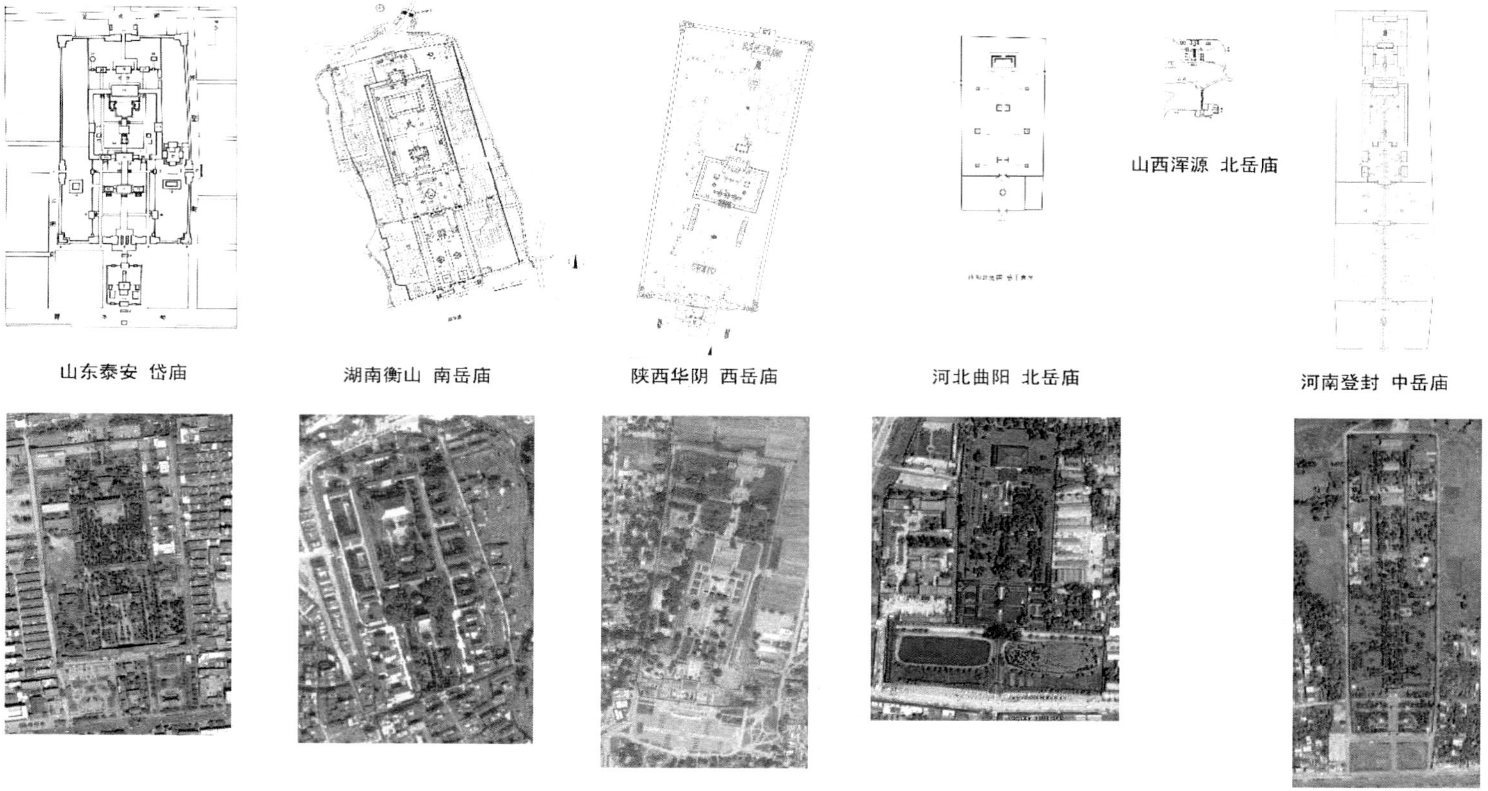

（圖片來源：作者自繪）

5.6.1　嶽廟整體基址規模

　　五嶽嶽廟的整體基址規模，分為總體佔地規模和總建築間數兩個層面來進行分析研究。總體佔地規模關注各座嶽廟的周長和佔地面積，總建築間數則是關注某一時期嶽廟的總體建築規模，兩者相互校正、比較分析，得出真正的五嶽嶽廟基址規模特徵。

5.6.1.1　總體佔地規模

　　五嶽嶽廟的總體佔地規模，是評價其建築群基址規模最直觀的數據總結，筆者通過梳理五嶽嶽廟相關的歷史文獻，如地方志、五嶽山志以及個別嶽廟的廟志，關注其中和基址規模相關的數據記載，加以匯總並相互比較，如下表 5.5 所示。

表 5.5　五嶽嶽廟歷史文獻中基址規模比較分析

嶽　廟	南北×東西（丈）	周長（丈／里）	面積（畝）	備　　註
岱　廟		周三里		清道光《泰山志》
南嶽廟	前：46.3 丈×30 丈 後：57.8 丈×95 丈	366 丈； 即周 2.03 里	114.7 畝	清光緒《衡山縣志》
		周圍二三里		宋《南嶽總勝集》
西嶽廟		374 丈； 即周 2.08 里		明嘉靖《陝西通志》
曲陽 北嶽廟	162.5 丈×96.7 丈	518.4 丈； 即周 2.88 里	261.9 畝	明嘉靖《北嶽廟圖碑》
中嶽廟		320 丈； 即周 1.77 里		清康熙《嵩嶽廟史》

　　由上發現，在歷史文獻中，有關嶽廟基址規模的文獻基本上都是明清時期的，因此各嶽廟之間的尺度數據具有時代上的可比性。

　　另外，還可從上表中發現周長在衡量嶽廟基址規模尺度的重要性，整理到的數據單位以「丈」、「里」居多。按 1 里等於 180 丈來計算的話，將尺度單位統一為「里」，由此得出：岱廟的周長最大，其次是曲陽北嶽廟，西嶽廟與南嶽廟規模相近，分列三、四位，中嶽廟規模最小，周垣不足二里。

　　結合目前已知的五嶽嶽廟研究成果，發現可以將現狀測繪數據與古代文

獻數據相比較，從而發現嶽廟建築群基址規模的變遷規律。現將目前可查到的五嶽嶽廟準確的基址規模數據〔註48〕匯總於表5.6。因岱廟遙參亭獨立一區，故將其周長和面積單列於岱廟之下，最後與岱廟合計總佔地面積。

表 5.6　五嶽嶽廟現狀基址規模比較分析

嶽　　廟	南北×東西（米）	周長（米）	面積（平米）	備　　註
岱　　廟	406×237	1286	96222	劉慧《泰山岱廟》岱廟總面積為 100591.2 平米
岱廟遙參亭	66.2×66	264.4	4396.2	
南嶽廟	304×184.96（北）96×148.16（南）	1169.9	70451.2	傅熹年《中國古代城市規劃、建築群布局及建築設計方法研究》、湖南省南嶽管理局《南嶽衡山文化遺產調研文集》
西嶽廟	566.3×256.2	1645	124810.95	清華大學建築學院《西嶽廟總平面測繪圖》
曲陽北嶽廟	296×127	846	37592	曲陽北嶽廟文管所《曲陽北嶽廟總平面測繪圖》
中嶽廟	617.4×163.9	1538.3	97787.2	清華大學《中嶽廟總平面測繪圖》

根據一清尺＝0.32 米，一清畝＝60 平方丈＝614.4 平米，可將表5.6 中的數據的單位轉化為清營造尺中丈、裏、畝等古制，折合後的現狀數據如表5.7 所示。

〔註48〕岱廟最新的基址規模數據可查劉慧，《泰山岱廟》//朱正昌總主編，《山東文物叢書・建築》，濟南：山東友誼出版社，2002 年；南嶽廟總平面圖的測繪數據可查傅熹年，《中國古代城市規劃、建築群布局及建築設計方法研究・祭祀建築》，北京：中國建築工業出版社，2001 年，頁 41 和湖南省南嶽管理局，《南嶽衡山文化遺產調研文集（內部資料）》，《衡陽》，2008 年，頁 102；西嶽廟和中嶽廟的測繪數據可參考清華大學建築學院西嶽廟和中嶽廟總平面圖測繪成果；曲陽北嶽廟的現狀測繪數據可參考曲陽北嶽廟文管所提供的曲陽北嶽廟總平面測繪圖。

表 5.7　五嶽嶽廟現狀基址規模比較分析（折合古制單位）

嶽　廟	南北×東西（丈）	周長（丈）	面積（畝）	備　　註
岱　廟	126.9×74.1	402	156.7	劉慧《泰山岱廟》岱廟總面積為 163.9 畝
岱廟遙參亭	20.6×20.6	82.6	7.2	
南嶽廟	95×57.8（北）30×46.3（南）	366	114.7	傅熹年《中國古代城市規劃、建築群布局及建築設計方法研究》、湖南省南嶽管理局《南嶽衡山文化遺產調研文集》
西嶽廟	177.8×74.9	514.1	203.1	清華大學建築學院《西嶽廟總平面測繪圖》
曲陽北嶽廟	92.5×39.7	264.4	61.2	曲陽北嶽廟文管所《曲陽北嶽廟總平面測繪圖》
中嶽廟	192.9×51.2	488.2	164.6	清華大學《中嶽廟總平面測繪圖》

　　清光緒《衡山縣志》中有關南嶽廟基址規模的數據為南北 125 丈，前後東西分兩截：57.8（後）／46.3（前），南嶽廟自清末至今基址規模基本未變，經過分析現狀南嶽廟總平面圖，並參考傅熹年先生分析《南嶽廟圖》〔註 49〕可知，其具體尺寸為：前半部分為 46.3 丈×30 丈，後半部分為 57.8 丈×95 丈，周長合為 366 丈，佔地面積為 114.7 畝。

　　將上述三表匯總，可以發現五嶽嶽廟的基址規模隨著歷史變遷，其佔地規模大小也因各種緣由而發生變化，具體情況參考表 5.8。

表 5.8　五嶽嶽廟古今基址規模比較

嶽　廟	歷史基址規模	排名	現狀基址規模	排名	備註
岱　廟	周 3 里／540 丈	1	484.6 丈／163.8 畝	3	變小
南嶽廟	周 2.03 里／366 丈	4	366 丈／114.7 畝	4	未變
西嶽廟	周 2.08 里／374 丈	3	514.1 丈／203.1 畝	1	變大

〔註49〕傅熹年，《中國古代城市規劃、建築群布局及建築設計方法研究》，北京：中國建築工業出版社，2001 年，頁 32，從圖 II-3-6 湖南衡山南嶽鎮南嶽廟總平面分析圖中，可知南嶽廟後半部分南北長度為 95 丈，因光緒《衡山縣志》中南北長總計為 125 丈，因此前半部分為 30 丈。

曲陽 北嶽廟	周 2.88 里 / 518.4 丈 / 261.9 畝	2	264.4 丈 / 61.2 畝	5	變小
中嶽廟	周 1.77 里 / 320 丈	5	488.2 丈 / 164.6 畝	2	變大

　　由上發現，在歷史文獻中五嶽嶽廟的周長多保持在 1.77 里～3 里之間，有兩座嶽廟的周長在 2 里左右。其中，岱廟的基址規模最大、曲陽北嶽廟次之，南嶽廟與西嶽廟基本相等，中嶽廟最小。

　　現存嶽廟基址中，嶽廟的基址規模多保持在 110 畝～200 畝之間，其中有兩座嶽廟為 160 餘畝的規模。西嶽廟由五嶽嶽廟中原先的排名第三變為最大（較明嘉靖多 140 餘丈）、中嶽廟居次位（較清康熙多 168 餘丈）、岱廟縮小 55.4 丈列第三、南嶽廟未變列第四、曲陽北嶽廟由於移祀山西，廟址侵佔甚多，以致減少 200 餘畝，列第五。

5.6.1.2　五嶽嶽廟總體建築間數

　　通過前面章節的總結，五嶽嶽廟總建築間數的情況，如下表 5.9 和表 5.10 所示。

表 5.9　五嶽嶽廟歷代文獻中可查的總建築間數匯總表

嶽　廟	年　代	具體描述	文獻出處
岱　廟	宋紹聖四年	修廊周施，總為屋七百九十有三區，繚以崇墉，表以雙闕（793 間）	《曲阜集》中引宋曾肇《東嶽廟碑》
	宋宣和四年	凡為殿寢堂閣門亭庫館樓觀廊廡，合八百一十有三楹（812 間）	宇文粹中所撰《重修泰嶽廟碑記》
	金大定年間	嶽廟殿廊共八百五十四間（854 間）	《大金集禮》
南嶽廟	宋大中祥符年間	周圍二三里，約八百餘間（800 餘間）	《南嶽總勝集》
西嶽廟	明成化十八年	大率為屋，凡一百八十七間（187 間）	成化十八年《重修西嶽廟記碑》
	明嘉靖二十一年	以間計，共二百有奇（200 餘間）	嘉靖《陝西通志》
中嶽廟	宋大中祥符六年	命中使增修中嶽中天崇聖帝廟殿，造碑樓等共八百五十間（850 間）	康熙《嵩嶽廟史》
	金大定十四年	敕修中嶽廟，十八年六月告成，廟制規模小大廣狹、位置像設悉仍其舊。為屋二百三十八間（238 間）	康熙《嵩嶽廟史》

明初	凡十有六區，與碑樓及亭，及廚庫，門，總七百五十五間，皆宏偉壯麗（755 間）	明成化楊守陳《中嶽廟碑》

表5.10　五嶽嶽廟歷代總建築間數比較分析

年代	岱　　廟	南嶽廟	西嶽廟	曲陽北嶽廟	渾源北嶽廟	中嶽廟
宋	793 間 / 812 間	800 餘間				850 間
金	854 間					238 間
明			187間 / 200 餘間			755 間

　　有上述兩表可知，宋代是嶽廟建築規模最隆崇的時期，多保持在 800 間左右的規模；岱廟的建築規模在宋金兩代穩中有升，而中嶽廟的情形與此相反，總建築間數大幅度減少，可能與中原宋金戰火損毀嶽廟有關；中嶽廟在明代已經基本上恢復到最興盛時的建築規模，而矗立於西陲的西嶽廟則不能與之相比，保持 200 間左右的規模，不及同時中嶽廟的三分之一，從側面上可知在五嶽嶽廟體系中，中嶽廟較西嶽廟更受重視。

5.6.2　核心院落基址規模

　　白穎博士論文《明代王府建築制度研究》〔註 50〕一文中，對明代部分建築群正殿院落規模進行比較，試圖總結出明代建築群核心庭院基址規模的等級規律，其中也涉及到五嶽嶽廟，因對核心庭院的選取標準不同，按照迴廊相接的位置不同，有的嶽廟接於正殿，有的接於寢殿兩側，故數據也略有不同。

　　白穎博士在其研究中認為，「嶽廟與五鎮在宋代封王號，明洪武三年（1370 年）俱革除，止稱某山之神；〔註 51〕孔子在唐代加王號，宋加至聖號，元加號大成，明洪武三年革諸神封號，唯孔子封爵仍舊〔註 52〕。但嶽廟與孔廟的基址規模在宋代以後一直保持了相對的穩定性，廟域範圍一直控制

〔註50〕白穎，《明代王府建築制度研究》（博士學位論文），北京：清華大學建築學院，2007 年。

〔註51〕張廷玉等，《明史》，卷四十九，志第二十五，禮三，北京：中華書局，1974年，頁 1284。

〔註52〕張廷玉等，《明史》，卷五十，志第二十六，禮四，北京：中華書局，1974 年，頁 1296。

在宋代始建的四角樓的範圍內，另外以金代中嶽廟圖與明清中嶽廟的平面格局對照，可以發現正殿院落的位置與基本格局規模都無太大變化。五嶽廟建築自宋代以來保持著本體系發展的內部統一性，並未因國家封號的變化而發生大的改變。角樓等形制在明代重修五嶽廟與孔廟時候被建造，而其他明朝新建的建築群並不採用這一制度，說明嶽廟與孔廟更多的是沿襲既有的祠廟體系內的成熟制度，而與國家的其他等級建築群制度的具體變化無涉。」〔註53〕

傅熹年先生在《中國古代城市規劃、建築群布局及建築設計方法研究》研究中，採用「方格網」的畫法，將岱廟、南嶽廟和中嶽廟的核心庭院的尺度進行了分析〔註54〕，如表 5.11 所示。

表 5.11　傅熹年先生所示三座嶽廟正殿院落基址規模尺度分析

嶽　　廟	東西（丈）	南北（丈）	面積（畝）	備　　註
岱　　廟	40	45	30	不含寢殿
南嶽廟	35	60	35	含寢殿
中嶽廟	25	40	16.67	不含寢殿

結合清華大學建築學院對華陰西嶽廟和登封中嶽廟的測繪數據，可以完善四座嶽廟核心庭院的基址規模數據。（表 5.12）

表 5.12　五嶽嶽廟正殿院落基址規模尺度分析

嶽　　廟	測繪（米）	東西（丈）	南北（丈）	面積（畝）	備　　註
岱　　廟		40	45	30	不含寢殿
南嶽廟		35	60	35	含寢殿
西嶽廟	116.4×83	36.4	26	15.7	不含寢殿
中嶽廟	76.4×115	24	36	14.4	不含寢殿

〔註53〕白穎，《明代王府建築制度研究》（博士學位論文），北京：清華大學建築學院，2007 年。

〔註54〕傅熹年，《中國古代城市規劃、建築群布局及建築設計方法研究·上冊》，北京：中國建築工業出版社，2001 年，頁 43。

　　通過比較發現，五嶽嶽廟現存正殿核心庭院中，其基址規模大小保持在14 畝～35 畝之間；由於曲陽北嶽廟無迴廊設置，無法形成其他四嶽均有的迴廊環繞形成的核心庭院，故將其他四嶽的核心庭院的基址規模進行比較，發現南嶽廟＞岱廟＞西嶽廟＞中嶽廟。

　　五嶽嶽廟的庭院形態除西嶽廟為扁長方形，其餘均為縱長方形，南北進深明顯大於東西面闊。

　　以上分析的嶽廟核心庭院的佔地規模多少會受到實際用地情況的影響，而且對其進行的數據分析均為現存嶽廟的基址規模，歷史上嶽廟真正的尺度大小還需進一步的考古發掘成果來證實。

5.7　本章小結

　　通過本章對五嶽嶽廟各個時期的基址規模進行細緻梳理，結合目前已知的方志文獻和現場測繪的數據材料，可以明確五嶽嶽廟的基址規模古今變遷的具體情形和規律。對不同時期嶽廟的總體建築規模的總結，發現宋金時期是嶽廟建築群營建的最高潮時段，這一時期的嶽廟均保持很大的建築規模，幾乎達到國家最高級別的祠廟規模。針對五嶽嶽廟體系中各座嶽廟基址規模和建築數量的比較分析，還可發現其中各嶽廟受到統治者重視程度的差別，間接體現了五嶽嶽廟中的等級之分。